耕于陇上

GENGYU LONGSHANG

郝树声 ◎ 著

中国文史出版社
CHINA CULTURAL AND HISTORICAL PRESS

郝树声（2009年）

目录

辑一

甘肃地方史

甘肃地区新石器中期以前诸远古文化的发现与研究

新石器中期，在黄河上游地区指仰韶文化时期。在甘肃地区，尤其在甘肃东部地区的泾、渭流域和西汉水流域，分布有相当数量的仰韶文化遗址，在仰韶文化之前，有旧石器中晚期遗存和新石器时代早期遗存；在仰韶文化之后，有新石器晚期的马家窑文化和铜石并用时期的齐家文化等等。由于篇幅所限，本文只涉及旧石器时代中、晚期以及新石器时代早期和仰韶文化在甘肃地区的发现和研究。

一

甘肃的考古学，从20世纪二三十年代开始，至今已有60多年的历史。当时，以田野调查发掘为基础的近代考古学刚刚传入我国，一些外国人和国内学者先后来到甘肃，进行了大量考古调查，为甘肃考古学奠定了基础。从20年代初至1949年中华人民共和国成立前的近30年时间里，做了以下五个方面的工作：一、1920年，法国神甫桑志华在庆阳发现了旧石器，捡到一件石核和两件石片。这是中国境内最早发现的旧石器，它的发现，在当时人们对史前知识了解甚少的情况下，为我们提供了中华民族曾经经历过旧石器时代的历史信息。二、1923、1924两年间，瑞典人安特生曾来甘肃洮河流域，陇南西汉水和渭水流域以及青海境内和河西民勤等地进行考古调查，搜集发掘了大量新石器时期的文化遗物，于1925年出版了《甘肃考古记》。此书从主观唯心主义出发，将甘肃远古文化错误地分为六期，竭力宣扬中国文化西来说和中国人种西来说的侵略观点。但就当时而言，《甘肃考古记》的出版，在考古学界影响极大，不能不视为甘肃考古学乃至中国考古学的开山之作。三、1927年组建的中瑞西北科学考察团，在甘、宁、新、蒙等地工作多年，取得了巨大成就，其中后期担任中方团长的地质学家袁复礼和黄文弼先生曾在西北采集石器十万余枚，分装17箱，只可惜在后来的变乱中丧失了，至今未见正式报告。另外，当时中法科学考察团的德日进和中国学者杨钟健曾在酒泉以北120千米的地方发现过旧石器，有尖状器、刮削器等等。但因缺乏地层证据，未得到学术界公认。四、抗战时期，夏鼐先生曾于1944—1945年间，来甘肃从事考古调查，除了在河西走廊作过广泛的汉唐时期的考古发掘外，还在广通（今广河县）半山、临洮寺洼山、民勤沙井以及兰州附近做过调查发掘。发表了《齐家文化的新发现及其年代的考订》和《临洮寺洼山发掘记》（《中国考古学报》1948年第3册，1949年第4册），重要收获是发现了齐家文化的墓葬填土中有仰韶文化的陶片，证明了齐家文化的年代晚于仰韶文化，初步纠正了安特生1925年所谓齐家早于仰韶的说法。与此同时，在国立西北师大工作的何乐夫先生在兰州附近也作过广泛调查，其报告在中华人民共和国成立后才发表。五、解放战争时期，裴文中先生曾于1947—1948年来甘肃，在渭河上游、西汉水流域、洮河流域以及河西走廊作过广泛的考古调查，出版了《史前时期之西北》，并在《世界日报》、上海《申报》、天津《益世报》等报刊上发表了若干有关甘肃史前考古的报告，还于1948年编写了《甘肃史前考古报告初稿》。其主要贡献是发现了大量新材料，并首次发现了齐家文化的"石灰住室"。

这五个方面的工作，形成了中华人民共和国成立前甘肃考古学的基本轮廓。

二

甘肃的旧石器，自从1920年法国神甫桑志华在庆阳发现1件石核2件石片，而后又于30年代，中法科学考察团的德日进和杨钟健在酒泉以北发现过旧石器以外，直到60年代，甘肃旧石器考古一直处在沉寂状态，而且上述两个地点因没有明确的地层关系，其学术价值始终受到人们的怀疑。但60年代至今，甘肃旧石器遗址迭有发现，而且取得了重大成就。1.1963年，中国科学院地质研究所在庆阳发现了巨家塬遗址。2.同年，西北大学地质系在环县发现了楼庄子遗址。3.1965年，庆阳北石窟文物保管所在镇原县发现了姜家湾遗址。4.1974年10月，中国科学院古脊椎动物与古人类研究所与甘肃博物馆在镇原县寺沟口发现旧石器遗址一处。5.1976年6月，在泾川发现南峪沟、桃山嘴两处旧石器时代遗址。1980年10月甘肃省博物馆进行复查时，采集到一批石器标本和脊椎动物化石。6.1977年7月，在环县虎洞公社半个城大队发现了刘家岔遗址，甘肃省博物馆于次年6—7月间，进行了40天的发掘，获得了大批化石和石器材料。7.1977年庆阳地区科委在土壤普查中，于镇原县平泉公社八山大队的黑土梁，发现旧石器时代遗址一处。8.1983年，平凉地区博物馆又在泾川发现牛角沟、合志沟旧石器时代遗址2处。以上10处地点已陆续有材料发表。此外，还有东乡县的南王家、庄浪县的南湖双堡子、朱家店以及武山鸳鸯镇等地。根据发表的材料，属于旧石器时代中期的遗址有镇原县的姜家湾和寺沟口，属于旧石器时代晚期的遗址有巨家塬、楼房子、刘家岔、黑土梁、南峪沟、桃山嘴、牛角沟、合志沟等处。

姜家湾与寺沟口两处出土的化石碎片，能够鉴定的有披毛犀、似蒙古野马、真马、扁角鹿、鹿亚科、牛亚科。出土石制品48件，其中有石核、石片、砍砸器、刮削器、尖状器、球形石等。上述动物化石都是萨拉乌苏动物群的主要成员，但有些却与丁村更为接近，没有发现周口店期的典型动物。就石器而言，原料、制法、形状都比较原始、粗糙，所以研究家认为，当属于旧石器时代中期遗物（谢俊义、张鲁章《甘肃庆阳地区的旧石器》，载于《古脊椎动物与古人类》15卷3期）。

巨家塬和楼房子发现的哺乳动物化石能鉴定到种的有最晚鬣狗、纳玛象、蒙古野马、野驴、披毛犀、赤鹿、斑鹿、河套大角鹿、普氏羚羊、恰克图转角羊、盘羊、原始牛、水牛（其中巨家塬无最晚鬣狗和盘羊，楼房子无纳玛象）。采集到石制材料26件。石器加工，从原料、类型、制作方法都较姜家湾、寺沟口的先进，同宁夏水洞沟相似。同时在楼房子还发现了用火的遗迹。（丁梦麟等《甘肃庆阳更新世晚期哺乳动物化石》载《古脊椎动物与古人类》1965年第1期和谢俊义、伍德煦《浅谈解放以来甘肃旧石器时代的考古》载《甘肃师大学报》1980年第3期）。刘家岔遗址是出土石器最多、最重要的一处。遗物比较集中，地层剖面清楚，化石证据可靠，石器材料相当丰富。发现的化石有鸟类一种，哺乳类四目13种，能鉴定到种的有七种。它们是鸵鸟、鼢鼠、虎、披毛犀、普氏野马、野驴、河套大角鹿、大角鹿、赤鹿、鹿、普氏羚羊、扭角羊、原始牛、猪，共14种。获得石制材料1022件，其中经过第二步加工的有487件。黑土梁地点发现化石五种，有普氏野马、披毛犀、牛、鹿、獾等，还采得石器11件。（甘肃省博物馆《甘肃刘家岔旧石器时代遗址》《甘肃镇原县黑土梁发现的晚期旧石器》，分别见《考古学报》1982年第1期和《考古》1983年第2期）。南峪沟和桃山嘴发现的动物化石有鸵鸟、鼢鼠、马、犀牛、赤鹿、牛等。两处共采集文化遗物61件。泾川牛角沟和合志沟遗址发现可供鉴定的化石有马、鹿、披毛犀、牛科、中华鼢鼠等五种，采得石制品88件，其中石核12件，石片39件，石器37件。种类有砍砸器、刮削器、尖状器和石球等。报告有刘玉林等人的《甘肃泾川发现的人类化石和旧石器》（见《人类学学报》1984年3卷1期）。上述遗址，根据出土的动物化石、遗物地层以及石器制造技术，当为旧石器时代晚期。动物群落与萨拉乌苏最为接近，反映一种稀疏的草原景观，气候较现在湿冷，早期黄土堆积很厚，冲沟发育，塬面地形被切割得支离破碎，多数已成为崾梁地形，残塬崾梁及山坡地带有广阔的草场，大角鹿、赤鹿、羚羊、野马、野驴赖此为生；沟谷洼地中有相当水域，常有披毛犀和原始牛，灌木丛中偶有野猪出没。鸵鸟的出现，估计离沙漠不远。（见张映文、谢俊义《甘肃泾川南略沟与桃山嘴旧石器时代遗址的发现》，载《考古与文物》1981年第1期）。

另外，在泾川牛角沟还发现一件人类头盖骨化石，经鉴定，代表一个20岁左右的女性个体，在人类进化系统上处于晚期智人的阶段，所显示的人种方面的特征与蒙古人种相符。这是甘肃境内首次发现的原始人的化石。1984年秋，核工业部所属某地质大队在陇山以西的武山鸳鸯镇西南大林山下的大沟中，发现了甘肃境内第二个人骨化石，经初步研究，与"河套人"年代相当。无疑，这两个人骨化石的发现，为我国体质人类学和石器时代考古学研究增添了新的实物标本。

三

属于新石器时代早期的文化，在甘肃境内发现和发掘的有大地湾一期、天水师赵村和西山坪。

1978年至1984年，甘肃省博物馆在秦安县五营公社邵店村东对大地湾遗址进行了七个年度的发掘，揭露面积13700多平方米。据《甘肃秦安大地湾遗址1978年至1982年发掘的主要收获》（载《文物》1983年第11期）一文报道，截至1982年，共清理房址226座，灰坑328个，墓葬76座，窑址33座，壕沟6条，出土遗物7700件。大地湾遗址主要有四个阶段的文化遗存。其中大地湾一期文化是甘肃首次发现的新石器时代的早期遗存，也是我国目前发现的最西的新石器时代早期遗存。它为探索仰韶文化的来源和甘肃东部文化的发展序列以及与关中文化的关系提供了重要资料。大地湾一期文化，经碳-14测定，距今7350—7800年，比仰韶文化半坡类型早1000年，也就是说，大地湾一期文化的发现，使我们将新石器考古长期停留在仰韶文化的认识向前推进了1000年。就其文化特征，大地湾一期发现的陶器均为红陶，陶质以夹细砂者为主，仅有少量泥质陶，但不见细泥陶。陶片分层剥落，其制法不是泥条盘筑，而是敷贴模制。器种主要有圜底钵、圈足碗、深腹罐、球腹壶等。纹饰最常见者为交叉绳纹，部分钵形器上绘有紫红色宽带纹。在一些体形器内壁，还发现十多种彩绘符号，生产工具以打制石器为主，磨制石器较少，约占石器总数的十分之一。据学术界研究，大地湾一期的人们已经开始定居生活，并开始从事农业，在一个灰坑中曾发现植物种籽，经鉴定有禾本科的稷和十字花科的油菜。墓葬中有猪下颌骨为随葬品，表明当时畜牧业已发展起来。出土的五个纺轮，说明当时已经有了纺织业。生产工具中有骨镞，兽骨中有鹿骨，可见狩猎仍是主要的生产方式之一。石器制作粗糙，陶器比较原始，说明当时的生产力水平仍然较低。张朋川、周广济《试谈大地湾一期和其他类型文化的关系》（《文物》1981年第4期）一文就大地湾一期文化与老官台、北首岭、裴李岗、磁山以及西乡李家村文化的关系逐一作了探讨，同时还讨论了仰韶文化的渊源。认为，大地湾一期与宝鸡北首岭下层类型既有相似之处，又有差异之点，应是老官台文化的两个不同类型，从制陶工艺看，北首岭下层的生产水平要比大地湾一期进步些，所以大地湾一期要早于北首岭下层。关中、陇东的仰韶文化半坡类型应是大地湾一期经过北首岭下层一脉相承发展而来的；大地湾一期和裴李岗、磁山文化相比，虽就遗址坐落的自然位置、葬式、生产工具以及陶器等方面都有相似之处，但差异很大，所以它们应是分布地域相邻、关系密切而互相影响的两个不同的文化系统。由于大地湾一期的材料尚未全部发表，综合性研究的文章不多。

1983年，中国社会科学院考古研究所对天水师赵村进行了发掘，再次发现了新石器早期遗存，约在距今7000—7100年间，略晚于大地湾一期，实际上属于新石器早期文化前后两个不同的发展阶段。而后，又在天水西山坪发现了新石器早期文化的第三个地点。西山坪一期文化面貌与大地湾一期基本相同，二期文化内涵与北首岭下层、师赵村早期比较一致。而且发现了两者的地层叠压关系，从地层学上明确了两者的先后关系。

四

仰韶文化因瑞典人安特生1921年发现于河南省渑池县仰韶村而得名，其分布范围北到长城沿线及河套地区，南达鄂西北，东至豫东一带，西到甘青接壤地区。发现遗址1000多处，经大规模发掘的典型遗址有10余处。经放射性碳素断代并经校正，年代约为公元前5000年至前3000年。甘肃东部地区包括渭水上游、西汉水流域和泾水流域出土的仰韶文化同西部洮河流域以及黄河附近的临夏、东乡、永靖、兰州等地出土的仰韶文化具有明显的差异，所以学术界最早把东部遗存直称为仰韶文化，而把西部遗存称为甘肃仰韶文化，近些年来，又改称"马家窑文化"，以表明它的地方特色并同关中、中原等地的仰韶文化加以区别。

甘肃东部的仰韶文化，分布十分广泛。中华人民共和国成立后，尤其从1953年开始，随着大规模的社会主义建设，甘肃省博物馆（其前身是甘肃省文物管理委员会）配合基本建设工程，对一些古文化遗存进行了清理发掘。1956—1958年又在全省进行了规模较大的文物普查。先后在《考古》杂志（前身是《考古通讯》）发表了《渭河上游天水、甘谷两县考古调查报告》《甘肃渭河上游渭源、陇西、武山三县考古调查》《甘肃西汉水流域考古调查简报》《甘肃渭河支流南河、榜沙河、漳河考古调查》等报告，摸清了上述地区的古文化分布。截至1960年，甘肃东部发现仰韶文化遗存161处。（见甘肃省博物馆《甘肃古文化遗存》，《考古学报》1960年第2期）近些年来，又有新发现。（见考古所工作队《甘肃天水地区考古调查纪要》，《考古》1983年12期）。

甘肃的仰韶文化遗址，经过正式发掘的只有秦安大地湾、秦安王家阴洼和宁县阳坬和董庄四处。大地湾遗存发掘规模较大，进行了整整七年的工作，前文已经提到。发表的有关仰韶文化的报告和论文有《甘肃大地湾遗址1978—1982年发掘的主要收获》《秦安大地湾第九区发掘简报》《秦安大地湾405号新石器时代房屋遗址》《试论大地湾仰韶晚期遗存》（均见《文物》1983年第11期），还有《秦安大地湾901号房址发掘简报》《大地湾遗址仰韶晚期地画的发现》（见《文物》1986年第2期）。关于王家阴洼和宁县阳坬的发掘报告有《甘肃秦安王家阴洼仰韶文化遗址的发掘》（《考古与文物》1984年第2期）《甘肃宁县阳坬遗址试掘简报》（《考古》1983年第10期）以及《甘肃宁县董庄新石器时代遗址试掘简报》（《史前研究》1988年第4期）等等。

上述发掘和报告，基本揭示了甘肃东部地区仰韶文化的基本面貌。王家阴洼遗址清理房基3座、墓葬63座、灰坑2个和灶坑3个。出土遗物233件。遗存分为两类：第一类相当于仰韶早期的半坡类型，第二类接近于仰韶较晚的宝鸡北首岭上层遗存。第一类的墓葬随葬器物的特征与陕西渭南史家墓地遗址的随葬陶器大体相同，但也有明显的自身特点。另外，王家阴洼遗存提供了较多的地层关系，对陇山西侧仰韶文化的分期和序列编年提供了依据。根据墓葬情况，以女性墓地为主的西区墓比男性墓主为多的东区墓随葬品为多，待遇较为优厚，可知当时的社会发展阶段仍处于母系社会。宁县阳坬遗存的发掘，清理了房址12座，陶窑3处，墓葬5座。出土器物60多件。根据出土器物的对比研究，阳坬遗址的时代大体相当和稍晚于半坡晚期类型，或是半坡晚期类型与某一文化类型发展的过渡阶段。

大地湾遗址共有四个阶段的文化遗存：1.大地湾一期，属于新石器时代早期，前已叙及；2.大地湾仰韶早期，基本与关中一带的半坡类型相同；3.大地湾仰韶中期，同以庙底沟遗存为代表的庙底沟类型有许多共同之处；4.大地湾仰韶晚期的陶器同西王村仰韶晚期、半坡上层、泉护二期的陶器有不少相近因素。大地湾遗址经过数年发掘，出土陶器4000余种，石器1700余件，骨角器

1600余件，蚌器和装饰品360余种，还采集到大量的动物骨骼、植物标本和木炭标本。

对大地湾遗址的科学研究，目前还刚刚开始。仅发表的几篇报告和文章，主要对大地湾仰韶晚期的文化面貌和有关问题进行了研究。《秦安大地湾第九区发掘简报》通过对遗物的分析，认为，大地湾仰韶晚期遗存广泛分布于甘肃东部，也扩及中部一带。与主要分布在甘肃中部洮河、黄河和青海湟水流域的马家窑类型虽有部分重合，但中心区域不同，根据临洮马家窑—瓦家坪遗址的地层叠压关系，大地湾仰韶晚期遗存早于马家窑类型。从文化面貌分析，两者存在相当距离，陶器组合判然有别，呈现出截然不同的风格，因此，两者应为不同系统的文化遗存。过去认为马家窑类型从庙底沟类型经石岭下发展而来的观点值得商榷。郎树德等人的《试论大地湾仰韶晚期遗存》仍以第九区发掘材料为例，对大地湾仰韶晚期的文化特征、渊源、年代、发展去向和与马家窑文化的关系作了进一步的探索。认为，大地湾仰韶晚期距今4900—5500年，其前身是大地湾仰韶中期，其去向最后发展为常山下层文化，它们之间的联系构成了甘肃东部地区新石器时代文化发展的重要环节。《大地湾仰韶晚期地画的发现》就大地湾411号房址居住面上发现的绘画图案作了介绍。因为原始社会的绘画技艺，虽在仰韶早期就已普遍出现，但以往发现仅是作为彩陶等器皿上的图案装饰，像411房址这样绘制在地面上，在我国史前考古中还极为罕见。它的发现，不仅在考古、历史研究中具有重要价值，而且对我国绘画史的研究，也有重要意义。1983年6月，当大地湾发掘进入第六个年头以后，又在第十发掘区发现了一座仰韶晚期罕见的大型房址，编号为F901。《秦安大地湾901房址发掘简报》详细报道了发掘情况。901号房址由主室、东西两侧室和后室构成，主室前面尚有附属建筑和宽阔的场地，布局井然，结构严谨。占地面积429平方米（不包括前面附属建筑），是迄今为止，我国新石器时代考古发现中规模最大，保持最好的房屋遗址。居住面表层坚硬平整，色泽光亮，呈青黑色，外观极似现代水泥；居住面表层下面的非天然材料系人工制作，建筑学上称为人工轻骨料。经测试，居住面的胶结材料其物理、化学性能近似现代水泥。经用回弹仪检测，平均强度每平方厘米抗压120公斤，约等于100号水泥砂浆地面的强度，该遗址距今5000年，应该是部落或部落联盟公共活动的场所，主要用于集会、祭祀或举行某种仪式。它的发现对研究原始社会史、自然科学史以及探索阶级社会宫殿建筑的起源有着极为重要的意义。该房址平地起建，以木柱和梁架构成木构架，摆脱了延续数千年的半地穴式的窠臼，开创了后世木结构建筑的先河。房址布局既有实用价值，又有审美价值，说明建筑已成为一种文化艺术出现。在建筑材料方面的人工轻骨料和近似现代混凝土的居住面，是建筑史上的创举和奇迹。

关于仰韶文化，虽在关中、晋南、豫北等地发现过极为丰富的材料，但在甘肃地区正式发掘的地点为数不多，除上述材料外，还有一些其他采集品。至于全面的综合研究工作，还只是开始。

（原载于《甘肃社会科学》1991年第6期）

甘肃地区齐家文化及青铜时代诸文化的发现与研究

　　地处黄河上游的甘肃，是远古文明的发祥地之一，20世纪20年代以来，随着近代考古学的传入和兴起，在甘肃境内先后发现了近千处远古文化遗址，经过调查、发掘和科学研究，基本揭示了甘肃地区史前时期人类活动的大致状况，取得了举世瞩目的科学成就。《甘肃地区新石器中期以前诸远古文化的发现与研究》《甘肃地区马家窑文化的发展和研究》两文分别介绍了齐家文化以前甘肃地区发现的旧、新石器时代诸文化的基本状况，本文仅就齐家文化及其青铜时代的辛店、寺洼、沙井诸文化的发现、研究作以介绍。不确之处，尚希指正。

一、齐家文化

1.发现与发掘

　　齐家文化是分布在甘肃地区的一支地方性文化，因1924年发现于甘肃广河齐家坪而得名。早期的年代为公元前2000年左右，下限还当更晚。

　　齐家文化的发现，至今已60多年。中华人民共和国成立前，主要是考古学界老一辈学者夏鼐和裴文中先生做了奠基性工作。1945年，夏鼐先生在广河阳洼湾遗址发掘了两座齐家文化墓葬，在墓葬填土中发现了仰韶文化的陶片，从田野工作中头一次判明齐家文化的相对年代要晚于仰韶文化。同年，他在兰州附近还调查了中山林、太平沟、西果园等几处齐家文化遗址，写出《齐家期墓葬的新发现及其年代的改订》和《兰州附近的史前遗存》两篇重要论文。1947年至1948年，裴文中先生来甘肃发现90多处齐家文化遗址，首次发现了白灰面房子等建筑遗迹。并写成《史前时期之西北》与《甘肃史前考古报告初稿》等专著。

中华人民共和国成立以后，进行了大量考古发掘工作，共发现该文化遗址约350多处，经过发掘的重要遗址有武威皇娘娘台、永靖大何庄、秦魏家、兰州青岗岔、秦安寺嘴坪、广河齐家坪等。还有青海乐都柳湾和贵南尕马台、宁夏固原的海家湾，基本揭示了齐家文化的分布范围、文化特征、经济生活和社会状况。

1956年5月，黄河水库考古工作队在刘家峡水库区及其附近进行考古调查，发现古文化遗址176处，其中齐家文化65处。安志敏据此写了《甘肃远古文化及其有关的几个问题》（《考古通讯》1956年第6期）。文中不仅排列了甘肃远古文化的发展序列，还把齐家文化遗物分为两群，认为在地理上分布交错，在时代上可能代表早晚两期。

1957年9—10月，甘肃省博物馆（其前身是文管会）在武威皇娘娘台进行发掘。首次发现齐家文化红铜器11件。后又于1959年夏秋两季，对皇娘娘台进行第二、第三次发掘。三次发掘，除出土大量石、骨、陶器以外，还发现铜器23件，卜骨26片，清理一座一男二女的合葬墓，发表了《甘肃武威皇娘娘台遗址发掘报告》（《考古学报》1960年第2期）一文，详细报道了三次发掘的主要收获。皇娘娘台遗址比较典型，1975年4—7月，省博物馆对该遗址进行第4次发掘，发现房屋遗迹4座，窖穴23个，墓葬62座，并再次发现两座一男二女的三人合葬墓。报告有《武威皇娘娘台第四次发掘》（《考古学报》1978年第4期）。铜器的发现，标志着生产力的极大进步，同时也说明齐家文化不但是我国新石器时代晚期的遗存，而且已进入铜石并用时代；卜骨的出现，证明占卜的迷信风俗，早在齐家文化时期就已出现。一男二女合葬墓，说明当时婚姻、家庭以及社会关系已经发生了变化。

1959年5—11月间，继武威皇娘娘台之后发掘了永靖大何庄遗址，发现房屋居住面7处、窖穴15个、"石圆圈"遗址5处，墓葬82座。1960年，在《考古》第3期发表了《临夏大何庄、秦魏家两处齐家文化遗址发掘简报》，1974年，发表了全部材料《甘肃永靖大何庄遗址发掘报告》（《考古学报》1974年第2期）。这次发掘，出土大批遗物，为揭示齐家文化的面貌特征提供了丰富资料。特别是继武威皇娘娘台之后再次发现了铜器，证明了齐家文化确已进入铜石并用时代。

1959年10月—1960年5月，先后两次发掘了永靖秦魏家墓地。这是一片氏族公共墓地，共有138座，尤其是男女合葬墓的出现，对研究我国母权制向父权制过渡以及私有制的出现和阶级的产生有着重要价值。第一次发掘简报上已提及，第二次发掘简报《甘肃临夏秦魏家遗址第二次发掘的主要收获》发表在《考古》1964年第6期上。正式报告《甘肃永靖秦魏家齐家文化墓地》于1975年发表在《考古学报》第2期上。

1979年10—11月，中国社会科学院考古研究所泾渭工作队，在陇东发掘了镇原常山遗址。发现了"常山下层文化"的房子8座，窖穴16座，出土物有石、骨、陶等生产工具和生活用具。《陇东镇原常山遗址发掘简报》（《考古》1981年第3期）指出，很早以前，这类遗存在陇东地区和宁夏回族自治区就已发现过，但一直被人们视为"齐家文化"。其实，它与齐家文化虽有密切关系，但又与陕西客省庄文化的陶器有相似之处，三者的文化性质是不同的。另外常山下层文化碳—14测定年代为公元前2930±180年，比大何庄齐家文化和客省庄二期文化分别早七八百年，这一发现对区别典型的齐家文化和非齐家文化具有重要意义。

齐家文化最重要的发掘点是皇娘娘台、秦魏家和大何庄，除此三处外，其他地区的发现、发掘还有：一、《兰州市几处新石器时代遗址调查》（《考古》1959年第3期）报道了兰州地区黄河南岸发现的齐家文化遗址3处；二、《渭河上游天水、甘谷两县考古调查简报》《甘肃省秦安县新石器时代居住遗址》《甘肃渭河上游渭源、陇西、武山三县考古调查》《甘肃临洮、临夏两县考古调查简报》（分别见《考古通讯》1953年5、7、9期）报道了上述地区99处齐家文化遗址和秦安寺嘴坪6座房址的发掘情况；三、《甘肃渭河支流南河、榜沙河、漳河考古调查》《甘肃西汉水流域考古调查简报》《黄河上游盐锅峡八盘峡考古调查记》《黄河寺沟峡水库新石器时代遗址调查简报》（分别见《考古》1953年3期、7期和1960年3期、1965年7期），报道了上述地区发现的齐家文化遗址36处；四、《白龙江流域考古调查简报》（《文物资料丛刊》1978年第2辑）、《甘肃灵台桥村齐家文化遗址试掘简报》（《考古与文物》1980年第3期）、《甘肃天水地区考古调查纪要》（《考古》1983年12期）报道了70年代和80年代在上述地区发现的十多处齐家文化遗址和灵台桥村7个灰坑的发掘情况。

总之，通过上述调查、发掘，取得了丰富资料，为进一步综合研究奠定了深厚基础。

2.研究与争论

关于齐家文化的综合研究，发表近20篇文章，讨论的问题除了涉及该文化的特征外，还涉及到类型和分期、与周围文化的关系以及渊源去向、当时的社会发展阶段等等。

关于齐家文化的特征，一般都认为，就陶器而言，主要是泥质红陶和夹砂红褐陶，还有少量灰陶；器表除素面外，还有篮纹和绳纹，并有少量彩陶；彩陶花纹有菱形纹、网格纹、三角纹、波折纹、蝶形纹，纹样简单疏朗。陶器造型以平底器为主，也有一些圈足器和三足器。典型器物有双大耳罐、高领双耳罐、浅腹盘、深腹盘、镂空圈足豆、袋足鬲、三耳罐、侈口罐。其中以高领双耳罐和双大耳罐最有特色。另一特点是出现了红铜器和青铜器。

关于类型和分期，分歧较大。胡谦盈《齐家文化的不同类型及其源流》（《考古与文物》1980年第3期）提出，当前在名为齐家文化的遗存中，实际上混杂有"常山下层文化"和"客省庄二期文化"。如把上述两种遗存区别开来，典型的齐家文化可以分为甲、乙两种类型。甲型以大何庄和秦魏家遗址为代表，乙型以皇娘娘台和乐都柳湾为代表。甲乙两型最本质的不同是乙型中存在一些异常明显的马厂文化的因素，而甲型则无此现象。谢端琚为《中国大百科全书·考古卷》所写的"齐家文化辞条"以及他的《试论齐家文化与陕西龙山文化的关系》（《文物》1979年第10期）和《试论齐家文化》（《考古与文物》1981年第3期）两文，则把齐家文化按分布范围分为三个地区和三种类型。甘肃东部地区包括渭河流域、泾河上游与西汉水上游有齐家文化195处。以天水七里墩为代表，可称七里墩类型；甘肃中部地区包括黄河上游及其支流洮河、大夏河流域，共发现齐家文化128处，以秦魏家为代表，可称秦魏家类型；甘肃西部和青海东部地区包括庄浪河流域及其支流大通河以及河西走廊等，估计有齐家文化几十处，可以皇娘娘台为代表，称皇娘娘台类型。他的《论大何庄与秦魏家齐家文化的分期》（《考古》1980年第3期），根据地层关系和器物排比，将大何庄和秦魏家两遗址分为四期：一期为大何庄下层、二期为大何庄上层、三期为秦魏家下层、四期为秦魏家上层。梁星彭的《齐家文化起源探讨》（《史前研究》1984年第3期）把齐家文化分为四大类。第一类以秦魏家大何庄为代表，包括广河齐家坪、永靖阳洼湾、天水七里墩等；第二类以皇娘娘台为代表，包括乐都柳湾；第三类以宁夏固原海家湾、隆德上齐家为代表，同类遗址有镇原常山、西吉兴隆、内蒙古白音浩特等；第四类以灵台桥村为代表，还有天水西山坪，瓦渣嘴和兰州青岗岔等。该文认为第四类实际与客省庄二期文化接近，而第三类实际是常山下层文化，所以，典型的齐家文化只有大何庄秦魏家和皇娘娘台。因此，本文将齐家文化分为秦魏家大何庄类型和皇娘娘台类型。另外，该文对秦魏家大何庄细分为三期，不同意谢端琚四期说所排列的先后序列，认为它的早晚序列应该是秦魏家下层→秦魏家上层（包括大何庄下层）→大何庄上层。张忠培《齐家文化研究》（《考古学报》1987年第1、2期）对皇娘娘台、大何庄、秦魏家墓葬进行细致研究的基础上，将齐家文化分为三期八段。陈迟《关天齐家文化研究中的几个问题》和伊竺《大何庄遗址"分段"研究商榷》（《考古》1988年第6期）则对三期八段提出了商榷意见。

关于齐家文化的渊源，也是个争论较大的问题。石陶的《黄河上游的父系氏族社会——齐家文化社会经济形态的探索》（《考古》1961年第1期）认为，齐家文化是马厂文化的继续和发展。夏鼐的《碳—14测定年代与中国考古学》（《考古》1977年第4期）则认为，齐家文化和客省庄二期文化非常近似，如果齐家文化发现在客省庄之后，它可能被称为甘肃龙山文化。端居《齐家文化是马家窑文化的继续》（《考古》1976年第6期）认为，齐家文化是马家窑文化（包括马家窑、半山、马厂三个类型）的继续和发展，并吸收了年代稍早的客省庄二期文化的因素发展起来的。后来在其《试论齐家文化与陕西龙山文化的关系》一文中，又进一步强调，从陶器群整体看，齐家文化与客省庄二期文化的关系，只是由于所在地区邻近，彼此间可能有较频繁的交流，互相影响较深，关系较为密切，但不能说它们属于同一文化系统。胡谦盈上述《试论齐家文化的不同类型及其源流》一文则认为，齐家文化既非渊源于马厂文化，也不是什么所谓龙山文化的变种，应该是常山下层文化的继续和发展。上述梁星彭《齐家文化起源探讨》一文将秦魏家下层看作是齐家文化的早期遗存，因此是据以探索齐家文化起源的基础。提出，秦魏家下层与陕西客省庄二期文化最为接近，而以灵台桥村为代表的遗址同样与客省庄二期十分接近，因此，典型的齐家文化正是桥村一类遗址发展而来的。而桥村一类遗址可能属于客省庄二期文化在陕西西部和甘肃东部的一个地方类型。还有，上述张忠培《齐家文化研究》一文三期八段的基础上，提出宁夏西吉兴隆镇和隆德上齐家遗存是目前能推知的齐家文化的较早源头。看来，关于齐家文化的源头究竟在哪里？目前至少有六七种说法。今后的讨论还需继续下去。关于齐家文化的社会阶段，一种意见认为，处在父权制的确期，一种意见认为处在军事民主制阶段。还有一种意见认为已进入初期奴隶社会。但无论如何，齐家文化时期由于铜器的出现，生产力已有了极大的发展。夫妻合葬墓的出现，说明家庭、婚姻以及男女在社会上的地位已发生了变化；随葬品的多寡说明财产不均以及私有制的出现。随着家庭男女地位的变化，社会成员的不平等以及奴役被奴役的关系已经产生。

关于齐家文化的综合研究，文章不多，以上叙述只是一些主要问题。

二、辛店文化

辛店文化是甘肃地区青铜时代的文化，年代约为公元前1000年左右，大致相当于中原地区的殷周时期，主要分布在黄河上游及其支流湟水、洮河与大夏河流域。

辛店文化最初于1924年发现于临洮辛店，故名。1949年前虽作过一些调查工作，但未进行发掘。中华人民共和国成立后，随着50年代末期的大规模考古调查，基本搞清了辛店文化的分布情况，发现该文化遗址100多处。

1956年，黄河水库区考古工作队甘肃分队仅在刘家峡水库区就发现辛店文化遗址79处（见《刘家峡地区的考古调查》、《考古通讯》1956年第5期）。同时，在东乡自治县唐汪川和永靖附近的瓦渣嘴、张家嘴、韩家嘴等地搜集到一批"唐汪式"陶器和辛店文化乙组陶器。安志敏据此写了《略论甘肃东乡自治县唐汪川的陶器》（《考古学报》1957年第2期）。文章认为，"唐汪式"陶器，就其制法、陶衣和彩绘等，好像和甘肃仰韶文化有一些联系，特别是单耳罐和豆形器接近于马厂类型，但双大耳罐却接近于齐家文化。另外陶土质料、陶面拍印绳纹以及四耳罐等器形方面又接近于辛店文化。同时在唐汪川遗址中杂有辛店陶片，若干辛店文化遗址中也含有少量"唐汪式"陶片。这都说明"唐汪式"陶片与辛店文化有一定关系，特别是和辛店文化乙组陶器更为密切。文章还因永靖附近瓦渣嘴、张家嘴、韩家嘴三处发现的辛店陶器不同于早先发现的典型的辛店文化陶器，将辛店文化分为甲乙两组，而把上述三地发现的陶器划入乙组，把以临洮辛店为代表，分布比较广泛的典型的辛店文化陶器划归甲组。

正式发掘的辛店文化遗址有永靖的张家嘴、姬家川、莲花台三处和东乡的崖头一处。张家嘴遗址先后1958年10—11月和1959年4—7月间两次发掘，清理窖穴165个。出土的石制工具有刀、镰、斧、杵、纺轮、石臼和敲砸器等136件；骨制工具有镞、针、锥、凿、铲、梳等47件，此外还有陶制纺轮等。生活用具有陶容器和炊器，完整或能复原者40多种，另有骨器和装饰品14件；铜器2件、铜渣2块。自然遗物有猪、狗、牛、羊、马、鹿等动物骨骼。

姬家川遗址是1960年6—7月间发掘的，共清理窖穴41个，房址1座，墓葬1座。出土遗物有石制工具36件，骨制工具24件，陶纺轮4件。器形种类除石网坠一种外，其余与张家嘴出土的生产工具相同。生活用具有完整或能复原的陶器30多件，骨匕3件。装饰品发现骨笄1件。动物骨骼有牛、羊、猪、鹿、鼠等。

上述两地发掘简报（见《考古》1959年第4期和1962年第2期）认为，张家嘴遗址的辛店文化，就其陶器质料，表面修饰和花纹、器形都另具特点，不同于洮河流域典型的辛店文化陶器；另外，在这里发现了"唐汪式"陶器，根据地层证据和陶器对比，说明张家嘴辛店文化与"唐汪式"陶器属于同一文化系统。该文认为，姬家川遗址同张家嘴相比，在陶器方面具有明显的区别，姬家川凹底器多，平底器少，并不见鼎和豆形器；张家嘴则相反，凹底器少，平底器多，且有鼎、豆之类。其次在纹饰方面：姬家川绳纹占多数，素面较少，附加堆纹多作锯齿状；而张家嘴却素面多，绳纹较少。再次在彩绘花纹方面也独具风格。1980年，在《考古学报》第2期发表了两处发掘的正式报告《甘肃永靖张家嘴和姬家川遗址的发掘》，正式将两处遗址出土的陶器分别称为张家嘴和姬家川类型。前者即安志敏所说的辛店文化乙组，后者即辛店文化甲组。

1959年8—10月间，黄河水库考古队甘肃分队还对永靖莲花台进行了发掘。遗址分为东西两区。西区叫瓦渣嘴，东区叫黑头嘴。瓦渣嘴清理窖穴152个，墓葬3座。出土石器122件，骨器126件，角器3件，陶器完整或能复原者20多件，铜器7件，海贝1件。黑头嘴清理房址1座，窖穴67个。出土石器44件，骨、蚌器65件。陶器能复原者20件，铜器2件。两处均发现牛、羊、马、狗、鹿的骨骼残片。《甘肃永靖莲花台辛店文化遗址》（《考古》1980年第4期）一文指出，莲花台遗址包含了张家嘴与姬家川两种不同类型的文化遗存。西部瓦渣嘴内涵属于张家嘴类型，东部黑头嘴内涵属于姬家川类型。

根据上述调查和发掘的材料，一般认为，辛店文化的特征，就陶器而言主要以夹砂红褐和橙黄陶为主，陶土中掺入碎陶末与石英砂粒等，陶衣较为粗糙。陶器多为手制，表面磨光，施有一层白色和紫红色陶衣。纹饰有绳纹、附加堆纹与彩绘纹。彩绘花纹别具一格，近似一对羊角的双勾纹与象生的犬形纹是该文化的重要标志。张家嘴类型包含"唐汪式"陶器的遗物，在时间上略早于姬家川类型，辛店文化时期居民的经济生活以农业为主，兼营畜牧与狩猎，制陶业较为发达，石器、骨器制造工艺也较出色，铸铜业有了较大发展，除生产小型的生产工具和装饰品外，还开始制造铜容器。另根据部分器形和花纹，可看出该文化曾受到中原文化的影响。

三、寺洼文化

寺洼文化是主要分布于洮河流域的一种青铜时代文化。1924年发现于临洮寺洼山而得名。年代约相当公元前1400—前1100年。

1949年前，安特生曾在寺洼山发掘过8座寺洼文化的墓葬，1945年夏鼐先生来临洮发掘了6座墓葬，1947年裴文中先生在上述地点又发掘了墓葬1座。总共发掘墓葬15座。夏鼐先生还发表了《临洮寺洼山发掘记》（《考古学论文集》，1961年科学出版社），对寺洼墓葬和出土遗物进行了详细研究。

20世纪50年代末期的考古调查中，先后发现并见之于报道的寺洼文化遗址10处，它们是临洮石家坪、寺洼山鸦儿沟、靳家坪、马家窑—瓦家坪、格致坪、朱家坪、文家坪、下土牌、武山阳坬和眠县中寨坪，10处遗址中，除后2处外，前8处均在洮河流域的临洮县境地。《刘家峡区考古调查》《甘肃临洮、临夏考古调查简报》《甘肃渭河支流南河、榜沙河、漳河考古调查》《甘肃古文化遗存》（《考古学报》1960年第2期）等文章和报告，分别介绍了上述遗址的发现和出土情况。

1958年，甘肃省文管会在泾河流域进行文物普查时，在平凉市安国镇发现一座墓葬，出土陶器20多件，有罐、壶、鬲、豆、纺轮等。嗣后又在庆阳县石桥村葫芦河流域的柳家村发现该类型的墓葬。这一文化的陶器中，马鞍形口、平底、素面的罐，带有大耳，接口沿部凹下亦呈小马鞍形状，为这类遗存最显著的特点，当时称为"安国式"陶器。

1958年以后，又在渭水支流的葫芦河流域先后发现多处寺洼文化遗址。丁广学《甘肃庄浪县出土的寺洼陶器》(《考古与文物》1981年第2期)一文报道了庄浪县川口柳家村、朱家大湾、三合东台、徐家碾狮子屲、李家嘴、水洛贺子沟和盘安王宫等七处遗址，收集陶器110件。上述发现证明，寺洼文化不仅仅分布于甘肃西部的洮河流域，而在东部渭河支流甚至泾河流域也有分布。

1980年5—7月，中国社会科学院考古研究所泾渭工作队发掘了庄浪县徐家碾遗址，清理寺洼文化墓葬104座。这是对寺洼文化遗址较大规模的发掘。出土陶器1000多件，并有戚、戈、矛、镞、刀、铃、手镯和铜泡等铜器出现。还在墓葬中发现了用人牲和陪葬的情况。简报有《甘肃庄浪县徐家碾寺洼文化墓葬发掘纪要》(《考古》1982年第6期)。

1982年10—11月，甘肃省文物队、北京大学历史系考古专业和西和县文化馆，在西和县栏桥遗址，发掘寺洼文化墓葬9座。出土陶、铜器200余件。陶器上还发现刻划的21种不同的符号。西和栏桥墓葬的发掘，不仅为寺洼文化增添了新的内容，而且将其分布范围扩大到西汉水流域。

还有，1984年，甘肃省博物馆与北京大学考古系在合水县九站遗址，又发掘墓葬82座，正式报告尚未发表。

总之，寺洼文化的发现和发掘工作，还不甚充分。但根据现有的材料，基本可窥知寺洼文化的概貌。一般认为，50年代发现的所谓"安国式"遗址，事实上属于寺洼文化的一个类型。有人把寺洼文化分为寺洼和安国两个类型，两者之间存在先后早晚的关系，而且也有地域分布的区别。寺洼类型主要分布在洮河流域和陇山以西的渭水流域；安国类型主要分布在泾水和西汉水、白龙江流域。也有人根据新发现的材料，将寺洼文化分为寺洼山、栏桥—徐家碾、九站等三个类型(见《寺洼文化研究的几个问题》，《西北史地》1989年第4期)。寺洼文化自发现至今，先后发掘过210多座墓葬，因而，有文章主要对该文化的墓葬情况进行了研究。目前尚知，它与周文化关系密切，大致相当于中原地区的殷周时代，是甘肃地区齐家文化之后，同辛店文化同时并存的两支青铜文化。社会发展大约已处在奴隶社会阶段。至于其他方面的问题尚有待新材料的发现。

四、沙井文化

沙井文化是主要分布在河西走廊的一种青铜时代文化，因1924年初次发现于民勤沙井村而得名。年代约在公元前800—前600年。

1949年前，安特生、裴文中曾先后到民勤沙井遗址调查过。中华人民共和国成立后直到60年代，发现的沙井文化只在4处，分布在民勤、永昌、天祝等县。不过，1956年中国科学院考古所安志敏等人前往山丹对新西兰人路易·艾黎早先发现的四坝遗址进行调查后发表了《甘肃山丹县四坝滩新石器时代遗址》（《考古学报》1959年第3期），该文把四坝遗址出土的遗物分为甲、乙、丙三组，认为其中的丙组遗物属于沙井文化。另在1973年发掘永昌鸳鸯池半山—马厂墓葬时，发现压在墓口之上的一层灰层和遗物属于沙井文化的遗存。

关于沙井文化，正式发掘过的遗址只有2处。一处是永昌三角城，一处是永登榆树沟。

1979年，甘肃省博物馆发掘了永昌双湾公社尚家沟大队西北的三角城遗址和蛤蟆墩墓葬，清理房址6座、窖穴12个、墓葬580座、祭祀坑4个。出土物600余件，其中有石、角、骨、木、陶、金、铜、铁、纺织物、皮革、绿松石等（见《甘肃永昌三角城沙井文化遗址调查》（《考古》1984年第7期）。1980年1月，甘肃省博物馆，在永登树坪公社赵老湾榆树沟清理沙井文化墓葬1座，出土铜器146件，有鹰头饰、鹿形饰、涡轮形饰、犬纹牌饰、铲形牌饰、圆牌饰等等。还有铁器4件和陶片7块。《甘肃永登榆树沟的沙井墓葬》（《考古与文物》1981年第4期）一文认为，该处墓葬的发现，表明沙井文化先民的足迹的确已达到黄河之滨。出土的以各种动物纹样为题材的装饰品，是匈奴文化的特征。说明沙井文化的先民与匈奴有密切的联系，根据分布地区和所处时代推测，它可能是曾活动在河西走廊一带的古月氏部落的遗存。

关于沙井文化，发现和发掘的材料都较少。一般认为，表现在陶器方面的文化特征主要是：以夹砂红褐陶为主，手制，陶器的上半部多施一层红色陶衣，器表饰绳纹、锥刺纹、弦纹与彩绘等。彩绘花纹有连续三角纹、窄长三角纹、菱格纹、波折纹与鸟纹等。典型陶器有单耳桶状杯、单耳圜底罐、双耳平底罐和双耳圜底罐等。

有文章认为，沙井文化是以畜牧业为主体的社会经济，农业、手工业也都存在。但在经济领域中不占主导地位，狩猎活动是辅助形式。根据九个碳—14数据，年代在春秋早期至战国之间，可能是河西走廊古月氏的遗存，当时的社会处在奴隶制时期（蒲朝绂《试论沙井文化》，《西北史地》1989年第4期）。

（原载于《甘肃社会科学》1990年第6期）

简论甘肃地区的古文化
与中原及周邻文化的互动与影响

　　甘肃地区处在一个特殊的地理环境。它不仅是青藏高原、内蒙古高原和黄土高原的交汇处，而且还分属于长江流域、黄河流域和内陆河流域的不同水系。1600多千米的狭长地带，一头连着中原，一头连着西域，特殊的地理环境决定了它的独特历史和独特文化。陇东高原属于黄河上游，同关中、中原一带历来被认为是中华民族的发祥地，而陇山以西的洮河流域、大夏河流域、湟水流域，在很早的古代就是氐羌等少数民族的活动地区，所以甘肃又是中原文化与西部少数民族文化的碰撞之地。从战国秦长城到汉长城再到明长城，说明这里是游牧文化和农耕文化的交汇之地；狭长的东西走廊，又是中西文化交流的通道。

　　过去在大一统思想的指导下，人们认为只有黄河中游的中原地区才是中华文明的发祥地，随着中原人口向四周的迁徙，才把中原的文化辐射到了"四夷"地区。可是随着各地远古文化的不断发现，人们才发现事实并非如此。不仅中原区有新石器时代早期遗存，在湖南、江浙、山东、长城以北都有七八千年以远的农业文化；"四夷"区与中原区社会发展大致同步，在建筑形式与技术、生活和埋葬习俗、信仰与祭祀活动、艺术风格、价值观念体现物等方面又各有特征，并不比中原落后。某些文化成就，如稻作、玉器、白陶与快轮制陶术、骨角牙雕、蚕丝、漆器等还较中原先进。中原与四周各具特色的多源文化经过数千年融合交流，才逐渐形成了多源一统的国家和多源一体的民族。一句话，中国文明的起源是多源的，而不是像穿糖葫芦那样走着直线的道路。根据已故学者苏秉琦先生的观点，中国的古文化是世界古文化的一部分，但是又自成体系：在中国全境的古文化又可分为六个大的区域：即以燕山南北长城为重心的北方区；以山东为重心的东方区；以关中、晋南、豫西为中心的中原区；以环太湖为重心的东南区；以环洞庭湖与四川盆地为中心的西南区；以鄱阳湖和珠江三角洲为中轴的南方区。这六大区古文化的发展，都或先或后地迈入了古代文明的门槛而最终融入中华文明。[1]

按照上述六大区的说法，甘肃的古文化，陇东地区是陕晋豫中原文化的一部分，而河西地区应该属于以燕山南北长城地区为重心的北方地区。但是我们认为，这种分区和归属还不能完全涵盖甘肃古文化的实际。甘肃的大地湾文化、马家窑文化、齐家文化、辛店文化、寺洼文化和沙井文化等，既不同于中原文化，也不能完全列入北方系统，是甘青地区独有的地方性文化，自有其本身的特色，当然独特的地域文化，就其发展而言并不是孤立的，它与周邻文化总是要发生各种关系，总是要互相影响、互相吸收。下面就甘肃古文化与中原文化及其他周邻文化的影响互动关系作一些简要论述，就证于方家。

甘肃地区经过20万年的旧石器时代而进入新石器时代以后，最早的古文化当属大地湾文化（亦称大地湾一期文化），发现于大地湾遗址的最下层，从文化面貌看，生活在7800年至7350年前的大地湾先民已经开始了较为定居的农业生活。他们住着半地穴式房子，上面搭有窝棚。骨镞、石弹丸的发现和随葬的兽骨说明，除农业外尚以狩猎作为生活的补充。另外发现的陶纺轮、骨针、骨锥等物品以及陶器上布满器表的绳纹说明他们除了用兽皮缝制衣服外，还可能利用天然植物开始了纺织及编织；随葬的猪下颌骨，说明有了最早的家畜饲养业。大地湾一期文化除了作为黄河上游早期农耕文化的代表外，至少还有两个方面的内容具有地域特征和特殊意义：一是农业，二是彩陶。关于农业方面，大地湾一期出土了禾本科的稷和十字花科的油菜籽，证明甘肃陇东高原是最早的黍稷文化的发源地。据文献记载，周先祖弃就是因好农耕稼穑之务在尧时被封为农师，在舜时被号曰后稷。后稷死后，儿子不窋因夏后氏政衰，去稷不务，失其官而奔戎狄间。到不窋的孙子公刘时"复修后稷之业，务耕种，行地宜，自漆、沮度渭，取材用，行者有资，居者有畜积，民赖其庆，百姓怀之，多徙而保归焉。周道之兴自此始"[2]。显然周先祖这种农耕稼穑的传统，最早的源头应该追溯到大地湾，其影响自然也自西而东扩及到了关中和中原地区。在陶器制作方面，大地湾一期的人们尚未开始使用慢轮，全是手制，大多为夹细砂红褐陶，器形主要是圆底、圈足、三足的钵、碗、罐和小口壶，没有平底器。但是其中出现了中国最早的彩陶。这些彩陶数量不多，只占全部陶器的四分之一；器形也较简单，花纹线条都比较单一，只是在圆底钵的口沿外绘一道红色宽带纹，口沿内或绘细线纹，或绘短斜线、折斜线等。这些简单的彩陶纹样，至少在两个方面给人们提供了重要启示：其一是以红色作为最早的装饰绘画材料，表现了他们对生活的信心和追求。因为红色是远古人们在旧石器时代最先认识的色彩。在先民眼里，红色是充满生命力的象征；其二是绘在陶器口沿外的宽带纹，从侧面看是一条带箍，从上面俯视，又是一个圆圈，表明中国彩陶艺术从萌芽时起，就有了后世人们所注重的多效装饰法的表现手法，花纹虽然简单，它却凝聚了先民们巨大的智慧和丰富的想象力。大地湾一期彩陶的出现具有十分重要的意义。它是制陶工艺和原始装饰艺术发展的标志，是陶器产生审美价值的确证。

大地湾文化除大地湾遗址外，近年还在甘肃武山的西旱坪、陇南的徽县和礼县都有发现，就其年代来讲，它与河南新郑裴李岗文化，河北武安磁山文化以及陕南的李家村文化时间相当或略早，因此它是与这些文化并存的甘肃地方性文化。就埋藏层位看，大地湾遗址四期文化中，其二、三、四时期分别属于仰韶文化早、中、晚各期，因此不能否认大地湾文化与仰韶文化有某种渊源关系。

仰韶文化的中心地区在陕晋豫交界的关中、中原地区，甘肃中部的仰韶文化处在边缘地带，自然是中原辐射的结果。但由仰韶文化经过石岭下发展而来的马家窑文化，则又是甘肃一支独特的地域文化。

马家窑文化距今5300—4000年，其分布范围东起陇东山地，西至青海东北及河西走廊，南北跨四川和宁夏的边缘。学术界根据其文化面貌的不同将其分为石岭下、马家窑、半山、马厂等四个类型，分别代表从早到晚先后不同的发展阶段。

马家窑文化以其素称发达的彩陶为其最大特征。比如马家窑类型的彩陶，流行使用黑彩装饰，但花纹繁缛，多用同样粗细的线条构图，均匀对称浑然一体。其中动物花纹有鸟纹、鱼纹、蛙纹、蝌蚪纹；几何花纹饰有垂幛纹、旋涡纹、水波纹、圆圈纹、多层三角纹、桃形纹和草叶纹等。马家窑类型的彩陶纹饰极富变化。而且充分体现傍水而居的生活气息。仅一种蛙纹就很少有重复的样式，而且各种形态十分生动，富有生命力。那些密集的线条，虽只有一种黑色，但带着鲜明的波动性，给人以繁缛和灵活的感觉。一种器物上各种纹饰综合运用，既有动物纹，又有几何纹，非常协调地组成一个统一体，这是马家窑彩陶艺术最大的特点。各种艺术处理简括而传神。而且使点和线这种简单的几何元素，都被赋予了生命和动律。

半山类型的彩陶器形有瓶、钵、瓮、盆、罐、壶几大类，其中长颈壶、双耳罐、小口双耳罐为过去少见或未见的器形。它们不仅造型美观，而且彩绘装饰也极具变化。彩绘花纹既施于器表，也绘于内壁。最常见和最有特点的是以黑红两色相间勾画的锯齿形花纹，设计严谨规整，不论正看俯视，都呈现出完整美观的画面。仰韶文化庙底沟类型的彩陶仅仅是一种色彩双关，半山类型的彩陶却发展到形体双关，而且把二者有机地结合在一起。红黑两色的线条把色彩双关最清楚地表现了出来。这种利用彩色和构图产生的视幻觉，达到一种变幻多端的艺术效果。

马厂类型分布范围比半山类型更为先进。彩陶器形进一步增多，从生活用具扩大到了劳动工具。它的彩陶以黑彩为主，也兼用红黑二色，彩陶的上半身普遍涂有一层红色和紫色陶衣。主要花纹是几何形图案、人形纹或人面纹、蛙纹等。其中几何纹饰形式多样，常见有四圈纹、三圈纹、折线三角纹、菱形纹、回形纹、平行线纹、网纹等。马厂类型的彩陶是在半山类型的基础上发展起来的。因而，半山的各种装饰艺术在马厂类型中得到了更加成熟的发展。表现了开光艺术的大圆圈纹是旋涡纹圆心扩大后的重点装饰部位，其中填充的各种几何形纹饰竟多达200余种。尤其是小口鼓腹壶或小口瓮的大量流行，为多效装饰艺术的发展提供了装饰空间，使半山类型的彩陶装饰艺术在马厂类型时期达到了高峰。但是，到了马厂的晚期，这种高峰出现了回落，各种彩陶的图案趋向于简化，许多纹饰和线条也逐渐失去了活力，预示了彩陶文化的衰落和青铜文化的到来。

目前，在河西走廊发现的马家窑类型遗址有10余处：走廊东的武威地区9处，民勤和永昌各1处，走廊西端的酒泉1处；半山类型的遗址仅见于永昌以东；马厂类型的遗址数量增多，但仍是东部多于西部。

有人认为，在公元前3000年的上半叶，马家窑文化深入酒泉地区，"有理由推测，马家窑文化居民有可能沿此通道继续向西，进入疏勒河流域。如果马家窑文化进入疏勒河流域，势必要对新疆东部的原始文化构成直接影响，尽管我们还不能肯定马家窑类型居民已殖民新疆，但到了马厂阶段，这一可能已大为加强"。从这一角度审视，我们或许可以把酒泉发现的马家窑文化看作是甘青地区的原始文化伸向中亚腹地的一只触角[3]。

另外，河西走廊中段的民乐东灰山在20世纪80年代的发掘中发现了碳化的小麦，鉴定确认是人工栽培的。碳-14测年距今5000—4500年，这一年代恰好正在马家窑类型的范围内。驯化地理学和植物栽培学的研究证明，小麦原产西亚一带。目前中国内地发现最早的小麦标本在河南洛阳皂角村遗址，年代不超过公元前2000年，这说明民乐东灰山所出的碳化小麦不是来自中原，而是来自西方，当是沿着西亚—中亚—新疆—河西走廊这一通道传播而来[4]。

后期的马厂类型中发现的海贝和仿贝制品，说明商品交换已经萌芽。同时也证明了甘肃地区与东部沿海的经济文化交流已经产生。这些都是马家窑文化和周邻文化发生影响和互动的例证。

齐家文化是新石器晚期和青铜器早期出现在甘青地区的一支地方性文化，主要分布在甘、青境内的黄河沿岸及其支流渭河、洮河、大夏河、湟水流域，宁夏南部与内蒙古西部也有零星发现，总共350多处。碳测年代，早期为公元前2000年左右，下限还当更晚。

齐家文化有一群独具特征的陶器。主要为泥质红陶和夹砂红褐陶，还有少量的灰陶。器表除素面外，主要是篮纹和绳纹。还有少量泥质彩陶，既有黑彩，也有红彩或紫红彩，花纹有菱形纹、网格纹、三角纹、波折纹、蝶形纹等，纹样疏朗简化。陶器造型以平底器为主，也有一些圈足器与三足器。典型器物有双大耳罐、高领双耳罐、浅腹盘、深腹盆、镂孔圈足豆、袋足鬲、三耳罐、侈口罐等，其中以双大耳罐和高领双耳罐最富有特色。齐家文化的另一特点是出现了红铜器和青铜器，都属于生产工具与装饰品一类的小型器物。共有50多件。种类有刀、锥、凿、环、匕、斧、钻头、泡、镜、铜饰品和铜渣等。经用光谱定性、半定量分析和电子探针等方法鉴定，这批铜器既有红铜，又有铅青铜与锡青铜。表明齐家文化发展到晚期已进入青铜时代。

对于齐家文化与其他文化的关系，有人认为齐家文化是马家窑文化马厂类型的继续与发展；有人认为它与东邻的陕西龙山文化非常相近，如果齐家文化的发现在其之后，可能会被称为"甘肃龙山文化"；有人明确指出齐家文化应起源于陕西龙山文化，随着不断地向西发展，也承袭马家窑文化的若干因素，应属于龙山文化的变体；也有人认为齐家文化是马家窑文化的继续和发展，并吸收了年代稍早的陕西龙山文化的因素。齐家文化在东边的要比西边为早。更东的陕西龙山文化，面貌与齐家文化相近而年代却早于齐家文化[5]。大体上可以说，越靠东边的齐家文化受陕西龙山文化的影响越深，年代也越早；越靠西边的与陕西龙山文化的差别越大，年代也越晚。不管怎么说，齐家文化也不是孤立的，无论和中原的龙山文化相比，还是和甘青地区的马家窑文化相比，相互影响、相互渗透是无可置疑的。

如果说齐家文化还处在新石器时代和青铜器时代的过渡阶段，那么到辛店文化和寺洼文化时，甘肃地区就进入了青铜时代。

辛店文化主要分布于黄河上游及其支流湟水、洮河与大夏河流域。年代晚于齐家文化，约为公元前1000年。辛店文化的陶器以夹砂红褐陶或橙黄陶为主，陶土中掺入碎陶末与石英砂粒等，陶胎较为粗糙。陶器多为手制，表面磨光，并施有一层白色或紫红色陶衣。纹饰有绳纹、附加堆纹与彩绘等。彩绘花纹别具一格，近似一对羊角的双勾纹与象生的犬形纹是这个文化的重要标志，典型器物是颈部或腹部附加有双耳的彩陶罐和瓮，还有颈肩部附加有双耳或双钮的陶鬲等。辛店文化中常见的双耳袋足鬲与西周早期的陶鬲近似，彩陶上的连续回纹与云雷纹等彩绘花纹，与中原青铜器上的花纹雷同，说明辛店文化与中原地区的青铜时代文化的关系极为密切，受到中原文化的影响十分明显。

寺洼文化主要分布在兰州以东的甘肃省境内，在陕西省千水、泾水流域也有发现。年代约当公元前14—前11世纪。寺洼文化的陶器分泥质陶和夹砂陶两种，以后者数量居多。器皿都用泥条盘筑法制成。夹砂陶器的陶内掺入大量粗砂和碎陶末等，质地粗糙松散，烧制火候不足，器皿上往往有不同颜色的斑点。以橙黄色和红褐色居多，黑色和"砖红色"少见，灰色者罕见。器形有罐、鼎、鬲、簋、豆、盂和瓮等。马鞍形口陶罐是寺洼文化最具代表性的器物之一。青铜器有戣、戈、矛、镞、刀和铃等。装饰品有铜镯、铜泡、陶响铃和石、蚌质项链及串饰。寺洼文化的族属，有人认为是氐羌的遗存，也有人认为是西方的戎狄。就目前确知的情况看，寺洼文化与辛店文化、商文化特别是周文化的关系极为密切。至于究竟谁影响了谁，还要进一步研究。

沙井文化是主要分布在河西地区的一支重要文化。主要分布于甘肃省的永登、古浪、武威、天祝、永昌、张掖与民勤等地。年代约为公元前800—前600年。沙井文化的陶器以夹砂红褐陶为主，手制、陶器的上半部多施一层红色陶衣，器表饰绳纹、锥刺纹、弦纹与彩绘等。其中彩绘花纹有连续三角纹、窄长三角纹、菱格纹、波折纹与鸟纹等。鸟纹多成组成排地绘在同一彩带上，鸟头方向一致，姿态生动，栩栩如生。器形以平底器与圆底器为主，也有三足器。典型陶器有单耳桶状杯、单耳圆底罐、双耳平底罐与双耳圆底罐等。沙井文化的铜器有铜刀、三棱式铜镞、铜扣、铜铃，以及鹰头饰、鹿形饰、犬形饰、铲形饰、轮形饰与连珠形铜牌饰等各种饰物。另外还有海贝与串珠等装饰品。沙井文化中那些小型的铜饰件，最具北方游牧民族的特色，应该属于鄂尔多斯青铜器的一个分支。不管它是月氏人的文化还是匈奴人的文化，它属于以燕山南北长城一线为重心的北方圈的特色更浓。

总而言之，甘肃地区在远古的时候同青海东部是一个相对独立的文化圈，它不仅有自己的独有特色，同时又同中原和周邻文化发生各种各样的摩擦、碰撞、融合、交流，最后融入了中华文化的大洪流。过去认为只有城市、文字、青铜器才是文明的三要素，但是苏秉琦先生认为，还要把稻谷、蚕丝、玉器也要包括到文明的要素中。当然，文明是数种因素交错存在，互相作用。很难说进入文明时代在物质文化方面有什么统一的标准，或者说有什么相同的物化形式。按照这一理论，甘肃地区至少在大地湾四期即仰韶文化晚期已经昭示了文明的到来。如上所述，中华文明的起源是多源的，甘肃地区独特的远古文化，无疑是中华文明的源头之一。再加上它独特的地理位置，多民族交汇，中西交通的孔道，所以甘肃古文化在形成大一统的中华文明、中华民族和中华国家的历程中，同样具有十分重要的作用。

参考文献：

[1]《苏秉琦与当代中国考古学》，北京，科学出版社，2001年6月。

[2]《史记·周本纪》，北京，中华书局，P112。

[3][4] 李水城《河西地区新见马家窑文化遗存及相关问题》，载《苏秉琦与当代中国考古学》，北京，科学出版社，2001年6月，P132。

[5] 参见《中国大百科全书·考古卷》，北京，中国大百科全书出版，1986年，P367—371。

（原载于《甘肃社会科学》2003年第6期）

论月氏在河西的几个问题

匈奴入据河西以前，月氏和乌孙是这里的主人。他们为河西的经济发展和文明进步做出了不可磨灭的贡献。尤其是月氏（西迁中亚后史称大月氏。部分老弱未能西迁者退保祁连山中与羌人杂居，史称小月氏，故本文"月氏"、"大月氏"并称，前者指河西时期的月氏，后者指西迁以后的月氏）。后来移居中亚阿姆河流域后臣服大夏，建立了强盛一时的贵霜帝国，成为当时亚欧大陆上的四大强国之一，对中国历史和世界历史产生过重大影响。有鉴于此，研究大月氏以及贵霜王朝的历史一直是中外学者关注的热门课题。特别是在过去几十年中，苏联学术界组织包括语言学、碑铭学、古钱学、人种学、地质学、古生物学在内的各方面专家，在苏联的中亚地区及阿富汗一带进行考察发掘，发现了大量大月氏时期的古城遗址和地下文物，使研究工作取得了突破性进展。但是，月氏在河西走廊的情况，由于史书上仅只言片语的记载，致使研究工作深入不下去，很多方面还是空白。近年来分布在河西东部地区一些沙井文化的重要遗存被正式发掘。该文化被看作月氏人的文化遗留已得到更多人的认同。本文拟在此基础上，试图通过对文献记载和考古资料的分析引出一些自己的看法。

一、月氏在河西的活动与游牧范围

月氏在河西的游牧范围，史书记载十分含糊。《史记·大宛列传》说："始，月氏居敦煌、祁连间，及为匈奴所败，乃远去。"《汉书·张骞李广利传》又说："臣居匈奴中，闻乌孙王号昆莫。昆莫父难兜靡本与大月氏俱在敦煌、祁连间，小国也。"这种笼统的说法，给后人留下不少疑问，究竟月氏和乌孙是共居一地还是各有东西？具体地望又在何处？日本学者藤田丰八、白鸟库吉和国内学者黄文弼、刘光华、潘策、王炳华、王明哲、蒲朝绂、戴春阳诸先生均认为月氏在东，乌孙在西[1]；而持相反意见者则有日本学者桑原骘藏和国内学者赵建龙先生，他们认为乌孙在东，月氏在西[2]；另外持"共居说"者有杨建新先生，认为《汉书》所说"俱在祁连、敦煌间"，"似不宜把祁连、敦煌间一部分划为乌孙地，一部分划为月氏地"[3]。笔者赞同第一种观点。《史记·匈奴列传》："右贤王将居西方，置上郡以西，接月氏、氐、羌"，明言匈奴的右方近邻是月氏而不是乌孙。楚汉相争之际，匈奴在冒顿单于时开始强盛，"东击走东胡，西击走月氏，南并楼烦、白羊河南王"[4]，匈奴东、西、南一线的攻击对象讲得清清楚楚，也未言及乌孙。另外根据清人何秋涛、王国维的研究，《逸周书·王会解》《穆天子传》《山海经》《管子》等古籍中所载的"禺氏"、"禺知"，即是秦汉典籍中的月氏，只是音转关系才出现了不同的写法。王国维说："《逸周·王会解》伊尹献令列禺氏于正北，《穆天子传》'己亥至于焉居禺知之平'。禺知亦即禺氏，其地在雁门之西北，黄河之东"[5]。可见，月氏最初是由东面进入河西的，这就更证明了月氏在东，乌孙在西的观点不谬。而且有关材料还证明，月氏始终奄有河西走廊的大部分地区，乌孙在河西充其量只是月氏的小兄弟，其势力和范围根本不能同月氏相比。

河西沙井文化的具体年代，有九个碳测数据可供参考。除去两个数据偏早外，其余七个数据中，早的距今为2730±95年，晚的距今为2540±80年。也就是说，春秋初期，月氏已进入河西地区，从此时起经春秋战国，到汉文帝初年离开河西迁往伊犁，几乎在此逗留了600年之久。经历了一个相当漫长的时期，关于月氏在河西的具体范围，唐人张守节《史记正义》云："初，月氏居敦煌以东，祁连山以西。敦煌郡今沙州，祁连山在甘州西南。"[6]就是说，月氏的牧地曾经在敦煌至张掖一带，这显然囿于成说，与事实不符。如上所说，月氏在河西有过600年的漫长历史，而且后来称雄一方，"东胡强而月氏盛"，"控弦数十万，故强轻匈奴"，还击杀乌孙王难兜靡，将这样一个称雄一时，铁蹄所及无所不敌的强悍民族完全局限在敦煌至张掖一带，是不可思议的。同是《史记正义》的作者张守节在《史记·匈奴列传》的有关条下引证了《括地志》的材料，"凉、甘、肃、延、沙等州地，本月氏国"。"延"疑"瓜"。即整个河西地区，都曾是月氏的活动范围。这就比较接近于事实。实际上，从沙井文化的分布范围看，月氏的活动区域还要大。1958年，在兰州附近黄河南岸的范家坪、杏胡台曾发现两处沙井文化的遗存；1980年，在永登赵老湾村的榆树沟，发现一座沙井文化的墓葬，出土了相当数量的青铜器和随葬牲畜的骨骼[7]。这就说明月氏人的活动范围曾经到达兰州附近的黄河沿岸。

二、月氏在河西的经济生活

根据史籍的记载，月氏与匈奴一样，主要以畜牧业为主。"自君王以下，咸食畜肉，衣其皮革，被旃裘[8]"。畜牧是整个部落的衣食之源。月氏在河西时具有较为发达的畜牧业，可以通过一些间接材料得到证明，《史记·匈奴列传》说，当时的匈奴"畜之所多则马、牛、羊，其奇畜则橐驼、驴、骡、䮉騠、騊駼、驒騱[9]"。月氏与匈奴同俗，同属于北方游牧民族，居地邻接，又同处于一样的自然环境，牧养的牲畜品种亦当与匈奴相差无几。《史记·索引》引康泰所著《外国传》称，"外国称天下有三众，'中国人众，大秦宝众，月氏马众'"。这是直接记述月氏养马的材料，可以肯定，大月氏善养马匹"便习弓马"的习俗早在河西时期就已形成了。除了善养马匹外，月氏人还有较为发达的养牛业，《通典》记载：大月氏"国人乘四轮车，或四牛、六牛、八牛挽之，在车大小而已[10]"。《元中记》还说："大月氏又有牛，名为日及，今日取其肉，明日疮愈[11]"。说明月氏人大量养牛，其中有不少优良品种，养牛的目的亦从食用进入役使。这虽然讲的是西迁后的情况，但没有河西地区的传统和习俗，就不会有后来的发展，至于羊只，更是最普遍数量最大的养殖对象。游牧民族"儿能骑羊，引弓射鸟鼠[12]"。从小生活在羊群之中，在羊背上嬉戏玩耍并受到锻炼，羊只牧养，在整个畜牧业中占有很大的比重。张澍辑《凉州异物志》引《太平御览》的记载说："月氏国有羊，尾重十斤，割之供食，寻生如故"，又引郭璞《山海经》注："月氏国有大尾羊，如驴，即羬羊也[13]"。《尔雅·释畜》："羊六尺为羬"，是一种个体较大的优良品种。可见，月氏人在养羊方面也有自己的独到之处。河西走廊东部的沙井文化，被认为是月氏文化的遗存。在河西走廊东部金昌市双湾乡三角城和蛤蟆墩沙井文化遗址中，发现的大量随葬兽骨，主要种类就是马、牛、羊的头骨和驴的蹄趾骨。另外出土的大量铜牌饰图案，为立马饰、卧马饰、马面饰、狗环饰以及铜铃、带扣等都是月氏人畜牧经济的有力佐证[14]。汉代人"自古凉州畜牧天下饶"的说法，自然包括了月氏在这方面作出的最早贡献。

狩猎，是游牧民族的习性，是畜牧经济的重要补充。匈奴人"儿能骑羊，引弓射鸟鼠；少长则射狐兔，用为食"；"宽则随畜，因射猎禽兽为生业"，也是月氏人的写照。光靠孳养的家畜不能满足衣食时，猎取野物就成为最经济的补充手段。沙井文化中发现不少骨、角器以及弓弭、骨镞、箭竿、陶球、石球之类就是当时狩猎生活的明证。

至于谈到农业，似应略加辨析。像匈奴和月氏这样的游牧民族当时有没有农业，史书记载和实际情况不尽相符。《史记·匈奴列传》讲匈奴"逐水草迁徙，毋城郭常处耕田之业[15]"。《汉书·西域传》说："大月氏本行国也，随畜移徙，与匈奴同俗。"[16]这里似乎说得很肯定，这两个民族不存在农业，全部生活仰给于畜牧。但是从沙井文化看，月氏在河西时不仅有农业，而且发展到了一定程度，沙井文化三角城遗址和蛤蟆墩墓地清理的窖穴和墓葬中都有谷物出现，并有磨盘、磨棒、石杵、石臼等粮食加工工具。另外，出土的铁臿、铁犁证明，这些谷物不是从战争中掠获的，而是直接经营农业生产的铁证，蛤蟆墩墓地旁边出土一张很大的铁犁，尚未公开发表，这或许是铁器在农耕中最早使用，而且是农业相对发达的标志，也就是说，在汉代设置四郡开发河西之前，月氏人早已使用先进的铁制农具开始了对河西地区的开发。至于文献中所谓"毋耕田之业"，只是一种概略记述，完全不可作形而上学的理解。同是《史记·匈奴列传》，又有多处相反的材料否定了"毋耕田之业"的说法。其一说：匈奴打仗时，"斩首虏赐一卮酒"[17]。酒是粮食作物，没有一定的农业基础，哪有多余的粮食付之酿造！其二说：卫律诣杀贰师后，"会连雨数月，畜产死，人民疫病，谷稼不熟，单于恐，为贰师立祠室"[18]。这里所谓"谷稼不熟"，不是再明确不过地告诉人们食畜肉、衣毡裘、住穹庐的匈奴人也有一定的稼穑之务吗！还有，其三说："卫律为单于谋，'穿井筑城，治楼藏谷、与秦人守之，汉兵至，无奈我何'。即穿井数百，伐材数千，或曰胡人不能守城，是遗汉粮也，卫律于是止。"[19]这里治楼所藏之谷，显然是自己的种植物，所以才怕打起仗来留给汉人。总之，史籍所谓"无耕田之业"的匈奴和"与匈奴同俗"的月氏，实际上都有一定的农耕稼穑，文献与实物抵牾处，我们更相信地下发掘的材料。

从沙井文化的出土物中还可看到月氏人手工业的发展。当时的手工业门类有制陶、金属制作、皮革加工、麻毛纺织、草席编织以及骨、角、石器加工等。沙井文化的陶器主要是夹砂红陶，多为手制，胎壁厚重，形体较大，种类主要有罐、鬲、壶、杯、豆、盆、碗等日常生活用具。但是数量较少，平均六个墓出一件陶器，反映出青铜出现以后陶器制作逐步衰落的现象。金属制品中，除少量金耳环、金项圈以及个别铁器外，大量的是铜器制品，有铜镞、铜刀、铜锥，还有大量各种图案各种形状的铜饰牌。制造如此数量之多，工艺要求之高的金属工具及装饰品，没有独立的手工部门和高超的手工技术是不行的。从发现的石纺轮和毛麻制品的残片看，能纺织出比较平整均匀的毛麻织品，且有了染色技术，能染织出黄、绿、黑三色图案。人死后不用棺椁，只用芦苇或芨芨草编织的席子包卷尸体后埋入地下；墓穴偏洞口上为防止填土直接覆压在死者身上，也都用草席盖住洞口。另外，估计这种草席的使用在死者生前的日常生活中也很普遍。所以草席编织业较为发达。制造的骨、角器有锥、针、镞、矛、装饰性图牌和骨珠等，骨珠的钻孔技术和针鼻的打眼技术尤为高超，没有专门的工具和技能是制造不出来的。石器中的绿松石珠，光滑精巧，也表现了高超的钻孔技术。这一切无疑说明，当时生活在河西的月氏人已经存在一定水平的手工业，有些门类已经与畜牧业和农业分工，具有独立的地位。

三、月氏在河西时的社会结构与政治法律

月氏人在河西时，究竟处在什么社会阶段？史书上没有直接材料，好在"与匈奴同俗"的记载，能让我们通过对匈奴的研究结合地下文物的佐证，得出一些庶几可信的结论。匈奴在秦汉时期尚处在奴隶社会阶段，奴隶主和奴隶之间，不仅在财产占有上极度贫富不均，而且奴隶本身也是奴隶主的私有财产，有任意买卖和屠杀的权利，匈奴奴隶主贵族死亡，"近幸臣妾从死者，多到数千百人"[20]。这种死后以活人殉葬的情况，是奴隶社会的典型特征。至于"其攻战，……而所得卤获因以予之，得人以为奴婢"[21]，则是日常生活

中使用奴隶的证据。当时在河西的月氏，其情形亦近乎如此。金昌市双湾乡蛤蟆墩沙井文化墓葬中，"偏洞墓都用木椽封堵偏洞，而有些人骨经火熏烤应是一些上层人物所实行的特殊葬俗。随葬品丰富，佩戴各种青铜饰牌、铜泡、带扣、耳环、铜、铁刀具和绿松石饰、骨牌、骨珠等等。有的墓主人穿皮革或麻、毛织品，并系有上缀青铜饰牌的腰带，垂吊青铜鞭饰，还用大量的牛、马、羊头骨殉葬。这与无随葬品，甚至断头断肢、身首异处的死者相比，两者所处的社会地位高低悬殊、阶级身份各异，在社会财富占有上多寡不均的现象非常鲜明[22]。史书记载，大月氏西迁阿姆河后，内部分为休密、双靡、贵霜、肸顿、高附五大翕侯，最后由贵霜翕侯统一了其他四个翕侯，建立了贵霜帝国。这种上有国王、下有作为部落头目的翕侯、最下有奴隶的金字塔形社会结构，也是月氏在河西的情况。有人认为，乌孙官号也称翕侯，是因为早在河西时臣服于月氏受到了后者的影响，因而西迁后大月氏部落首领五翕侯的称呼源自河西[23]，这是极有见地的。美籍印度学者A.K.纳拉因也认为，大月氏从伊犁河畔南进阿姆河流域臣服巴克特利亚（大夏），建立贵霜帝国时，"并未遭受诞生的痛苦，也没有进行过建立早期国家的试验；统治集团和被统治集团都具有早期国家的经历"[24]。笔者认为，这种"早期国家的经历"与其说是指月氏在伊犁河畔的情况，还不如更确切地说，主要是指在河西走廊的情况。因为月氏在伊犁河流域只有短短几十年，生活习性、社会结构、经济状况并没有出现根本性的变化。

处在奴隶社会的游牧民族，其军事法律制度有若干自身的特点。"士能弯弓，尽为甲骑"[25]。举国之内，除妇女老弱外，凡丁壮能够骑马射箭者都要出征打仗。一般情况下，打仗的目的主要是为了掠夺财富和人畜，不贪图地域的占领，劫掠行为极为野蛮。"人习攻战而侵伐，其天性也"；"利则进，不利则退，不羞遁走。苟利所在，不知礼义"[26]；"故其战，人人自为趋利"[27]；都是上述特点的最好概括。法律制度则以省简疏阔为特点，"其法，拔刃尺者死，坐盗者没入其家；有罪小者轧，大者死；狱久者不过十日，一国之囚不过数人"[28]。"拔刃尺者死"，意即企图杀人者，只要把刀剑拔出一尺，尽管尚未杀死对方，也要被处以死刑。"有罪小者轧"，是一种压碎人的骨节的刑罚。《汉书》颜注曰："轧为碾轹其骨节，若今之厌踝者也。"可见虽有刑法，有监狱，但仅此数条，简阔之极，匈奴情况如此，月氏亦可想见。

四、月氏在河西的文化与信仰

有人认为，月氏人说吐火罗语，但没有文字。明显的例子就是他们臣服大夏后，在他们铸造的钱币上动用了希腊语，并且遗留下了当时错误的书写形式，说明连希腊语也没有纯熟地掌握[29]。月氏人在河西的文化与精神生活如何，现已无法确知，地下发掘没有给我们提供足够说明问题的东西，不过，根据匈奴的习俗和一些零星材料推断，对天地、日月、祖先、鬼神的敬畏也是月氏人的习俗。史载，当时的匈奴每年五月，"大会龙城、祭其先、天地、鬼神"[30]。单于在给汉朝皇帝的信中称自己为"天地所生、日月所置匈奴大单于"，与华夏族"君权神授"的观点如出一辙，给天地日月涂上了浓厚的神秘色彩。"单于朝出营，拜日之始生，夕拜月。"[31]沙井文化遗址中发现的祭祀坑，或可说明当时生活在河西的月氏同匈奴一样，也曾进行类似的朝拜祭祀活动。另外，匈奴人有望月之圆缺推断吉凶的习俗，"举事而候星月，月盛壮则攻战，月亏则退兵"[32]。这似与中原华夏族的占星术有某种联系，人们用以占断吉凶，预测祸福。月氏人有无这种习俗，尚不得而知，但他们却有占卜问卦的习惯。沙井文化遗址中出土的卜骨就是这方面的例证。匈奴人"父死，妻其后母，兄弟死，尽取其妻妻之"。这在汉人看来有乱伦常的行为，而在匈奴人看来，却有利于宗种的繁衍发展，曾经投靠匈奴的中行说为此而辩解道："匈奴虽乱，必立宗种"[33]。这种宗族种落的观念本身就包含祖先崇拜的意识。沙井文化的夫妻合葬墓是婚姻关系进入一夫一妻制的反映，一夫一妻制的出现是长子继承权的产物，也有祖先崇拜的意识在内，这跟匈奴是一致的。另外，在沙井文化的墓葬中还发现一些值得注意的现象。所有的墓葬都在死者身下铺有白灰。有的用赭石颜料将尸体染红，有的用白灰把尸体涂白。在一些随葬品富裕的墓中还把尸骨熏烤成焦黑色。有的死者口含绿松石珠，两眼扣上皮制圆形眼罩。罩上缀饰铜泡。或可说明，这种行为与死者生前的某种信仰和习俗有关。

五、月氏的西迁及其影响

关于月氏首次离开河西西迁的时间，学术界尚有不一致的看法，日本学者白鸟库吉认为当在公元前174—前158年[34]；藤田丰八认为在公元前177—前176年[35]；桑原骘藏认为在公元前172—前160年[36]。中国学者中，孙毓堂先生认为，冒顿单于在公元前205—前202年间第一次打败月氏后，月氏即开始逐渐西迁；公元前177或前176年月氏遭冒顿第二次攻击，到达准噶尔盆地；到老上单于统治时（前174—前161年），月氏又大败，遂迁往伊犁河流域；月氏自伊犁河再迁阿姆河则在公元前139—前130年[37]；其他一些学者则多倾向于月氏第一次西迁在老上单于统治时期，即公元前174—前161年，笔者取最后一种观点。月氏离开河西的根本原因是受到了匈奴的攻击。冒顿单于之前，月氏是"故时强，轻匈奴"。但冒顿单于时匈奴的势力壮大，两者的关系发生了变化，结束了"东胡强而月氏盛"的局面，匈奴开始对月氏发动进攻。《史记·大宛列传》说："及冒顿立，攻破月氏，至匈奴老上单于，杀月氏王，以其头为饮器。始月氏居敦煌、祁连间，及为匈奴所败，乃远去，过宛，西击大夏而臣之，遂都妫水北，为王庭。"《汉书·西域传》的大月氏条，原原本本抄袭了《史记》的记载。这里重点强调的意思就是月氏的西走是匈奴所败的结果。但是匈奴打败过几次月氏？哪一次失败后月氏才开始西走？上述材料反映的情况极为混乱。考其史实，匈奴曾三次单独对月氏发动过进攻，第四次又支持乌孙将月氏逐出伊犁河畔。

第一次的史实是：冒顿东破东胡后，"西击走月氏，南并楼烦、白羊河南王。……是时汉兵与项羽相拒，中国罢于兵革，以故冒顿得自强，控弦之士三十余万"[38]，时当公元前206年前后楚汉相争之际。

第二次的史实是：单于给汉文帝的信中所谓，"今以小吏之败约故，罚右贤王，使之西求月氏击之。以天之福，吏卒良，马力强，以夷灭月氏，尽斩杀降下之。定楼兰、乌孙、呼揭及其旁二十六国，皆以为匈奴。诸引弓之民，并为一家"。时在汉文帝前元四年（前176年）。

第三次的史实是："匈奴老上单于杀月氏王，以其头为饮器，月氏乃远去，西过大宛，击大夏而臣之"。[39]老上单于公元前174年即单于位，至前161年，在位14年。

三次进攻中打击最大的是杀其王，以其头为饮器。从此导致了"月氏乃远去"，向西迁徙的远征，这一点，各种材料的记载是一致的。此外有人还注意到贾谊《新书》中上对匈奴策的材料，原文是"将必以匈奴之众，为汉臣民，制之令千家而为一国。列处之塞外，自陇西延至辽东，各有分地以卫边，使备月氏、灌窳之变，皆属之直郡"。贾谊上书是在文帝前元六年（前174年）之后，所谓"使备月氏"者，说明此时的月氏仍然留在河西一带。总之，月氏离开河西第一次西迁的时间确在公元前174年—前161年。至于更具体的说法，似乎都缺乏直接的证据。

大月氏的西迁，是人类历史上的壮举，具有深远的历史意义。首先，它是张骞出使西域的最初动因。当时汉朝因得知大月氏与匈奴有极深的宿怨，故派张骞出使西域，目的就是联络大月氏以对付匈奴。从此带来了中原王朝与西域各国的接触与交往。其次，大月氏举国迁徙，用自己的双脚，最早踏出了由中原通往中亚一带的道路，可谓中西交通的最早开拓者。最后，大月氏沿途所过，传递了匈奴、乌孙以及西域各国各民族的信息，促进了各民族之间的了解，人们可以通过间接辗转得来的情况了解异国他乡发生的事情。当然，随着历史的发展，大月氏西迁的意义远远不止于此。

参考文献：

[1] 参见藤田丰八《月氏故地与西移年代》，白鸟库吉《乌孙考》，黄文弼《大月氏故地及西徙》，刘光华《敦煌上古历史的几个问题》，潘策《西汉时期的月氏、乌孙和匈奴与河西四郡的设置》，王炳华、王明哲《乌孙研究》，蒲朝绂《略论沙井文化》，戴春阳《月氏文化族属族源刍议》。

[2] 参见桑原骘藏《张骞西征考》，赵建龙《关于月氏族文化的初探》。

[3] 杨建新《关于月氏乌孙的几个问题》，《新疆大学学报》1980 年第 2 期。

[4] 《史记·匈奴列传》。

[5] 王国维《观堂别集》卷一。

[6] 《史记·大宛列传》。

[7] 蒲朝绂《略论沙井文化》，《西北史地》1989 年第 4 期。

[8] 《史记·匈奴列传》。

[9] 《史记·匈奴列传》。

[10] 《通典》边防大月氏条。

[11] 《通典》边防大月氏条。

[12]《史记·匈奴列传》。

[13] 张澍《凉州异物志》。

[14]《永昌三角城与蛤蟆墩沙井文化遗存》，《考古学报》1990 年第 2 期。

[15]《史记·匈奴列传》。

[16]《史记·西域传》。

[17]《史记·匈奴列传》。

[18]《史记·匈奴列传》。

[19]《史记·匈奴列传》。

[20]《史记·匈奴列传》。

[21]《史记·匈奴列传》。

[22]《永昌三角城与蛤蟆墩沙井文化遗存》见《考古学报》1990 年第 2 期。

[23] 苏北海《大月氏的西迁及其活动》，《新疆大学学报》1988 年第 2 期。

[24][印]A·K 纳拉因《贵霜王国初探》,《中外关系史译丛》第 2 辑,上海译文版,1985 年 7 月。

[25]《史记·匈奴列传》

[26]《史记·匈奴列传》

[27]《史记·匈奴列传》

[28]《史记·匈奴列传》

[29][印]A·K 纳拉因《贵霜王国初探》《中外关系史译丛》第 2 辑,上海译文版,1985 年 7 月。

[30]《史记·匈奴列传》

[31]《史记·匈奴列传》

[32]《史记·匈奴列传》

[33]《史记·匈奴列传》

[34] 转引自黄靖《大月氏的西迁及其影响》,《新疆社会科学》1985 年革 2 期。

[35] 转引自黄靖《大月氏的西迁及其影响》,《新疆社会科学》1985 年革 2 期。

[36] 转引自黄靖《大月氏的西迁及其影响》,《新疆社会科学》1985 年革 2 期。

[37] 孙毓棠《安息与乌弋山离》,《文史》第五辑。

[38]《史记·匈奴列传》

[39] 荀悦《前汉纪》卷十一。

（原载于《甘肃社会科学》1994年第6期）

汉初的河西匈奴

秦以前，月氏游牧于河西长达六百年之久[1]。当是之时，"东胡强而月氏盛"[2]，匈奴尚不称强大。公元前265年，赵将李牧大破匈奴于代郡、雁门；秦始皇时，大将蒙恬还率兵三十万北击匈奴，略取河南地（今鄂尔多斯一带），却匈奴七百里；直到秦汉之际，头曼单于还曾将其子纳质于月氏。但是短短几年，几乎与汉立国的同时，匈奴势力急剧壮大起来。公元前206年，亦即汉高祖元年，正值中原楚汉相争之时，冒顿单于却东破东胡，西击走月氏，南并楼烦、白羊王，北服浑庾、屈射、丁零、鬲昆、薪犁诸国，悉收秦所取河南地，与汉关故河南塞，一举而为北方的霸主，控弦之士三十万，与中原南、北对峙。但在此时，匈奴尚未占领河西。因为月氏本来就是由东而西，最早从鄂尔多斯逐步进入河西走廊的[3]，它的游牧范围极广，强盛时南达黄河沿岸，东指宁夏、河套一带。所谓"西击走月氏"[4]，只是在当时匈奴势力压迫下，月氏游牧范围向西收缩了，并没有最终退出河西。而月氏最后离开河西的确切时间，大约在时隔三十多年之后。

文帝前六年（前174年），匈奴单于遣汉书曰："前时皇帝言和亲事，称书意，合欢。汉边吏侵侮右贤王，右贤王不请，听后义卢侯难氏等计，与汉吏相距，绝二主之约，离兄弟之亲。……今以小吏之败约故，罚右贤王，使之西求月氏击之。以天之福，吏卒良，马力强，以夷灭月氏，尽斩杀降下之。定楼兰、乌孙、呼揭及其旁二十六国，皆以为匈奴。诸引弓之民，并为一家。北州已定，愿寝兵休士卒养马，除前事，复故约，以安边民，以应始古。"[5]

从上面的材料看，匈奴最终从河西走廊驱逐月氏和进入西域是同时完成的。就在这个时候，河西走廊才换了主人，匈奴之一部驻牧于此。时在公元前174年左右。从此时算起，到元狩二年（前121年）霍去病出征河西、浑邪王率众降汉、河西归入汉朝版图，前后54年，半个多世纪。

匈奴作为游牧民族，驰骋来往于大漠南北，东到辽东，西达天山，游牧范围十分广阔，但像河西这样气候适宜、水草丰美的地方却不多，所以丧失河西后，匈奴人曾有"亡我祁连山，使我六畜不蕃衍；亡我焉支山，使我嫁妇无颜色"的悲怨，并时而铁骑南犯，以求恢复故土。直到武帝末年，还传告羌人"张掖、酒泉本我地，地肥美，可共击居之"[6]，企图和羌人联起手来夺取河西。

匈奴在河西的人口史无明载，霍去病三出河西时有一些斩获首级、俘获生口以及归附收降的零星记载可以推算：元狩二年春，霍去病第一次远征河西后，汉武帝有诏书谈到虏获情况，当是较为原始可信的材料。诏曰："骠骑将军率戎士逾乌鞘，讨遬濮，涉狐奴，历五王国，辎重人众慑慴者弗取，冀获单于子。转战六日，过焉支山千有余里，合短兵，杀折兰王，斩卢胡王，诛全甲，执浑邪王子及相国、都尉，首虏八千余级，收休屠祭天金人。"[7]《资治通鉴》记此次"获首虏八千九百余级"，是符合事实的。同年夏天，汉遣四将军出击匈奴，张骞和李广出右北平，公孙敖和霍去病俱出北地；最后结果，博望侯张骞留迟后期，当死，赎为庶人；郎中令李广功过相当，无赏；合骑侯公孙敖坐行留不与骠骑会，当斩，赎为庶人。唯独霍去病逾居延至祁连山，捕首虏甚多。天子有诏曰："骠骑将军逾居延，遂过小月氏，攻祁连山，得酋涂王，以众降者二千五百余人，斩首虏三万二百级，获五王、五王母，单于阏氏、王子五十九人，相国、将军、当户、都尉六十三人……鹰击司马破奴再从骠骑将军斩遬濮王，捕稽沮王、千骑将，得王、王母各一人，王子以下四十一人，捕虏三千三百三十人……校尉句王高不识，从骠骑将军捕呼于屠王王子以下十一人，捕虏千七百六十八人。"[8]

这些材料同为天子论功行赏的诏书原文，最为凭信。各数加起来，霍去病春、夏两次出击河西，斩杀、虏获的匈奴总数4.88万人，号称5万人，言之不虚。当年秋天，浑邪王怕单于问罪，杀休屠王率4万余众降汉，从此"河西地空"。所以由此大略可知，在元狩二年（前121年）前游牧于河西的匈奴人数约10万左右。

以今天河西的行政区划，5地、市所属20个县、市、区共有土地面积近28万平方千米。但当时河西匈奴的驻牧范围还应包括黄河以西的永登、皋兰、白银、景泰以及内蒙古的额济纳旗一带，所以浑邪王率众归汉后，史有"自金城、河西并南山至盐泽空无匈奴"的记载，说明自黄河以西一直到罗布泊都是河西匈奴的活动范围。正因如此，张骞于公元前138年出使西域时，即在河西被匈奴拿获，经额济纳一线被送往单于庭，十多年后才得以逃脱。回来时想绕过匈奴，"欲从羌中归"，结果仍不能幸免，还是被匈奴抓获后送往单于庭。可见不管走哪条道，都在河西匈奴的游牧范围之内。

匈奴社会，单于被称为撑犁孤涂单于。"撑犁"是"天"的意思，"孤涂"是"子"的意思，因而单于是匈奴的最高统治者。单于以下，依次有左右贤王，左右谷蠡王，左右大将，左右大都尉，左右大当户，左右骨都侯。自左右贤王以下到当户，大者万骑，小者数千，凡二十四长，立号曰"万骑"。诸大臣皆为世袭，呼衍氏、兰氏、须卜氏和单于的挛氏是匈奴的望族。左方王将居东方，直上谷以东至秽貉、朝鲜；右方王将居西方，直上郡以西至月氏、氐、羌；而单于之庭直代、云中，各有分地。左右贤王、左右谷蠡王最为大国，左右骨都侯辅政。诸二十四长亦各自置千长、百长、什长、裨小王、相、都尉、当户、且渠之属，是一种把军事行政二者合一的体系。河西匈奴按归属应属右贤王领辖，但亦"各有份地"。分布在河西的匈奴诸王除休屠王、浑邪王外，还有如上引天子诏书中所提到的折兰王、卢胡王、酋涂王、遬濮王、稽沮王、呼于屠王等等。说明当时分布在河西的匈奴部落较多，而且每个部落有相对的独立性。霍去病当年"逾乌盭，讨遬濮，涉狐奴，历五王国"，把他们作为"王国"载入史册正说明了这一点。但是，上述诸王或属下被霍去病或斩或俘后，单于又归咎于浑邪王和休屠王，欲召而诛之，说明相对独立的部落又受浑邪王和休屠王的节制和监护。再从被俘名单中还可看到，相国、将军、当户、都尉、裨小王、千骑将等官职都是依例设置的。这些官职和等级基本上构成了河西匈奴的社会结构。

匈奴的法律极为简单，"其法，拔刃尺者死，坐盗者没入其家；有罪，小者轧，大者死；狱久者不过十日，一国之囚不过数人"[9]。"拔刃尺者死"，意即企图杀人者，只要把刀剑拔出一尺，尽管尚未杀死对方，罪行已经成立，即要被处以死刑。"有罪，小者轧"，是一种压碎人的骨节的刑罚。《汉书》颜注曰："轧为碾轹其骨节，若今之厌踝者也。"可见虽有刑法，有监狱，但仅此数条，简阔之极。

作为游牧民族，畜牧业是主要的经济部门，衣食住行皆仰给于此，即所谓"自君王以下，咸食畜肉，衣其皮革、披旃裘"[10]。发达的畜牧业，是游牧民族的立国之本。史书所谓"自古凉州畜牧天下饶"，是同月氏和匈奴先后在河西的贡献分不开的。匈奴的畜种，主要是马、牛、羊，但"其奇畜则橐、驴……"[11]。后来中原的一些良马、驴、骡、骆驼等都是由匈奴传入的，至今不绝。休屠王的儿子金日磾归附汉朝后，就是以丰富的养马经验博得汉武帝赏识的。此外，狩猎也是生活来源的重要补充，"儿能骑羊，引弓射鸟鼠，少长则狐兔，用为食"[12]。"其俗，宽则随畜，因射猎禽兽为生业，急则人习战攻以侵伐，其天性也"[13]。"骑"与"射"就是与这两个生产部门紧密联系的。从整体上看，当时的匈奴还有一定比例的农业，这从大量的考古资料和文献资料都可得到证明。但具体到河西匈奴，是否在河西已开始经营农业尚不得而知。手工业中，冶铁业、铸铜业、金银铸造业、制陶业、毛织业、皮革业都已存在。河西就是一个著名的木器制造中心。匈奴辖区有一块错入汉界的地方，对着张掖郡，生产奇特的木材和鹙羽，能造箭杆，元帝时尚书王根派使者向单于索取此地，单于回答说，西边诸王制造穹庐及车辆所需的物资都由该地取给，且系先父遗留，不敢丧失。根据所指地望，大概就在居延周围。元帝时尚且如此，匈奴奄有河西时，这里的木器制造业恐怕就已开始了。

河西匈奴的文化习俗，史书没有留下多少材料，地下的材料还尚未被发掘出来，难以单独考察。但作为一个民族共同体和文化共同体，我们可以从整体上加以描述。大多数匈奴人当时所遵行的文化信仰和生活习俗之于河西匈奴似乎不会相差太远。

史书记载：匈奴人"毋文书，以言语为约束"[14]。据对现存的一些匈奴词汇研究，匈奴语属乌拉尔—阿尔泰语系的一支。因为没有文字，语言词汇流传下来的极少。仅有的几十个词汇也是靠《史记》《汉书》用记音的方法留下的。由于没有文字，匈奴对儿童的早期教育主要靠口耳相传，靠生产和生活实践。

《史记·匈奴列传》和《汉书·匈奴传》都简单描述了匈奴的衣食住行，"自君王以下，咸食畜肉，衣其皮革，披旃裘"。"以马上战斗立国"，来往出没主要靠骑马。但是情况也不尽然。自从高祖白登被围后对匈奴实行和亲政策，岁奉缯、絮、米、酒、食物。这些出自汉地的轻软衣料和米酒食物自然对匈奴人单纯衣革食肉的情况有所改变。当然这种改变只限于少数上层，对于大多数下层匈奴人来说，日常生活还是传统的方式。在居住方面，主要是毡帐，但在长期汉文化的影响下也出现了诸如"头曼城"、"赵信城"等城郭屋宇。匈奴人的交通行走除了马匹之外，还有车辆。《盐铁论·散不足》有"胡车相随而鸣"的记载。据说，"胡车"就是匈奴的车子。

在婚姻丧葬方面，匈奴人也有自己的习惯。一般讲匈奴人实行外婚制，族内不通婚，比如单于出自挛氏，而阏氏则一般出自呼衍氏、须卜氏、兰氏等望族。匈奴婚俗中最著名的记载是："父死，妻其后母；兄弟死，尽取其妻妻之"[15]。而且史书中只要提到其他北方游牧民族的婚俗，就以匈奴为典型，直以"与匈奴同俗"来概括。其实，情况还要复杂些。比如，呼韩邪单于降汉后，郅支远走康居，即以女妻康居王，康居王也以女妻郅支。他们既身兼二任，又互为翁婿。还有，细君公主远嫁乌孙王后，老王死，又把公主嫁给了自己的孙子。这就不仅是"父死妻其后母"，而且是"祖父死，妻其后祖母"了。乌孙与匈奴同俗，乌孙如此，匈奴亦然。这在汉人眼里，是一种乱伦行为，而在匈奴人看来，正如中行说所说"恶种姓之失也"[16]，自有存在的道理。

史籍所载匈奴葬俗："日上戊己，其送死，有棺椁，金银、衣裳，而无封树、丧服，近幸臣妾从死者多至数十百人。"[17]戊己为每月五、六、十五、十六、二十五、二十六日，匈奴以为吉日也。匈奴人对墓葬颇为重视，尤其是匈奴贵族，皆实行厚葬。据考古发掘，一些贵族墓葬的随葬品除衣冠丝织品外，尚有陶器、木器、铁器、铜器、金银器、玉器及其他奢侈品，生活消费之物应有尽有[18]。在诺颜乌拉匈奴贵族的古墓中，还发现不少带发辫的尸体[19]，正可说明"近幸臣妾从死者数十百人"的殉葬习俗。

在匈奴人的原始宗教中充满了对天地、日月、祖先、鬼神和山川树木的崇拜。《史记·匈奴列传》载："岁正月，诸长小会单于庭，祠。五月，大会茏城，祭其先、天地、鬼神。"[20]霍去病元狩二年春在河西所得休屠王祭天金人，就是祭天的明证。单于自称"天所立匈奴大单于"就是想借助人们对天的敬畏来提高自己的威权。元光二年（前133年），汉朝在马邑设伏诱匈奴，结果匈奴在雁门俘获汉朝尉史，从尉史口中得知汉朝的阴谋。单于十分感慨："吾得尉史，天也，天使若言。"遂尊尉史为"天王"。这都说明匈奴人对天的敬仰。同样，贰师将军李广利投降后，匈奴人"得贰师以社"，即杀贰师以祭土，是匈奴人崇拜土地的证明。

匈奴人除祭天地外，同时还祭日月和山川树木，"单于朝出营，拜日之始生，夕拜月"[21]；"举事而候星月，月盛壮则攻战，月亏则退后"[22]。据说，匈奴人崇拜东方，就是因为东方乃日月之所出。另据《西河旧事》记载，"白山冬夏有雪，匈奴谓之天山，过皆下马拜焉"。"秋，马肥，大会林，课校人畜计"[23]，按颜师古解释，"者，绕林木而祭"，这都是匈奴人崇拜山川树木的例子。

另在匈奴人的头脑中，鬼神观念也比较浓厚。比如，贰师被杀后，匈奴地区连下雨雪，畜产死，人民病疫，乃至谷稼不熟。单于恐惧，以为贰师从中作祟，于是为贰师立祠室。乌孙王昆莫刚出生时，被弃之于野，乌鸦衔肉飞其上，狼亦往乳之，匈奴"怪以为神"；昆莫坐大后，不肯朝会匈奴，匈奴派兵攻打，不能胜，匈奴则又"以为神"，遂而远之。苏武被匈奴所获，被禁闭在大窖里，不给饭食，但苏武吃雪咽旃毛，数日不死，"匈奴以为神"，将苏武迁移到北海偏远无人之地去牧羝。耿恭与匈奴作战，借助暴风雨的有利天时，杀伤匈奴甚众，匈奴则认为"汉兵神，真可畏也"，遂解去。一次，耿恭被匈奴围困于疏勒城，水源被截断，但耿恭在城内穿井得水，且于城上扬水以示匈奴，匈奴人又"以为神明"，遂引去。这都是匈奴人鬼神观念的生动材料。

总之，匈奴人占据河西的时间虽短，但他们对河西的历史却影响深远。后来虽然退出了河西，但出没于大漠南北的匈奴却经常南犯，使得汉王朝不得不在这里移民设郡，驻兵屯田并修建漫长的边塞，使得河西的经营和开发日显重要；匈奴退出河西后，西域成为汉匈双方的争夺焦点，作为后方基地的河西，不仅要为朝廷运兵运粮提供方便，而且还要随时调集四郡的兵马粮草以适应战争之需。这些都与匈奴有关，需要进一步研究。

参考文献：

见拙文：《论月氏在河西的几个问题》，载《甘肃社会科学》1994年第6期。

[1][2][3][4][5][6][9][16]《史记·匈奴列传》第9本，第2887、2890、2896、2973、2892、2900页。（以下凡引正史者，均为中华书局标点本）

[7][8]《史记·卫将军骠骑列传》第9本，第2929页、2930—2931页。

[10][11][12][13][14][15]《史记·匈奴列传》第9本，第2879页。

[17]《汉书·匈奴传》。

[18] 林干:《匈奴史论文集》,中华书局 1983 年版。

[19] 马长寿:《北狄与匈奴》第 71 页。

[20][21][22][23]《史记·匈奴列传》第 9 本,第 2892 页。

（原载于《甘肃社会科学》1997年第6期）

张骞出使与河西开发

张骞一生两出西域，一通西南夷，还两度领兵作战出征匈奴，大都与河西的开发和经营有着密切联系。对于这一点，似未引起人们注意，本文试图作一些粗浅的论述。

一、张骞初使联络大月氏，是因为大月氏曾经是河西的游牧民族

月氏在春秋初期就已进入河西，而且强盛一时，"控弦之士数十万"，"强轻匈奴"。其时，"东胡强而月氏盛"，匈奴尚强大。月氏的驻牧范围，始"居敦煌、祁连间"，只是某一特定时期的情况。实际上，月氏当时的驻牧范围要大得多。根据一些材料的记载和被认为是月氏文化的沙井文化遗址的分布情况，月氏当时的范围，至少包括河西走廊的全部。《史记正义》的作者张守节引《括地志》的材料说："凉、甘、肃、瓜、沙等州地，本月氏国。"另外河西走廊沙井文化的遗址不仅广泛发现于金昌、民勤一带，而且在兰州附近的黄河沿岸和永登等地都有发现。冒顿单于杀父自立前，曾为质于月氏。乌孙王难兜靡就是被月氏攻杀的。月氏从春秋初进入河西至公元前174年前后退出河西，历时600年之久。水草丰美、宜于畜牧的河西走廊，为月氏游牧经济的发展提供了良好的自然环境。同时，也孕育了月氏人对河西走廊深深的怀念之情。正因为如此，当匈奴占据河西、月氏不得已西迁后，即"常怨仇匈奴"。月氏人对河西故地的怀念和对匈奴人的仇恨，成为汉武帝联络月氏共击匈奴的前提，也是张骞之所以出使的前提。如果没有这两个前提，张骞当时就无由而使。所

以，张骞出使本身，就是因为河西地区孕育了早期的月氏人。至于大月氏西迁后，南臣大夏，"志安乐，殊无报胡之心"，使张骞西使不得要领，那是后来的事，情况发生了变化。

二、张骞出使13年而终不得月氏要领，原因就在于往返都受困于河西匈奴，延误了争取月氏的有利时机

张骞西使，由陇西出发，过兰州，进入河西。经武威、永昌、山丹，抵达张掖一带时被匈奴俘获，经居延一线立即被北送单于庭。单于极为恼怒，曰："月氏在吾北，汉何以得往使？吾欲使越，汉肯听我乎？"留骞十余岁，与妻，有子，然骞持汉节不失。他在匈奴被滞留了大约10年时间，后来于公元前129年乘机逃离，西经天山南麓的姑师、焉耆、龟兹、姑墨、疏勒等地到大宛（今费尔干纳），后又辗转经康居（今撒马尔罕一带），再到其时已定都于妫水（今阿姆河）以北的大月氏，在大月氏、大夏逗留了一年多。回返时，"并南山，欲从羌中归"，结果尚未进入柴达木盆地，就在罗布泊至敦煌一带"复为匈奴所得"，又被扣留一年多，后因单于死，匈奴内乱，张骞才得以逃归，前后13年。

匈奴进入河西在文帝前元六年（前174年），当时单于给汉朝皇帝的信中说："今以小吏之败约故，罚右贤王，使之西求月氏击之。以天之福，吏卒良，马强力，以夷灭月氏，尽斩杀降下之。定楼兰、乌孙、呼揭及其旁二十六国，皆以为匈奴。诸引弓之民，并为一家。北州已定，愿寝兵休士卒养马，除前事，复故约，以安边民，以应始古……"（《史记·匈奴列传》）就在匈奴进入河西的同时，也控制了西域。按照匈奴的社会结构，除单于外，有左、右贤王，左、右谷蠡王，左、右大将，左、右大都尉，左、右大当户，左、右骨都侯。自左、右贤王以下至当户，大者万骑，小者数千，凡二十四长，立号曰"万骑"。左方王将居东方，直上谷以往者，东接秽貉、朝鲜；右方王将居西方，直上郡以西，接月氏、氐、羌；而单于之庭直代、云中。各有分地，逐水草迁徙。诸二十四长亦各自置千长、百长、什长、裨小王、相、封都尉、当户、且渠之属。河西匈奴属右贤王。此外，今天张掖、额济纳旗一带是浑邪王的驻牧地，武威、民

勤一带是休屠王的驻牧地。浑邪王、休屠王以下还有折兰王、卢胡王、酋涂王、遬濮王、单桓王、鑯得王、稽沮王、呼于屠王等，也都各有分地，王以下也都依例设置了神小王、相国、当户、将军、都尉，有其完整的统治系统。河西匈奴的人口根据元狩二年（前121年）霍去病三出河西时斩杀、俘获以及纳降的数目，大约10万左右。他们的驻牧范围从黄河以西一直到罗布泊。史书所谓"匈奴右方居盐泽以东，至陇西长城，南接羌，隔汉道焉"。后来浑邪王率众降汉后，"金城、河西并南山至盐泽，空无匈奴"，就是指的这个范围。

匈奴从文帝前元六年（前174年）进入河西，至元狩二年（前121年），历时54年。张骞出使西域时，匈奴10万之众分散游牧于河西各地，因而他的被抓获、被扣留也就无可避免了。可以设想，如果张骞不被扣留，顺利通过河西而按时到达大月氏，当时迁往阿姆河流域不久的大月氏尚未安居乐业，尚未彻底泯灭报胡之心，那么张骞联络月氏共击匈奴就不会不得要领，其结果可能完全会是另一种情况。因而张骞出使不得月氏要领在很大程度上是由于受阻于河西的结果。

三、霍去病三出河西是划时代的历史事件，张骞作为偏师配合出征，却留迟后至，坐罪失侯，个人荣辱再一次与河西历史联系在一起

张骞从西域回汉后，由于出使有功，被封为大中大夫。自此之后，直到元狩四年（前119年）再使西域前张骞做过三件事：一是元朔六年（前123年），大将军卫青率合骑侯公孙敖、太仆公孙贺、翕侯赵信、卫尉苏建、郎中令李广和左内史李沮六将军北击匈奴，张骞以校尉从大将军，知水草处，军得以不乏。再加前使绝域功，被封博望侯。二是由于张骞在大夏时见产自中国蜀地的蜀布和邛竹杖。大夏国人告诉他:这些物品都是商人从身毒（今印度）市场购进的。身毒的位置在大夏东南数千里，张骞揆度，大夏去汉万二千里，居汉西南；身毒又居大夏东南数千里，并有蜀物，可见身毒距蜀不远。今使大夏，从羌中，羌人恶之；少北，则为匈奴所得。如从蜀中直指大夏，或可避免二者。当时的汉武帝正欲"广地万里，重九译，致殊俗，威德遍于四海"，

因而"欣然以骞言为然"。"令骞因蜀、犍为发间使，四道并出：出駹、出冉、出徙、出邛、僰，皆各行一二千里。其北方闭氐、莋，南方闭巂、昆明。昆明之属无君长，善寇盗，辄杀略汉使，终莫得通"（《史记·大宛列传》）。三是元狩二年（前121年），以卫尉同郎中令李广俱出右北平（今辽宁凌源县西南），配合霍去病远征河西。霍去病在河西，可谓势如破竹，无可抵挡。而张骞和李广却在东部战场出师不利。李广率骑4000，被左贤王4万骑包围，几乎全军覆没。后经数日苦战，才得以脱围。张骞留迟后期，当死，赎为庶人。此次战役，张骞、李广虽远出右北平，但同霍去病出师河西属同一个战略行动，霍去病在河西战场的胜利与张骞、李广在东部战场对匈奴的牵制不能没有关系。遗憾的是，张骞、李广未能取得像霍去病那样的赫赫战绩，不仅未得到封赏，张骞还因此而失侯削爵，被免为庶人。不过，这从另一方面或可说明，张骞一生几次大的起落，其荣辱得失总是同河西的开拓、开发有着某种联系。

四、张骞再使西域，召乌孙东居河西故地，旨在巩固河西而断匈奴之右臂

张骞虽失侯，但汉武帝对西域之事挂怀于心，经常询及张骞。于是张骞便献上联络乌孙、东居河西，从而招徕西域诸国以为外臣的计策。"天子以为然，择骞为中郎将，将三百人，马各二匹，牛羊以万数，赍金币帛直数千巨万，多持节副使，道可使使遣之他旁国"。张骞到乌孙后，乌孙王老、国分，远汉，未知其大小。昆莫不能专制，骞又不得其要领，未能达其目的。但张骞此行的意义仍在于：1.所派持节副使，分别到达大宛（今费尔干纳）、康居（今阿姆河与锡尔河之间撒马尔罕一带）、大月氏（今阿姆河上游）、大夏（今阿富汗北部瓦齐拉巴德）、安息（今伊朗北部）、身毒（今印度北部）、于阗（今新疆和田）、扜（今新疆于田）。一年之后，这些持节副使同出使国的使者一起来到汉朝，从此后，"西北国始通于汉矣"。2.为日后汉与乌孙的和好结盟打下了基础。张骞虽然当时未能与乌孙立结同盟，乌孙也未东返故地。但10年后，乌孙以千匹马聘汉公主，汉以江都王建之女细君往妻乌孙，目的很明确，"欲与乌孙共灭胡"，终于同乌孙结成同盟。再后来，到本始三年（前

71年），汉遣御史大夫田广明为祁连将军，与另四将分统16万余骑，分五路并出，乌孙昆弥自将5万骑从西方入，共击匈奴。此次战役，汉五将军皆无功，唯乌孙一路至右谷蠡王庭"获单于父行，及嫂、居次、名王、犁汗都尉、千长、骑将以下四万级，马、牛、羊、驴、橐佗七十余万头。……匈奴民众伤而去者及畜产远移死亡，不可胜数。于是匈奴遂衰耗，怨乌孙"（《资治通鉴·汉记》）。这些都可看出当年张骞出使乌孙，意义是不可低估的。此外，张骞再使西域，想召还乌孙东居故地，表明浑邪王降汉、河西划归汉朝版图后，汉王朝已把巩固、治理、经营、开发河西列入重要议事日程。张骞出使，无疑是这一日程的组成部分。而张骞出使的结果又影响了日后河西的发展道路，使得汉武帝选择了移民、设郡、驻兵、屯田的经营模式。如果张骞出使成功，乌孙东居河西，局面就会是另一种情形。

五、张骞通西域，使河西成为中西交通的重要通道，由此而促进了河西地区经济文化的发展

霍去病西征河西，浑邪王率众降汉后，汉王朝在陆续向河西移民的同时，先后设置了酒泉、张掖、敦煌、武威四郡，健全了郡、县、乡、里等各级基层组织，对河西地区实施了有效的管理：在军事上，派都尉驻扎河西各地，并陆续修筑了东自令居、西至罗布泊、北到居延一带漫长的边塞防御体系，有效地防止了匈奴的南侵和羌人的骚扰；在经济上除了大力提倡郡县编民发展生产外，还专门设置农都尉，组织屯田系统。当时分布在居延、驿马、敦煌一带的河西屯田，曾在提供驻屯士卒的食粮方面起过支柱性作用。大片农田的开发，不仅使得在此之前的游牧经济为农耕经济所取代，而且将黄河以东的农田区与新疆一带日后出现的屯田区连接起来，为中西交通的商旅往来提供了食宿上的保证。在文化上，随着中原移民的到来，中原的传统文化亦根植于河西。在近些年的考古发掘中，纸、墨、笔、砚文房四宝都曾在河西各地有所出土。当时的经文如《仪礼》、小学如《苍颉篇》等也都遗落至此。中原文化的西渐河西并很快发展起来，为东汉及至魏晋十六国时期河西地区文人荟萃，曾一度成为传统文化的中心创造了条件。

另外，随着中西交通的开通，河西地区成为商贸繁盛之地。商客往来，络绎于途，中国的丝绸、漆器、铁器等通过河西源源不断地输往西域、中亚及地中海沿岸各国；印度的香料、波斯的玻璃以及其他奇珍异物进入中国。所谓"殊方异物，四面而至"，"胡商贩客，日款于塞下"。河西不仅成了来往货物的集散地，而且相应出现了一些为商旅服务的驿置机构和服务设施，这都是繁荣经济的有利因素。张骞凿空后，一些中亚、西亚、南亚以及欧洲地区的物产品种陆续通过河西，传入中原，丰富了河西及中原的经济生活。其中如葡萄、苜蓿、胡桃、胡麻、红花、芫荽、胡葱、大蒜、胡豆、胡瓜等至今仍是河西地区重要的农作物品种。

张骞通西域，还把古代人类创造的最优秀成果，东方的灿烂文化同希腊罗马的古典成就连接起来，为东西方文化的融合和交流创造了条件。当时，张骞所到中亚各国，除大宛尚属独立，未被希腊人征服外，其他各国如康居、大夏、安息以及更西的犁轩、条枝等都是希腊化国家。亚历山大远征时，铁蹄踏遍了中亚各地，甚至把军事营垒修到了药杀水（锡尔河）沿岸，兵锋到达塔什干。他们修建城堡，设置行省，一如后来中国的移民一样，把大批希腊人迁往征服地区。亚历山大死后，巴克特利亚（即大夏）、帕提亚（安息）相继脱离塞琉古王朝的统治，但执掌政权的仍是希腊人。希腊文化在中亚地区留下了深深的印迹。张骞及其副使所接触到的一些中亚、西亚地区的民风民俗，诸如"自宛以西至安息国，虽颇异言，然大同，自相晓知也。其人皆深目，多须髯。善贾市，争分铢。贵女子，女子所言，丈夫乃决正"等，都具有西方文化的特色。希腊人进入次大陆后，运用希腊的艺术形式反映佛教的教义内容，在健陀罗地区创造了健陀罗艺术，这些对日后的河西都曾产生过深刻影响。东汉末年，在印度北部建立了强大的贵霜王朝的月氏人把佛教传到了河西，传到了中原，十六国时期，希腊的艺术形式、印度的佛教内容加上河西的地方特色形成了河西的各地石窟艺术的早期风格，成为中西文化通过丝绸之路相互交流和相互融合的最好例证。

总之，河西早期的开发经营总是与张骞开通西域有着各种直接或间接的联系，而张骞一生的事业和荣辱得失又和河西地区的早期历史有着不解之缘。

（原载于《丝绸之路》1998年第2期）

汉河西四郡设置年代考辨

凡留意两汉河西史的人，首先遇到的问题就是四郡的设置年代。由于《汉书·武帝纪》和《地理志》记载的歧义，也由于史、汉两书其他有关材料中隐含或透露的四郡设置年代的时间信息不尽一致，因而使这一问题成了千古悬案。《汉书·武帝纪》：元狩二年（前121年）"秋，匈奴昆邪王杀休屠王，并将其众合四万余人来降，置五属国以处之。以其地为武威、酒泉郡"[1]。元鼎六年（前111年），"又遣浮沮将军公孙贺出九原，匈河将军赵破奴出令居，皆二千余里，不见虏而还，乃分武威、酒泉地置张掖、敦煌郡，徙民以实之"[2]。但是《汉书·地理志》所记四郡设置年代却完全不同：武威郡，故匈奴休屠王地，武帝太初四年（前101年）开；酒泉郡，武帝太初元年开；敦煌郡，武帝后元元年（前88年）分酒泉置[3]。此外，《史记》《汉书》还有多处记载此事的材料，保留了不同于以上两种说法的其他说法，给后人留下了疑难。

北宋司马光纂修《资治通鉴》要求以年系事。河西四郡的设置到底系于何时，他该从信哪种说法需要明确取舍。他的《资治通鉴考异》就是解决这类问题的。其中谈到："汉书武纪：元狩二年浑邪王降，以其地为武威酒泉郡，元鼎六年分置张掖、敦煌郡。而《地理志》云：张掖酒泉郡太初元年开；武威郡太初四年开；敦煌郡后元元年分酒泉置。今从武纪。"[4]就是说他在武纪和地志两种说法中选择了前者。但是实际操作中他又发现有问题，因为武纪把武威酒泉的设置年代放在元狩二年（前121年），而在此后的一段时间里张骞出使西域明言"今单于新困于汉，而故浑邪地空无人"。张骞出使的目的就是要招乌孙东还，"居故浑邪之地"以共同对付匈奴。既然"地空无人"，说明此时西汉朝廷尚未在这一地区置郡移民，所以他把酒泉郡的设置放在元鼎二年（前115年）。此年，乌孙拒不东还，张骞返回朝廷。至于武威的设置，他却认为更在酒泉之后。"后"到什么时候，未明言。只是在酒泉设郡条下接着写道："后又分置武威郡，以绝匈奴与羌通之道"。可见，也是把问题留给了后人。

到了清代，全祖望著《汉书地理志稽疑》完全承袭了司马光的做法。他在武威条下云："本纪与志置郡之年不合，温公曰本纪是也，以下三郡同。"在酒泉条下则云："据《匈奴传》则初置止酒泉一郡，武威亦稍后之，今从本纪"[5]。自此后，"今从本纪"的说法成了大多数学者的意见，如齐召南的《汉书考证》就认为"志与纪自相矛盾，自应以纪为实"[6]。钱大昕《二十二史考异》[7]和吴卓信《汉书地理志补注》[8]也都力主武纪说而否定地志说。唯有朱一新则否定武纪而以地志说为是[9]。此外，王竣在《汉书正误》中提出一种折中的说法，为《武帝纪》和《地理志》架起一座沟通的桥梁，认为"武帝纪元狩二年置武威酒泉，元鼎六年又分置张掖、敦煌郡，纪、志年分差异，意者纪但记创制之年，志则因其营建城郭设官分治之岁乎"[10]。从口气上看，只是一种揣测。他把创建之年与营建城郭设官分治分割开来，而且前后时间相差：张掖七年，酒泉十七年，武威二十年，敦煌二十三年。既不符合情理，也与汉代创设初郡的惯例不合。显然是不能成立的。不过，我们不应厚责古人。事实上从司马光到清代诸前贤都已对《汉书》本身的记载提出了怀疑并作出各自不同的解释，只是未对问题进行深入研究，讨论始终局限在《纪》与《志》的范围内。

到20世纪40年代随着西北学的再度兴起，河西置郡年代问题又引起了人们的关注。1942年，张维华先生发表了《汉河西四郡建置年代考疑》[11]，以完全超越前人的科学方法，广泛搜求文献中与四郡设置年代有关的资料，对照比勘，严密论证，得出了不同于前人的新结论。1944年劳干先生考释居延汉简告竣，利用汉简新资料在《居延汉简考证》一书中又对四郡的设置年代提出了独到的见解。两位前辈的研究从方法到结论至今留给后辈以深深的启迪。嗣后方诗铭先生和徐规先生分别于1946年和1948年先后发表了《敦煌建置年代考》[12]和《汉河西四郡建置年代辨正》[13]。50年代至今，海峡两岸的学者以及日本的一些学者也都对此发表了意见。中国台湾方面：施之勉先生于1951年发表了《河西四郡建置考》[14]、张春树先生于1967年发表了《汉代河西四郡的建置年代与开拓过程的推测》[15]；日本方面：有日比野丈夫的《关于河西四郡的成立》[16]、安田静彦的《关于前汉时期的河西置郡》[17]；中国大陆方面有：黄文弼先生的《河西四郡建置年代考》[18]、陈梦家先生的《河西四郡的设置年代》[19]、周振鹤先生的《西汉河西四郡设置年代考》[20]、王宗维先生的《汉代河西四郡始设年代问题》[21]。另外专门讨论敦煌一郡设置年代的文章还有吴礽骧等先生的《汉代的敦煌郡》[22]和刘光华先生的《敦煌建郡于汉武后元元年辨》[23]。除上述14位先生的研究外，其他研究两汉史和西北史的学者也都对四郡设置年代偶有涉及，但因不属专门研究恕不一一罗列。为了讨论的方便，先将上述文章中有代表性的意见列表如下：

郡名 / 学者 / 论定时间	酒泉	张掖	敦煌	武威
张维华	元鼎二、三年间	元鼎六年	元鼎六年	元凤元年至神爵元年
劳干	元狩二年	元鼎六年	太初四年稍后	元凤三年至神爵元年
黄文弼	元鼎二年	元鼎六年	太初二年	元鼎六年
施之勉	元鼎六年	太初元年	后元元年	从劳说
日比野丈夫	元鼎六年	元封年间由河西郡改名	天汉年间	元凤三年至地节三年
陈梦家	元鼎六年	元鼎六年	元封四、五年	地节三年至元康四年
张春树	元鼎六年	元鼎六年	太初以后太始三年前天汉三年左右	从劳说
周振鹤	元狩二年	元鼎六年	元鼎六年	地节三年
王宗维	元封三年	太宗三、四年间	后元二年间	地节二年
吴礽骧	元鼎六年		元封五、六年	
刘光华			后元元年	

可以看出：关于酒泉置郡的时间大致有元狩说、元鼎说（又可分为元鼎二年说和元鼎六年说）和元封说三种意见；张掖设郡有元鼎说和太初说两种意见；敦煌设郡时间分歧最大，有元鼎说、有元封说、有太初说、有天汉说、有后元说等五种；武威设郡时间则被限制在从元凤到元康的20年中。每种意见所依据的材料和理由，将在下面连同笔者的意见一并讨论。从总体上看，问题的研究在一步步深入，有些已逐步趋向一致。但从另一方面看，或者由于论者所持方法不同，或者由于对材料的索解不同，又出现了新的分歧，因而仍有进一步探索和辨证的必要。下面分别论述之。

酒泉设置之年代

笔者认为，在上述酒泉设郡时间的诸多说法中，元鼎六年的根据最为充分确凿。

（一）酒泉郡的设置与"始筑令居以西在同一时期"

《史记·大宛列传》载："自博望侯骞死后，匈奴闻汉通乌孙，怒，欲击之。及汉使乌孙，若出其南，抵大宛、大月氏相属，乌孙乃恐，使使献马，愿得尚汉女翁主为昆弟。天子问群臣议计，皆曰'必先纳聘，然后乃遣女'。初，天子发书《易》云'神马当从西北来'。得乌孙马好，名曰'天马'。及得大宛汗血马，益壮，更名乌孙马曰'西极'，名大宛马曰'天马'云。而汉始筑令居以西，初置酒泉郡以通西北国"[24]。文中"及得大宛汗血马"是将太初四年（前101年）之事注记于此以明何以乌孙"天马"改为"西极"的缘由。除此之外，"自博望侯骞死后"，"乌孙乃恐，使使献马"以及"始筑令居以西"，都清晰地记载了一个与酒泉置郡相关的时间链。《汉书》将此分别抄录在《张骞传》和《西域传》中，所不同之处就是把前后时间关系交代得更清楚了。《张骞传》曰："骞还，拜为大行。岁余，骞卒。后岁余，其所遣副使通大夏之属者皆颇与其人俱来，于是西北国始通于汉矣"[25]。《西域传》乌孙条下记载："匈奴闻其与汉通，怒，欲击之又汉使乌孙，乃出其南，抵大宛、月氏，相属不绝。乌孙于是恐，使使献马，愿得尚汉公主，为昆弟"[26]。接下来《张骞传》又云："初，天子发书《易》，由'神马当从西北来'。得乌孙马好，名曰'天马'。及得宛汗血马，益壮，更名乌孙马曰'西极马'，宛马曰'天马'云。而汉始筑令居以西，初置酒泉郡以通西北国"[27]。张骞出使乌孙返回的时间在元鼎二年（前115年）。"岁余骞卒"，据《百官公卿表》时在元鼎三年。"后岁余，其所遣副使通大夏之属者皆颇与其人俱来"，当在元鼎四、五年间。"乌孙乃恐，使使献马"，亦在其时。接下来就是"始筑令居以西"和"初置酒泉郡"了。因为这两件事发生在同一时间，有人就根据《水经注·河水注》卷二"令居县……汉武帝元鼎二年置"[28]的说法将酒泉置郡放在元鼎二年。其实这是一种误解。因为"置令居县"和"始筑令居以西"是两回事，后者在《汉书·张骞传》的注中说得很清楚，臣瓒云"筑塞西至酒泉也"[29]。

"始筑令居以西"的时间在元鼎六年（前111年），《史记·平准书》曰：

"其明年，南越反，西羌侵边为桀。于是天子为山东不赡，赦天下囚，因南方楼船二十余万人击南越，数万人发三河以西骑击西羌，又数万人度河筑令居；初置张掖、酒泉郡，而上郡、朔方、西河、河西开田官，斥塞卒六十万人戍田之"[30]。《汉书·武帝纪》将羌与南越反的时间系于元鼎五年，而将出兵平定之事系于元鼎六年。文曰："六年冬十月，发陇西、天水、安定骑士及中尉、河南、河内卒十万人，遣将军李息、郎中令徐自为征西羌，平之。行东，将幸缑氏，至左邑桐乡，闻南越破，以为闻喜县。春，至汲新中乡，得吕嘉首，以为获嘉县。驰义侯遣兵未及下，上使令征西南夷，平之，遂定越地"[31]。可证"数万人度河筑令居"，及"初置张掖酒泉郡"均在元鼎六年。因此上引《史记·平准书》中徐广将张掖、酒泉的设置时间注为元鼎六年是有根据的。另外作为一条旁证，陈梦家先生也曾注意到，宣帝神爵元年（前61年）用兵平羌时，发酒泉、张掖、武威三郡屯兵并陇西、天水、安定骑士。而在此次元鼎六年伐羌时，却只有陇西、天水、安定骑士而无河西三郡的屯兵，可证酒泉、张掖二郡只能置于元鼎六年之后，而武威的情况又当别论。

（二）酒泉置郡与徙民实边是密不可分、相互依存的

《汉书·武帝纪》把酒泉置郡的时间放在元狩二年（前121年）。不管当时的根据出自何处，但从《史》《汉》两书反映的全部情况看，与其他的历史事实是相违谬的。霍去病于元狩二年三出河西，迫得浑邪王四万余人降汉后，汉朝首先考虑的问题不是立即在河西置郡，而是希望乌孙东居故地，与乌孙结盟共抗匈奴。《史记·大宛列传》载："……是后天子数问骞大夏之属。骞既失侯，因言曰：'……今单于新困于汉，而故浑邪地空无人。蛮夷俗贪汉财物，今诚以此时而厚币赂乌孙，招以益东，居故浑邪之地，与汉结昆弟，其势宜听，听则是断匈奴右臂也。'"[32]河西地区自春秋战国以来就是月氏、乌孙的游牧地，楚汉之际匈奴势力崛起，到文帝六年（前174年），"罚右贤王，使之西求月氏击之……以夷灭月氏，尽斩杀降下之。定楼兰、乌孙、呼揭及其旁二十六国，皆以为匈奴，诸引弓之民并为一家"[33]，正式占据河西一带。其范围在"盐泽以东至陇西长城"[34]。正与"浑邪王率其民降汉，而金城、河西西并南山至盐泽空无匈奴"[35]的记载相吻合。到元狩二年（前121年），时历54年。在长达半个多世纪的时间里，匈奴在河西的人口已发展到将近十万人，而远非浑邪王降汉时所率之四万余众。下面引一些具体材料说明这个问题，元狩

二年春，霍去病第一次出击河西，汉武帝有一个诏书，谈到虏获情况，当是最原始最可信的材料，诏曰："骠骑将军率戎士逾乌盭，讨遫濮，涉狐奴，历五王国，辎重人众慑慴者弗取，冀获单于子。转战六日，过焉支山千有余里，合短兵，杀折兰王，斩卢胡王，诛全甲，执浑邪王子及相国、都尉，首虏八千余级，收休屠祭天金人。"[36]《资治通鉴》记此次"获首虏八千九百余级"[37]，当有所据。同年夏天，汉遣四将军出击匈奴，张骞和李广出右北平，公孙敖和霍去病俱出北地；最后结果，博望侯张骞留迟后期，当死，赎为庶人；郎中令李广功过相当，无赏；合骑侯公孙敖坐行留不与骠骑会，当斩，赎为庶人。唯独霍去病"逾居延至祁连山，捕首虏甚多。天子曰：'骠骑将军逾居延，遂过小月氏，攻祁连山，得酋涂王，以众降者二千五百人，斩首虏三万二百级，获五王、五王母，单于阏氏。王子五十九人，相国、将军、当户、都尉六十三人；……鹰击司马破奴再从骠骑将军斩遫濮王，捕稽沮王、千骑将，得王、王母各一人，王子以下四十一人，捕虏三千三百三十人；……校尉句王高不识，从骠骑将军捕呼于屠王王子以下十一人，捕虏千七百六十八人'"[38]。以上材料同为天子诏书原文，最为凭信。霍去病春、夏两次出击河西，斩杀、虏获的匈奴总数约有48800多人，号称5万，言之不虚。再加当年秋天浑邪王降汉4万余众，所以元狩二年前游牧在河西的匈奴将近10万人。这10万人之众经过霍去病三出河西，出现了"空无匈奴"和"河西地空"的局面。在这样的情况下，于元狩二年即在河西设郡，条件是不成熟的。

置郡的条件首先需要有人。既然匈奴内迁置五属国以处之，那么对河西的巩固与发展，第一步就需要"徙民以实之"。而元狩二年之后，朝廷的几次"徙民实边"却未及河西。第一次是元狩三年，"山东被水灾，民多饥乏，于是天子遣使者虚郡国仓廪以振贫民。犹不足，又募豪富人相贷假。尚不能相救，乃徙贫民于关以西，及充朔方以南新秦中七十余万口，衣食皆仰给县官"[39]；第二次是元狩四年夏，"匈奴远遁，而幕南无王庭。汉度河自朔方以西至令居，往往通渠置田，官吏卒五六万人，稍蚕食，地接匈奴以北"[40]；第三次是元狩四年（前119年），"有司言关东贫民徙陇西、北地、西河、上郡、会稽凡七十二万五千口"[41]；三次徙民，规模不谓不大，人数不谓不众，唯独不及河西，正可说明元狩二年河西尚未设郡；相反，第一次移民河西，"上郡、朔方、西河、河西开田官，斥塞卒六十万人戍田之"[42]则正是元鼎六年的事，亦可说明酒泉置郡在此次移民之后或同时。此处"上郡"、"朔方"、"西河"三地均以郡名，而河西则独以地区名，亦可说明此前"河西"尚未置郡。劳干先生为了证明元狩二年说，认为《汉书》记载张骞使乌孙与《史记》的记载有五条不同处，其中《史记》言乌孙为匈奴西边小国，而《汉书》言乌孙与大月氏俱在敦煌祁连间；《史记》言故浑邪地空无人，《汉书》言昆莫地空。张骞欲徙乌孙之处，乃乌孙故地，即班氏所言"祁连敦煌间"，约当今嘉峪关以外地区，不得包括酒泉也。他还认为，班氏世在西州，其于乌孙事必别有所据，《汉书》与《史记》关于张骞出使乌孙事，自应以《汉书》为准[43]。其实，不论乌孙昆莫之地，还是匈奴昆邪之地，只是时间上的交替而不是空间上的差异，两者指的是同一块地方。匈奴的范围，"自金城、河西西并南山至盐泽"；而乌孙和大月氏"俱在敦煌祁连间"也只是临近西移前的情况，实际上他们在此前的游牧范围大得很。《史记正义》就说："凉、甘、肃、瓜、沙等州，本月氏国之地"（可参阅拙文《月氏在河西的几个问题》，载《甘肃社会科学》1994年第6期）；同理，乌孙的游牧范围也并不局限在"敦煌祁连间"。他们都是游牧民族，而非定居民族，最大的特点是"逐水草而居"。所以《史》《汉》异文的记载，不能证明酒泉郡置于元狩二年的事实。

（三）酒泉设郡于元封三年的说法，根据不足

有论者所主元封三年说，其根据是《史记·匈奴列传》所载"汉使杨信于匈奴。是时，汉东拔秽貊、朝鲜以为郡，而西置酒泉郡以隔绝羌与胡通之路"。《史记·朝鲜列传》和《汉书·武帝纪》均言拔朝鲜之事在元封三年（前108年），既然朝鲜设置的时间已定，而同时"西置酒泉郡"的时间必然也是元封三年[44]。其实《史记·匈奴传》这段材料的原文是："汉使杨信于匈奴。是时汉东拔秽貊、朝鲜以为郡，而西置酒泉郡以隔绝与胡通之路。汉又西通月氏、大夏，又以公主妻乌孙王以分匈奴西方之援国。又北益广田至眩雷塞，而匈奴终不敢以为言"。《汉书·匈奴传》原文抄录[45]。这段材料中，杨信使于匈奴，据《汉书·武帝纪》时在元封四年（前107年）[46]；而东拔朝鲜则在元封三年（前108年）；西通月氏、大夏当指张骞出使乌孙回来后，"因益发使抵安息、奄蔡、黎轩、条枝、身毒国……而北道酒泉抵大夏"[47]，时在元鼎至元封间；公主妻乌孙在元封中[48]；北益广田至眩雷塞，据陈梦家先生考证在元封四年[49]；加上所谓西置酒泉郡，共将六件事排在一起，旨在概括当时汉朝从东、西、北三面在空间上对匈奴所取得的军事外交胜利以说明"匈奴终不敢以为言"的局面。六件事的时间关系是错乱的，仅从排列上看不出它们之间的顺序关系和内在的一致性，因此，将此作为酒泉置郡于元封三年的唯一根据是不充分的。

（四）《汉书·地理志》记酒泉置郡于太初元年，与诸多历史事实相抵触，不能成立

《汉书·地理志》关于酒泉置郡于太初元年（前104年）的记载，除上引《大宛列传》《平准书》《匈奴列传》的材料足可否定外，尚有若干事实能更加确凿地证明其不能成立。其一，汉武帝元封二年（前109年）作《瓠子之歌》，"自是之后，用事者争言水利。朔方、西河、河西、酒泉皆引河及川谷以溉田"[50]；其二，元封三年（前108年），武都氐人反，分徙酒泉郡[51]；其三，元封四年，赵破奴和王恢破楼兰，"于是酒泉列亭障至玉门矣"[52]；其四，元封四年，浩侯王恢坐使酒泉矫制害，当死，赎，国除，封凡三月[53]；其五，"乌维单于立十岁而死，子乌师庐立为单于。年少，号为儿单于。是岁元封六年也（前105年）。自此之后，单于益西北，左方兵直云中，右方直酒泉、敦煌郡[54]。上述材料明言早在太初以前就已有酒泉或酒泉郡，所以太初元年始设酒泉郡的说法可谓不攻自破。

参考文献：

[1]《汉书·武帝纪》第1本第176页。（以下凡引《史记》《汉书》均为中华书局标点本）

[2]《汉书·武帝纪》第1本第189页。

[3]《汉书·地理志》第6本第1612—1614页。

[4] 司马光《资治通鉴考异》，见《四库全书》史部编年类。

[5]《二十五史补编》第1册第1257页。（均为中华书局1955年版）

[6] 转引自王先谦《汉书补注》1993年影印本第797页。

[7] 钱大昕《二十二史考异》见《丛书集成初编》第3528—3542页。

[8]《二十五史补编》第1册第892—903页。

[9] 朱一新《汉书管见》，见光绪二十二年顺德龙氏葆真堂刊《拙丛稿》。

[10] 转引自张春树《汉代河西四郡的建置年代与开拓过程的推测》，见《历史语言研究所集刊》第37卷下册。

[11] 金陵齐鲁华西三大学《中国文化研究汇刊》1942年2卷，又见《汉史论集》1980年齐

鲁书社版。

[12]《经世日报·禹贡周刊》1946 年 10 月 18 日。

[13]《浙江学报》1948 年 2 卷 2 期。

[14]《大陆杂志》1951 年 3 卷 5 期。

[15]《历史语言研究所集刊》1967 年 37 卷下册。

[16]《创立二十五周年纪念论文集》1954 年 10 月。

[17]《东汉史苑》第 13 号 1978 年 12 月。

[18]《西北史地论丛》，上海人民出版社 1981 年版：又见文物出版社 1989 年《黄文弼历史考古论集》。

[19]《汉简缀述》，中华书局 1980 年 12 月版。

[20]《西北史地》1985 年第 1 期。

[21] 同上，1986 年第 3 期。

[22]《西北师院学报》1982 年第 2 期。

[23]《秦汉史论丛》第二辑，陕西人民出版社 1983 年版。

[24]《史记》第 10 本第 3170 页。

[25]《汉书》第 9 本第 2693 页。

[26] 同上，第 12 本第 3903 页。

[27] 同上，第 9 本第 2693 页。

[28] 陈桥驿点校《水经注》第二卷 39 页，上海古籍出版社 1990 年版。

[29]《汉书》第 9 本第 2694 页。

[30]《史记》第 4 本第 1438 页；《汉书》第 4 本第 1173 页，《食货志》记载与此同。

[31]《汉书·武帝纪》第 1 本第 188 页。

[32]《史记》第 10 本第 3167—3168 页。

[33]《史记》第 9 本，第 2896 页。

[34]《史记》第 10 本，第 3160 页。

[35] 同上。

[36]《史记·骠骑列传》第 9 本第 2929 页；又见《汉书·霍去病传》第 8 本第 2479 页。

[37]《资治通鉴·汉纪》第 2 本第 630 页。

[38]《史记·骠骑列传》第 9 本第 2930—2931 页；又《汉书·霍去病传》第 8 本第 2480—2481 页。

[39]《史记·平准书》第 4 本第 1425 页。

[40]《史记·匈奴列传》第 9 本第 2911 页；又《汉书·匈奴传》第 11 本第 3770 页。

[41]《汉书·武帝纪》第 1 本第 178 页。

[42]《史记·平准书》第 4 本第 1439 页；又《汉书·食货志》第 4 本第 1173 页。

[43]《居延汉简考证》。

[44]《西北史地》1986年第3期。

[45]《史记·匈奴列传》第9本第2913页；又《汉书·匈奴传》第11本第3773页。

[46]《汉书·武帝纪》第1本第196页。

[47]《史记·大宛列传》第10本第3170—3171页。

[48]《汉书·西域传》第12本第3903页。

[49]《汉武边塞考略》，载《汉简缀述》中华书局1980年版。

[50]《史记·河渠书》第4本第1414页；又《汉书·沟洫志》第6本第1684页。

[51]《汉书·武帝纪》第1本第194页。

[52]《史记·大宛列传》第10本第3172页；又《汉书·张骞传》第9本第2695页。

[53]《史记·建元以来侯者年表》第3本第1056页；又《汉书·景武昭宣元成功臣表》第3本第660页。

[54]《史记·匈奴列传》第9本第2941页；又《汉书·匈奴传》第11本第3774页。

（原载于《开发研究》1996年第6期）

汉河西四郡设置年代考辨（续）

张掖设置之年代

张掖设郡的时间《武纪》系于元鼎六年（前111年），近世以来张维华、劳干、黄文弼、陈梦家、张春树、周振鹤等诸位先生均未提出异议，意见是一致的。笔者只想就《地志》所记太初元年以及后人元封说和太初三、四年说作一些辨析，以进一步证明其元鼎六年说的可信。

《汉书·地理志》云："张掖郡，故匈奴昆邪王地，武帝太初元年（前104年）开。"事实上，诸家都曾注意到，《史记》《汉书》均有太初以前即有张掖郡的记载。《汉书·李广苏建传》附《李陵传》载："武帝以为（陵）有广之风，使将八百骑，深入匈奴二千余里，过居延，视地形，不见虏，还，拜为骑都尉，将勇敢五千人教射酒泉、张掖以备胡。数年，汉遣贰师将军伐大宛，使陵将五校兵随后。"[55]贰师伐大宛，时在太初元年（前104年），而此前数年，李陵已教射酒泉、张掖，说明张掖郡的设置早在太初元年以前。霍去病河西之战，扫清匈奴，史称"断匈奴之右臂"。而张掖得名，据《汉官仪》的记载，取其"张国臂掖"之意。可见，"张掖"一名的由来，具有一定的政治军事含义，与匈奴退出河西有关。换句话说，"张掖"一名的由来是与设郡同时诞生的。太初元年前的数年李陵教射之酒泉张掖，即指酒泉、张掖二郡。

此外，前文谈到酒泉设郡时间已引《史记·平准书》和《汉书·食货志》"数万人渡河筑令居，初置张掖、酒泉郡，而上郡、朔方、西河、河西开田官，斥塞卒六十万人戍田之"的材料。《史记·集解》在"初置张掖、酒泉郡"之下引徐广曰:"元鼎六年。"《汉书》师古注曰:"开田,始开屯田也。斥塞,广塞令郤。初置二郡,故塞更广也。以开田之官广塞之卒戍而田之。"这里,"元鼎六年""初置二郡"的说法当是有根据的。另外,上已论及,与"度河筑令居以西"的相关事件也可说明张掖、酒泉二郡之设置同在元鼎六年。

日本学者日比野丈夫以为汉代先设了河西郡,而后在元封年间(前110—前105年)改河西郡为张掖郡。这显然把地域名称与郡县名称混为一谈了。造成这种误解的原因,确切说首先不在日比野氏本人而在《史记》原书记载的逻辑混乱。《史记河渠书》"自是之后,用事者争言水利。朔方、西河、河西、酒泉皆引河及川谷以溉田"[56],《卫将军骠骑列传》"最骠骑将军去病,凡六出击匈奴,其四出以将军,斩捕首虏十一万余级。及浑邪王以众降数万,遂开河西酒泉之地,西方益少胡寇"[57]。这里,"河西"并不包括酒泉,似指黄河以西到酒泉以东地区。但是,前引"上郡、朔方、西河、河西开田官、斥塞卒六十万人戍田之"以及"浑邪王率其民降汉,而金城、河西西并南山至盐泽空无匈奴"[58],这里的"河西"又包括了四郡全部地区。可见司马迁笔下的"河西",所指是混乱的,概念是不清楚的。中国古代的思辨逻辑并不发达。有人作过专门研究,古人所留下的诸多名篇,包括那些专门以政论擅长的煌煌巨著,仔细推敲起来,也有不少逻辑上的错误。司马迁笔下偶尔出现这样的差误是不奇怪的。班固《汉书》照抄司马迁原文,也把这种混乱沿袭了下来,但班氏自己另外续补的河西史料却未犯类似错误,概念是清晰的。如《汉书·匈奴传》:"昆邪王杀休屠王,并将其众降汉,凡四万余人,号十万。於是汉已得昆邪,则陇西、北地、河西益少胡寇"[59]。再如《汉书西域传》:"孝武之世,图制匈奴,患其兼其西国,结党南羌,乃表河西,列四郡,开玉门,通西域,以断匈奴右臂,隔绝南羌、月氏"[60]。这里"河西"、"四郡"的所指都是清楚的。日本学者日比野丈夫认为有一个"河西郡"的看法,就在于没有认真辨识出司马迁笔下的这种逻辑混乱。

王宗维先生把张掖郡的设置时间定在太初三、四年间。他认为张掖郡最早设于现今武威以北的洪祥滩,这里"是谷水两大水源交汇处,当时这里土壤肥沃,水草充足,扼谷水流域要塞,是放牧、农耕和南北防御的理想地方。又当东西通道,李陵选择这里练兵、备胡,是有道理的。所以这个地方,开始是李陵屯兵之所,后来又以张掖为名设县、置郡"[61]。王先生把张掖置郡定在太初三、四年的唯一根据是《史记大宛列传》记载，其时，"益发戍甲卒十八万，酒泉、张掖北，置居延、休屠以卫酒泉"。根据王先生的推测，"十八万戍甲卒加上参与运输的'转车人'、'负私者'，一时拥进河西地区的不下二十余万人。张掖（即上文所说洪祥滩）是进入走廊的第一个绿洲，留居者至少有七八万人。这样多的人虽不都是长期留居户，但留下的也不少，于是就有许多民事问题需要地方行政机关处理。在这种情况下，汉朝政府就在李陵屯兵之地设立了张掖县、张掖郡。从此河西分为两大部，东部属张掖郡，西部属酒泉郡"[62]。看得出来，王先生的议论中想象和臆断的成分较多，史料根据却相对薄弱。也就是说，要使这一观点真能得到确立，还需要更加确凿的根据和进一步的充分论证，仅有上述的材料和分析是不能成立的。

最后，是否酒泉置郡在前，其他三郡在后的问题。《史记》和《汉书》各有五条材料单独提到酒泉，给人一种似乎酒泉最先设郡，而后分置其他三郡的错觉。仔细比勘，两书十条记载中，其中四条是相同的，除去相同者，总共有六条，大多前已征引，现再罗列如下：

（一）《史记·河渠书》《汉书·沟洫志》："自是之后，用事者争言水利，朔方、西河、河西、酒泉皆引河及川谷以溉田。"

（二）《史记·卫将军骠骑列传》《汉书·卫青霍去病传》："浑邪王（《汉书》为昆邪王）以众降数万，遂开河西酒泉之地。"（《汉书》无"遂"字）

（三）《史记·匈奴列传》《汉书·匈奴传》："是时汉东拔秽貉、朝鲜以为郡，而西置酒泉郡以隔绝胡与羌通之路。"

（四）《史记·大宛列传》《汉书·张骞传》："而汉始筑令居以西，初置酒泉郡以通西北国。"

（五）《史记·大宛列传》："其后遣使，昆明复为寇，竟莫能得通。而北道酒泉抵大夏"。

（六）《汉书·西域传》："其后骠骑将军击破匈奴右地，降浑邪、休屠王，遂定其地，始筑令居以西，初置酒泉郡，后稍发徙民充实之，分置武威、张掖、敦煌，列四郡，据两关焉"。

上述材料（一）（二）前已辨析，属于司马迁记载上的混乱，不能作为酒泉最先设郡的依据。材料（三）对举最东部秽貉、朝鲜和最西部酒泉，因为当时敦煌尚未设郡，与最东、最北相对应的最西只能是酒泉而不是敦煌。（四）

（五）两条，主要讲通西域的道路只能经过酒泉，或者说主要强调了酒泉郡的设置在汉通西域的过程中所占的重要地位。同样说明敦煌郡尚未设立，酒泉是西北边境控扼中西交通的门户。材料（六）从字面看，倒是很清楚，先设置了酒泉郡，然后分置其他三郡。但是这条材料出自《汉书·西域传》的序传中，行文本身的笔法极为概括简练，目的在于扼要交代汉在西北的文治武功后，引起对西域的具体记述。因而，对这一史实的记载或有疏失。再则，如果《汉书》对四郡的记载仅此一条，那么我们就完全可以据此定案，不必多费笔墨。但问题是，除此记载外，《汉书》本身还有其他的记载。如同我们不能根据《武纪》把酒泉、张掖设郡定在元狩二年一样，也不能对上述材料（六）完全不加怀疑。事实上，四郡设置之确切年代，从《汉书》记载之如此矛盾分歧看，就连当时的班固自己也没有搞清楚。大量抄录前人的记载，对相互矛盾的史实材料未能详审鉴别，缺乏深入研究。因此，材料（六）不能作为酒泉最先设郡的确切依据，至多只能存疑，留待后日考证。

总之，张掖建郡于太初元年、太初三、四年以及元封间由河西郡改置的说法都是站不住脚的。只有元鼎六年与酒泉同时置郡的结论才是最接近史实的。

敦煌设郡之年代

敦煌设郡的时间，《汉书·武帝纪》言元鼎六年（前111年）由酒泉郡分置，而《地理志》则言后元年（有人以为夺一元字，当为后元元年，前88年）置。前后相差23年。后人张维华先生和周振鹤先生主元鼎六年说；陈梦家、吴礽骧二先生分别主元封四、五年和元封五、六年说；黄文弼、劳干二先生分别主太初二年和太初四年说；日比野丈夫和张春树、方诗铭先生分别主天汉年间说、天汉三年说和天汉三年至征和二年说；施之勉、刘光华、王宗维先生分别主后元元年说和后元二年说。意见最为分歧。

本来，起初的讨论只限于《本纪》说和《地志》说，1944年夏鼐先生在敦煌发现一条简文，"酒泉玉门都尉护众候畸兼行丞事"（中华书局《敦煌汉简》编为2438号），成为敦煌建郡时间的关键材料。简文说明，在敦煌建郡之前玉门都尉就已设置，而且隶属于酒泉郡所辖。于是玉门都尉的设置便成了敦煌建郡的上限。敦煌遗书《后晋天福十年寿昌县地境》记载："玉门关，县北一百六十里，汉武帝元鼎九年置，并有都尉"[63]。有人认为，元鼎只有六年而无九年。此"元鼎九年"当为元封三年（前108年），因而敦煌设置当在元封三年之后即元封四、五年之间[64]。又有人认为上述《寿昌县地境》出自少数民族之手，不尽可靠，玉门建关及设置都尉当在"酒泉设亭障至玉门"之后，即元封四年（前107年）之后，因而敦煌设郡当在元封五、六年之间[65]。这里有一个问题被忽略了。事实上，对简文文义的理解是一回事，对其本身的时间考证又是一回事。而后者才是确定敦煌建郡于何时的关键。在夏先生发现该简之前，斯坦因也在同一地点发现过不少汉简，最早的为天汉三年（前98年）。1949年后先后在敦煌各地采集和掘获的汉简有十多批。其中的纪年简也没有一枚是早于此时的。因而，该简的最早时限只能在天汉三年以后。它的价值不仅说明在敦煌建郡以前，就有一个隶属于酒泉郡的玉门都尉，而且也说明，迟至天汉三年前敦煌尚未建郡。

此外，文献中还有征和年间未置敦煌郡的材料，刘光华先生的《敦煌建郡於后元元年辨》和《敦煌上古历史的几个问题》[66]已言之甚详。其一，《汉书·武帝纪》载，天汉二年（前99年）五月，"贰师将军三万骑出酒泉，与右贤王战与天山，斩首虏万余级"。《史记·匈奴列传》和《汉书·匈奴传》的记载基本相同。《汉书·匈奴传》载："其年（征和三年），匈奴复入五原、酒泉，杀两部都尉。于是汉遣贰师将军七万人出五原，御史大夫商丘成将三万余人出西河，重合侯莽通将四万骑出酒泉千余里。……重合侯军至天山，匈奴使大将偃渠与左右呼知王将二万余骑要汉兵，见汉兵强，引去。重合侯无所得失"。上述两事分别发生在天汉二年和天汉三年，均为汉军进军天山与匈奴作战的事例。"天山"，按《括地志》载在伊吾县北百二十里，地当西域东部。由河西西进天山，敦煌为必经之地。两次作战均言"出酒泉"而不言出敦煌，从一个侧面说明此时的敦煌尚未建郡。其二，《汉书·西域传》载征和四年（前89年）武帝轮台诏追述上年伐西域时运粮情况说，"汉军破城，食至多，然士自载不足以竟师，强者尽食畜产，羸者道死数千人。朕发酒泉驴、橐驼，负食出玉门关迎军。吏卒起张掖，不甚远，然尚斯留甚众"。这里是说，汉军攻破车师后粮食虽多，却负载有限，不足归途所需，汉朝只好从酒泉发驴、橐驼负食，"出玉门关迎军"，张掖也参与了此事。如此重大的军事行动，张掖、酒泉分别筹措粮秣，西进以迎缺粮的回归将士，地处最西边的敦煌却史无记载，也是敦煌尚未建郡的佐证之一。在此之前，桑弘羊等人所上《屯田奏》，其中也反映了一些值得注意的问题。原文亦载《汉书·西域传》，曰："故轮台东捷枝、渠犁皆故国，地广，饶水草，有溉田五千顷以上，处温和，田美，可益通沟渠，种五谷，与中国同时熟。……臣愚以为可遣屯田卒诣故轮台以东，置校尉三人分护，各举图地形，通利沟渠，务使以时益种五谷。张掖、酒泉遣骑假马为斥候，属校尉，事有便宜，因骑置以闻"。桑弘羊等人的计划是派戍卒屯田轮台，由酒泉、张掖派骑兵为斥候，担任警戒和保卫任务。同理，敦煌地近西域，派斥候之事舍敦煌而远及酒泉、张掖，岂不舍近求远。合理的解释只能是敦煌仍未置郡，其地当属酒泉郡领辖。

由上述材料可证，敦煌地区迟至征和年间尚属酒泉郡领属，因而它的建郡时间只能在后元元年。

此外《史记·大宛列传》还有一条记载："汉已伐宛……而汉发使十余辈至宛西诸外国，求奇物，因风览以伐宛之威德。而敦煌置酒泉都尉。"汉伐大宛后，时当天汉年间。此时敦煌置酒泉都尉，论者亦常引此作为天汉年间敦煌尚未置郡的根据。因对这条记载的解释各家多有分歧。其中夏鼐先生说："徐广云：'敦煌有渊泉县，或者酒字当为渊字也'。盖由于原文语意之不可通，故臆测其如此。梁玉绳《史记志疑》云：'徐广引别本，置字在都尉上是也。至于酒字为渊则非。汉志敦煌渊泉无都尉'。今按梁说是也。敦煌酒泉置都尉者，言敦煌酒泉两郡置都尉。"如此，则又成了敦煌已经设郡的证据。因言人人殊，这里暂置之不论，仅以上列数条证其敦煌置郡于后元元年的结论。

敦煌建郡的时间除上述后元元年说外，其他的几种说法也都可谓"各有所据"。下面逐条作一些辨析。

《汉书·刘屈氂传》载征和二年（前91年）巫蛊事起，"诸太子宾客，尝出入宫门，皆坐诛。其随太子发兵，以反法族。吏士劫略者，皆徙敦煌郡"。这是征和二年前敦煌置郡的主要根据。此事刘光华先生以为巫蛊事件后，"上连年治太子狱"，所谓"皆徙敦煌郡"，可能是一个较长的过程，后来史家追述此事把它排在征和二年秋。王宗维先生则认为史家在记述此事时在"敦煌"之后信手增一"郡"字，以至致误，因而不能以此作为敦煌建郡于后元元年的事实。此外，笔者以为还有一种可能更接近史实。即戾太子事件发生后，确于征和二年将本案牵连者徙之敦煌，但史家记述此事却是若干年以后的事，其时，敦煌早已建郡，记述中将敦煌直书为敦煌郡也未必为错，指的同是一个地方。向敦煌流徙犯人由来已久，远在建郡之前。人们最熟知的事例就是渥洼水中得神马，《史记》集解引李斐注曰："南阳新野有暴利长，当武帝时遭刑，屯田敦煌界。人数于此水旁见群野马中有奇异者，与凡马异，来饮此水旁。利长先为土人持勒靽于水旁，后马玩习久之，代土人持勒靽，收得其马，献之。欲神异此马，云从水中出"[67]。此事《汉书礼乐志》记于元狩三年（前120年），《武帝纪》则记之于元鼎四年（前113年），说明元狩、元鼎间已有流罪人于敦煌的记载。此外，敦煌遗书伯2625号《敦煌名族志残卷》记载索氏源流："汉武帝时，太中大夫索抚、丞相赵周直谏忤旨徙边，以元鼎六年从钜鹿南和迁於敦煌。"[68]这也是元鼎间罪人流徙敦煌的例子。

上引2438号敦煌汉简"酒泉玉门都尉护众候畸兼行丞事"，论者一致认为这是敦煌尚未建郡的遗留。另外敦煌还有一简云："太始三年闰月辛酉朔已卯玉门都尉护众谓千人尚尉丞某某署就"[69]。此简时间相近，所载均为"玉门都尉护众"，颇多相关性。有人以为简文在"玉门都尉"之前未冠"酒泉"，正说明此时敦煌已经建郡，玉门都尉已直属敦煌郡，故而直称"玉门都尉"。因此将太始三年简作为太始以前敦煌已经置郡的依据。其实，敝意认为如照上述说法，玉门都尉隶属于酒泉郡时前面要冠以"酒泉"二字，那么隶属于敦煌郡后为何不冠以"敦煌"二字。反过来说，如果隶属敦煌郡后可以不冠"敦煌"二字而直称"玉门都尉"，那么隶属酒泉时又何以不可不冠"酒泉"二字直称"玉门都尉"呢！因而对太始三年简的解释是不能令人信服的。

《史记·匈奴列传》有载："乌维单于立十岁而死，子乌师庐立为单于。年少，号为儿单于。是岁元封六年也。自此之后，单于益西北，左方兵直云中，右方直酒泉、敦煌郡。"这是持元封六年（前105年）以前敦煌已经置郡的主要依据。其实细究这一记载，有两点需要注意。一是《汉书·匈奴传》中所录上述文字，在"敦煌"后面无"郡"字，直言"右方直酒泉、敦煌"。说明班固修《汉书》时看到的《史记》原文"敦煌"之后无"郡"字，而目前看到的《史记》中的"郡"字则可能是后人传抄误增。二是《史》《汉》两书所言"元封六年"，只是匈奴儿单于乌师庐继位的准确时间，至于"单于益西北"，"右方直酒泉敦煌"的时间，《史记》中"自此之后"，《汉书》中"自是后"点得很清楚。是自此以后的事，"后"到何时，这个过程延续到何时却未交代清楚，因而，以此作为敦煌建郡于元封六年以前的根据，是不充分的。

持太初以前敦煌就已置郡的根据主要是《史记·大宛列传》中所载太初年间李广利伐大宛时"往来二岁，至敦煌"、"贰师恐，因留屯敦煌"、"发恶少年及边骑，岁余而出敦煌"、"转车人徒相连属至敦煌"、"初，贰师起敦煌"以及《武帝纪》和《五行志》中所记太初元年"蝗飞至敦煌"的材料，认为这都是与酒泉、张掖二郡并提，乃指郡言。另外，居延汉简有"□延寿乃太初三年中父以负马田敦煌延寿与□俱来田事已"[70]。这也是太初以前置郡说的根据之一。《大宛列传》多次提到敦煌，自然可说明此时的敦煌已为汉军西进的屯兵之所和后方基地，有论者即据此认为，"敦煌建郡即是为李广利伐大宛所作的军事准备"[71]。笔者却认为，即使此时敦煌不建郡，其地亦属酒泉郡领辖，丝毫不影响它作为进军西域屯兵之所和后方基地的重要地位。因而这里所说"敦煌"，与是否建郡只有一种或然性，从本身看不出两者之间的必然性。"敦煌"一名，早在建郡之前就已存在，属于当地流传的土名。如同张骞于元朔三年（前126年）所述西域情况说：乌孙"本与大月氏俱在祁连敦煌间"[72]一样，在没有其他直接证据的情况下，我们只能认为这里所指只是敦煌这一地区。至于太初三年"负马田敦煌"的简文，陈直先生早已指出，"此简为追述太初三年中事，绝对年代，可能晚于太初三年"[73]。即使简文所记为太初三年事，也不能说明此时敦煌已经建郡。上已论及，敦煌屯田之事早于建郡多年，"田敦煌"与建郡时间没有必然联系。

武威设郡之年代

武威建郡的确切年代，相对于《汉书·武帝纪》和《地理志》的记载距离最大，但研究者的意见却最趋一致。大家就像撒网一样，最先由张维华先生论定一个较大的范围，然后其他研究者总能把问题推进一步，把年代范围一步步拉近，到目前为止，武威置郡的上限和下限已被缩小到最小范围，甚至可以确指其具体年代。

《汉书·武帝纪》把武威置郡的年代放在元狩二年（前121年）与酒泉同时。而《地理志》却又将其系之于太初四年（前101年）。考历史事实，两说均不可据。

最典型的事例就是昭帝时设置金城郡的记载。始元六年（前81年）秋七月，"以边塞阔远，取天水、陇西、张掖郡各二县置金城郡"[74]。按后来的情况，张掖郡远在武威之西，金城设郡时断不可越过邻近的武威而在张掖搞一块飞地，合理的解释只能是当时武威尚未设郡，其地属张掖郡管辖。金城设郡取其邻近二县，故史书如此记载。从金城郡所属各县看，《汉书·地理志》所载13个属县，已是元始二年（2年）的情况，80多年中当有分析增置之变化，但13县故地无一处在今所指张掖郡境内。金城郡西北有属县三，曰令居，曰枝阳，曰允街。而允街为神爵二年（前60年）平羌后新置，因而始元六年（前81年）由张掖分属金城的二县只能是令居和枝阳，二县的故地均在今永登县境。可见，后来的武威郡地以至东到黄河沿岸当时都属张掖郡的辖境。始元六年，即上述金城分张掖等地设郡的同一年，在汉朝廷召集御史大夫和贤良文学的盐铁会议上，大夫曰："先帝推让（当为'推攘'），斥夺广饶之地，建张掖以西，隔绝羌、胡，瓜分其援。是以西域之国皆内拒匈奴，断其右臂，曳剑而走。"[75]这里不言武威，而言"建张掖以西"，也是武威尚未建郡的明证。

后人在颂扬武帝的雄才大略及文治武功时总把开河西四郡放在重要地位。班固的《汉书·西域传》有"孝武之世，图制匈奴，患其兼从西国，结党南羌，乃表河西，列四郡，开玉门，通西域"云云。范晔的《后汉书·西羌传》也称颂道"及武帝征伐四夷，开地广境，北却匈奴，西逐诸羌，乃渡河、湟，筑令居塞；初开河西，列置四郡，通道玉门，隔绝羌、胡，使南北不得交关"。仔细推究史实，"初开河西"，言之不妄，但"列置四郡"则未必尽然。武帝时武威尚未建郡，上引昭帝时金城置郡的记载和《盐铁论》的材料已经论及，下面再列出武帝时期的诸多证据详加论述之。

证据之一：司马迁与汉武帝刘彻为同时代人，约生于景帝中元五年（前145年）。他的《史记》所载"自黄帝以来至太初而讫"。全书无一字言及武威。相反提及张掖者四处，敦煌者六处，酒泉者则多达15处。司马迁父卒三岁迁为太史令始论著列代之史，时在元封二年（前109年）。后于天汉二年（前99年）遭李陵之祸，到此编修史书已达十年。遭刑后"隐忍苟活"，继续发愤著书。到征和二年（前91年）任安以巫蛊事牵连下狱，曾有《报任安书》。因而司马迁的卒年当在任安死后。可见《史记》的编修经历了将近20年之久。《史记》绝笔于太初，但司马迁却在此后又生活了十多年时间，其间删订考削，终其一生，因而绝不会将武威设郡疏漏致误。

证据之二：《汉书·李陵传》载：李广利于太初元年伐大宛前数年，李陵将勇敢5000人，教射酒泉、张掖以备胡。天汉二年，李广利将三万骑出酒泉与右贤王战于天山，李陵请步兵5000涉单于庭，武帝诏强弩都尉路博德将兵半道迎陵军，因博德羞为陵后，乃上书曰："方秋匈奴马肥，未可与战，臣愿留陵至春，俱将酒泉、张掖骑各五千人并击东西浚稽，可必禽也"。这里两处均未提及武威，说明元封、太初、天汉时，武威郡尚未分设。

证据之三：太初三年，匈奴入张掖、酒泉杀都尉[76]。同年，朝廷"益发戍甲卒十八万，酒泉、张掖北，置居延、休屠以卫酒泉"。居延沿额济纳河一线为大漠通向河西的南北通道，匈奴南侵可通过此路到酒泉、张掖。同样，休屠谷水一线（即今石羊河）亦为南北通道，匈奴沿此线可直达武威。但这一材料只提张掖、酒泉，未曾言及武威，也是武威尚未置郡之明证。

证据之四：《汉书·韦贤传》记载汉末哀帝时太仆王舜和中垒校尉刘歆上奏议论武帝庙曰："孝武皇帝愍中国罢劳无安宁之时，乃遣大将军、骠骑、伏波、楼船之属，南灭百粤，起七郡；北攘匈奴，降昆邪十万之众，置五属国，起朔方，以夺其肥饶之地；东伐朝鲜，起玄菟、乐浪，以断匈奴之左臂，西伐大宛，并三十六国，结乌孙，起敦煌、酒泉、张掖，以隔婼羌，裂匈奴之右臂"[77]。这是后人对武帝一个总括性的回顾，东南西北都讲到了，其中"起敦煌、酒泉、张掖"只言三郡，而唯独不及武威，亦可说明武帝时河西只上述三郡而独无武威。

证据之五：《汉书·赵充国传》载赵充国在宣帝元康之世上奏西羌事宜时回顾了以往30多年的情形。曰："……至征和五年，先零豪封煎等通使匈奴，匈奴使人至小月氏，传告诸羌曰：'汉贰师将众十余万人降匈奴。羌人为汉事苦。张掖、酒泉本我地，地肥美，可共击居之。'以此观匈奴欲与羌合，非一世也。"[78]王先谦《汉书·补注》曰："五当为三。贰师降匈奴岁余，卫律害其宠，收贰师屠以祠。玩匈奴告诸羌语当在初降时，不得在贰师死后。且征和无五年，五为三讹尤其明证"[79]。征和三年当公元前90年。按《汉书·地理志》，武威郡当匈奴休屠王地，张掖郡故匈奴昆邪王地。上引匈奴传告诸羌只言"张掖、酒泉本我地"而不及武威，亦说明武威确未建郡。

不仅武帝时期武威尚未建郡，即使至昭帝之时武威也未分立。除前引始元六年金城置郡事及《盐铁论》材料外，还有一些其他材料把武威设郡的时间推到了宣帝时期。居延汉简有载："元凤三年十月戊子朔戊子酒泉库令安国以近次兼行大守事丞步迁谓过所县河津请遣□官持□□□钱去□□取丞从事金城张掖酒泉敦煌郡乘家所占畜马二匹当传舍从者如律令 / 掾胜胡卒史广"（303.12A）。文中从东到西列出河西各郡，"金城"到"张掖"之间无"武威"，说明元凤三年（前78年）前还无武威。还有一条可以往下推的材料，就是本始二年五将军出击匈奴，"御史大夫田广明为祁连将军四万余骑出西河；度辽将军范明友三万余骑出张掖；前将军韩增三万余骑出云中；后将军赵充国为蒲类将军三万余骑出酒泉；云中太守田顺为虎牙将军三万余骑出五原。凡五将军，兵十余万骑，出塞各二千余里"[80]。此年，五将军在北线全面出击，其中范明友和赵充国当年在河西的广大区域内向匈奴进军，而文中只提到张掖、酒泉，未及武威，说明武威建郡只能在此后而不在此前。换言之，武威建郡的上限只能在本始二年之后。

武威建郡的下限有两条材料，其一《汉书·赵充国传》所载神爵元年（前61年）发兵击西羌的材料："时上已发三辅、太常徒弛刑，三河、颍川、沛郡、淮阳、汝南材官，金城、陇西、天水、安定、北地、上郡骑士、羌骑，与武威、张掖、酒泉太守各屯其郡者，合六万人矣。酒泉太守辛武贤奏言……'屯兵在武威、张掖、酒泉万骑以上，皆各羸瘦……'"[81]这是武威作为河西一郡最早与张掖、酒泉并提的材料。可见，神爵以前武威已经分地置郡，殆无疑义。其二《汉书·霍光传》载霍光死后，宣帝"乃徙光女婿度辽将军卫央卫尉平陵侯范明友为光禄勋……数月，后出光姊婿给事中光禄大夫张朔为蜀郡太守，群孙婿中郎将王汉为武威太守"[82]。《百官表》载，度辽将军范明友为光禄勋事在地节三年，此时武威已有太守，说明地节三年（前67年）为目前发现的武威置郡的最早的下限时间。

综上所论，武威置郡于宣帝本始二年至地节三年之间，即公元前72年至前67年这五年之间。

最后，有一条汉简前人曾分别引用作为武威置郡与否的关键材料，笔者拟略作辨正。简文云："地节二年六月辛卯朔丁巳，肩水候房谓长光，官以姑臧所移卒被兵本籍，为行边兵丞相史王卿治卒被兵以校阅，亭隧卒被兵皆多冒乱不相应，或易处不如本籍。今写所治亭别被兵籍并编移书到，光以籍阅具卒兵，兵即不应籍，更实定此籍，随即下所在亭，各实弩力石射步数。

令可知，赍事诣官，会月廿八日夕须以集，为丞相史王卿治事课，后不如会日者，必报，毋忽如律令" [83]（77A）。

同一条汉简，有人认为该简"记张掖肩水候官告候长核对姑臧戍卒名籍以待行边丞相史的校阅，则后来作为武威郡治的姑臧，当时尚属张掖管辖。若此时武威已置郡，则姑臧戍卒当戍于休屠而不在居延。此说如可成立，则武威置郡于地节二年以后，置郡前的姑臧原是属于张掖的一个县" [84]。而有人则认为"这条简文反映了武威设郡初张掖郡肩水候向武威郡行边丞相史交还戍卒的情形……武威分郡前居延汉简中有姑臧、鸾鸟等县在居延服役的名籍。武威郡分置，按例武威郡辖县在居延服役的兵卒应回本籍服役，肩水候官就要向行边兵丞相史办理移交手续。……如果这样分析不错，就证明武威郡设于地节二年，这年六月正在办理分郡手续" [85]。两种解释得出两种结论，大相径庭。不过两者都有前提：前者有"若此说如可成立"，后者有"如果这样分析不错"，说明关键还是对简文的理解吃不准。

上引简文出自《居延汉简合校》，与早期释文有出入。所谓"被兵本籍"的"兵"指"兵器"；"被"，当动词讲可理解为"被坚执锐"之"被"，当名词讲可理解为铠甲之类。《左传·襄公三年》有"使邓廖帅组甲三百，被练三千"。贾逵云："组甲，以组缀甲，车士服之；被练，帛也，以帛缀甲，步卒服之" [86]，因而"被兵本籍"，乃士卒配发兵器和衣甲的名籍。"治"有"整理"、"整顿"、"检查校阅"的意思。《周礼·司约》："治神之约为上，治民之约次之"。注云："治者，理其相抵冒上下之差也" [87]。简文原意是，肩水候官房将姑臧所移士卒兵器簿（被兵本籍）交给候长光，命其检查核实士卒武器是否与兵器簿记载相吻合，作好准备以待行边兵丞相史的校阅。那么上述肩水士卒的"被兵本籍"何以由姑臧所移，便成了问题的关键。敦煌汉简和居延汉简均有姑臧兵器进入河西各地的记载，说明当时河西各边戍卒配发的武器有一部分是由姑臧制造和供应的。也就是说，姑臧有一个类似于后人眼中的"兵工厂"和"军械库"，专门负责对河西各地的兵器供应。如敦煌汉简记载，"戍卒河东郡汾阳南池里耿禹，假赤循，鸠尾折"，"戍卒河东郡汾阳宜都里杜充，所假姑臧赤盾一，桂，两端小伤各一所"[88]。居延旧简有"矢铜鏃五十完□兰兰冠各一完毋勒本受姑臧完□"（38.39）。居延新简中有"武威郡姑臧别库假戍田卒兵□"（T58.55）"元康二年五月己巳朔辛卯武威库令安世别缮治卒兵姑臧敢言之酒泉太守府移丞相府书曰太守□迫卒受兵谨掖橐持与将卒长吏相助至署所毋令卒得擅道用弩射禽兽斗已前□书□三居延不遣长吏逢迎卒今东郡遣利昌侯国相力白马司空佐梁将戍卒□"（T53.63）上述简文中的兵器都与姑臧有关，尤其是后两条，都是武威置郡之后的材料，这都说明前引地节二年简与姑臧戍卒当戍本郡还是当戍居延以及武威是否置郡毫无关系。

（附记：本文承甘肃省文物考古研究所张德芳同志提供若干汉简资料。）

参考文献：

[55]《汉书·李广苏建传》第 8 本第 2451 页。

[56]《史记·河渠书》第 4 本第 1414 页。

[57]《史记·卫霍列传》第 9 本第 2945 页。

[58]《史记·大宛列传》第 10 本第 3167 页。

[59]《汉书·匈奴传》第 11 本第 3769 页。

[60]《汉书·西域传》第 12 本第 3928 页。

[61]《西北史地》1986 年第 3 期。

[62]《西北史地》1986 年第 3 期。

[63]《敦煌社会经济文献真迹释录》第 1 册第 52 页。

[64]《汉简缀述》，中华书局 1980 年版。

[65] 吴礽骧《汉代的敦煌郡》，《西北师院学报》1982 年第 2 期。

[66]《敦煌学辑刊》总第 3 册。

[67]《史记》第 4 本第 1178 页；《汉书》第 1 本第 184 页。

[68]《敦煌社会经济文献真迹释录》第 1 辑第 102 页。

[69] 原简见王国维《流沙坠简》第 108 页，中华书局 1993 年版。

[70] 见《居延汉简合校》513.23＝303.39。

[71]《西北师院学报》1982 年第 2 期。

[72]《汉书·张骞传》第 9 本第 2692 页。

[73]《居延汉简研究》第 751 页，天津古籍出版社 1986 年 5 月版。

[74]《汉书·宣帝纪》第 1 本第 224 页。

[75]《盐铁论西域第四十六》，此引马非百《盐铁论简注》第332页。

[76]《汉书·武帝纪》第1本第201页。

[77]《汉书·韦贤传》第10本第3126页。

[78]《汉书·赵充国传》第9本第2973页。

[79] 王先谦《汉书·补注》第1314页。

[80]《汉书·匈奴传》第11本第3785页。

[81]《汉书·赵充国传》第9本第2911页。

[82]《汉书·霍光金日磾传》第9本第2952页。

[83] 据《居延汉简合校》，文物出版社1987年，与前此各本有异。

[84] 陈梦家《汉简缀述》第187页，中华书局1980年版。

[85]《西北史地》1986年第3期第98页。

[86] 阮刻《十三经注疏》第1930页。

[87] 阮刻《十三经注疏》第881页。

[88] 王国维《流沙坠简》器物类。

（原载于《开发研究》1997年第3期）

略谈西汉王朝对甘肃地区的开发

  西汉时期是我国封建社会史上的第一个鼎盛时期，无论是政治、经济，还是军事、文化，都发展到了此前所空前未有的程度。正是在这种情况下，作为当时西北边疆的甘肃地区，也得到了大规模的开发，成为甘肃发展史上的黄金时代。过去，史学界已有不少文章对甘肃这一时期的情况从不同侧面作过多方面阐述，取得了令人欣喜的成果。但是，以今天甘肃行政区划为准，以空间位置为对象比较详细地叙述这段历史的文章尚属不多，而这样做是必要的。有鉴于此，本文拟在这方面作些努力。

  对甘肃的开发可以追溯得很远。大概人类一经在这里出现，为了生存和繁衍的需要，也就同时开始了对土地和其他自然资源的利用，开始了同大自然的搏斗，亦即开始了对甘肃的开发活动。中华人民共和国成立后，甘肃庆阳、平凉地区先后发现8处旧石器时代的文化遗存。其中镇原县姜家湾、寺沟口遗址属于旧石器时代中期，环县楼庄子、刘家岔、庆阳巨家源、镇原黑土梁、泾川南峪沟和桃山嘴等6处遗址属旧石器时代晚期。它们的时间大致在十几万年到三万年以前。也就是说，至少在十几万年以前，生活在上述地区的远古居民，运用粗糙的打制石器，已经开始了对他们脚下这片土地的开发利用。

  此后直到西汉以前，还有一段不能忘却的历史，就是周秦人对甘肃东部（即今泾渭流域和西汉水流域）的开发，氐、羌对洮岷河湟以及陇南地区的开发和乌孙、月氏对河西地区的开发。这是承前启后的一个段落。

一

西汉对甘肃的开发，经历了一个准备、实施和巩固的过程，这一过程的行进与整个西汉王朝的国力强弱关系密切。秦王朝灭六国，臣诸侯，统一宇内，但在今甘肃境内只有"半壁江山"，"筑长城，界中国，然西不过临洮"（《汉书·西域传》）。秦始皇严刑峻法，"力役三十倍于古"，"收泰半之赋"。经济残破，户口凋零。秦末汉初又经过了七八年的战乱动荡。所以汉高祖刘邦继位后，国力已经十分微弱。"诸侯并起，民失作业而大饥馑。凡米石五千，民相食，死者过半"；"自天子不能具醇驷，将相或乘牛车"（《汉书·食货志》）。就是当时的具体情况。在这种情况下，汉王朝无力顾及到边疆地区的开发，而唯一正确的政策只能是与民休养，恢复元气。因为当时所谓开发，不单纯是个经济活动，它必须以一系列政治措施和强大的军事力量为其先决条件。在这方面，汉初几代统治者，具有明智的战略眼光，他们采取了一系列政策措施，经过70年时间的惨淡经营，使经济繁荣、国力强盛。这就为汉武帝时期大规模的征战和开发奠定了基础，对甘肃的开发同样具有决定性意义。

那么，汉初70年，汉王朝究竟采取了哪些恢复经济的积极措施呢？首先，他们在思想上崇尚黄老之术，主张清静无为，无为而为，无为而治，成为他们治国的根本指导思想。《汉书·高后本纪》说："孝惠皇帝高后之时，黎民得离战国之苦，君臣俱欲休息乎无为，故惠帝垂拱，高后女主称制，政不出房户，天下安然，刑罚罕用，罪人是希，民务稼穑，衣食滋足。"曹参相齐时，用盖公言，以黄老术，相齐九年，齐国安集，大称贤相。后来继萧何为相国，萧规曹随，无所变更。文景时同样专修黄老，不好儒术。在当时的特定条件下，与其多所兴作，使奸吏豪猾苛剥下民，不如清静无为，听民自救。

其次，对农业的发展给予了高度重视。高祖时，"轻田租，十五而税一，量吏禄，度官用，以赋于民"（《汉书·食货志》）。惠帝即位，"减田租，复十五税一"，"举民孝弟、力田者复其身"（《汉书·惠帝纪》，文帝时，贾谊上疏，"一夫不耕，或受之饥。今背本而趋末，生之者甚少，而靡之者甚多，天下财产何得不蹶！今驱民而归之农，皆著于本，使天下各食其力，末技游食之民转而缘南亩，则蓄积足而人乐其所矣"。文帝感动，躬耕而劝百姓。晁错也曾上疏痛陈商人之所以兼并农人，农人之所以流亡的原因。建议提高粮食价格，纳粟拜爵，减轻农民的负担。景帝时多次下诏，令郡国务劝农桑，敕有司农为务。所有这些措施对恢复和发展农业起到积极作用。汉初对商业采取了有力的抑制政策。高祖时，规定商人不得衣锦绣罗绮，不得乘车骑马，而且重税以困辱之。孝惠帝高后时，市井子孙不得宦为吏。在当时自然经济占统治地位的情况下，抑制游食末作，自有其中道理。

再次，减轻赋役和刑法，也是促进经济发展的重要措施。高祖二年，蜀汉民因军事劳苦，复租税二岁，关中卒从军者复家一岁；五年，"诸侯子在关中者，复之十二岁，其归者半之。军吏卒赐爵，虽七大夫以下，皆复其身及户，勿事；八年，令吏卒从军至平城及守城邑者皆复终身勿事；十一年，诸县坚守不降反寇者复租役三岁；同年六月，令士卒从入蜀汉、关中者皆复终身；十二年，吏二千石入蜀、汉定三秦者，皆世世复。"这些政策虽然是优待性的，只限于那些紧跟刘邦打天下、对刘氏政权有功的官吏和士卒，但在一定意义上讲，同样有积极的一面。汉代初定天下，对秦朝的严刑苛法多所更改，最初是刘邦入关，与民"约法三章"，其后丞相萧何参考秦法，斟酌损益，制律九章。孝惠时，省法令妨吏民者，除挟书律。高后除三族罪，文帝时还废除妻子连坐法，减轻笞刑。《汉书·贾山传》说，当时，"平狱缓刑，天下莫不说喜"。高祖在位12年，曾九次大赦天下。孝惠、高后和文景之时，亦13次大赦天下。可见汉初70年，所谓"约法省禁"，并不是一句空言。

最后，还有两项重要措施，对后来开发甘肃更具有直接作用。一是募民实边，二是和亲匈奴。这两件事，都是由于匈奴的不时入侵引起的。北方的匈奴，几乎是同西汉的诞生同时强大起来的。公元前209年，冒顿单于射杀头曼自立后，有控弦之士30万。公元前206年，中原正是楚汉相争之际。而匈奴东破东胡，西击月氏，南并楼烦、白洋河南二王，北服浑庚、屈射、丁零、鬲昆、薪犁诸族。高祖五年（前202年），刘邦被围于山西平城的白登，几为匈奴所灭；孝惠时，匈奴致书吕后谩词侮辱；文帝三年，占据河西。随时入侵，对汉朝威胁极大。在这种情况下，汉王朝为取得一时安宁，委曲求全。采取与匈奴和亲的政策。以公主妻于单于，岁赠匈奴絮、缯、酒、米、食物，约为兄弟。从高祖九年（前198年）起，60年间，和亲一直是汉匈之间的重要政策。匈奴冒顿单于时，汉朝曾于高祖九年（前198年）、惠帝三年（前192年）和文帝元年（前179年）三次与匈奴和亲。冒顿死后老上单于时，汉朝又于文帝六年（前174年）和文帝后元二年（前162年），与匈奴两次和亲；老上单于死后军臣单于继位，汉朝又于文帝后元三年（前161年）、景帝元年（前156年）、景帝二年（前155年）和景帝五年（前152年）四次与匈奴和亲。匈奴人"逐水草迁徙，毋城廓常处耕田之业，……宽则随蓄，因射猎禽兽为生业；急则人习战功以侵伐，……利则进，不利则退，不羞遁走。苟利所在，不知礼义"（《汉书·匈奴传》）。汉与匈奴的和亲在当时对加强汉匈之间的交往，缓和边境局势有一定积极意义。但是，只解决一时之急，不能根本上制止匈奴对汉朝的侵犯。

甘肃东部（当时为陇西、北地二郡）地处匈奴边界，受匈奴残害尤为严重：

高后六年（前182年），匈奴攻寇狄道、攻阿阳（今静宁县西南），杀官屠邑靡所不为。（《甘宁青史略正编》）

高后七年（前181年），寇狄道，略二千人。（《汉书·高后纪》）

文帝三年（前177年），匈奴右贤王击走月氏，入据河西，定楼兰、乌孙、呼揭及其旁二十六国。

文帝十一年（前169年）复寇狄道。

文帝十四年（前166年）冬，老上单于十四万骑入朝那（平凉北）、肖关（今固原东南），杀北地都尉卭，虏人民畜产甚多；遂至彭阳（今镇原县东），使奇兵入烧回中官，……留塞内月余乃去。（《汉书·文帝纪》）

匈奴长期骚扰，给人民带来了无穷的灾难。引起朝廷士大夫的强烈关注。晁错上疏："臣闻汉亲以来，胡虏数入边地，小入则小利，大入则大利；高后时再入陇西，攻城屠邑，驱略畜产，其后复入陇西，杀吏卒，大寇盗，……自高后以来，陇西三困于匈奴矣，民气破伤，亡有胜意"。因此他提出了择将安边的积极主张。他说"安边境，立功名，在于良将，不可不择也"（《汉书·袁盎晁错传》）。但是当时的匈奴"或当燕代，或当上郡、北地、陇西，以候备塞之卒，卒少则入"。光有择将安边还不够。为了从根本上解决问题，晁错提出"募民实边"的主张。他认为"令远方之卒守塞，一岁而更，不知胡人之能。不如选长居者，家室田作，且以备之。……先为室屋，具田器，及募罪人及免徒复作令居之；不足，募以丁奴婢赎罪及赎奴婢欲以拜爵者；不足，乃募

80

民之欲往者。皆赐高爵，复其家，予冬夏衣，廪食，能自给而止……使远方无屯戍之事，塞下之民父子相保，亡系虏之患"（《汉书·袁盎晁错传》），他的主张作为一项御边长策，卓有见地，而得到了文帝的采纳，对日后甘肃地区的开发有着深远的影响。

与此同时，朝廷陆续采取了派将驻守、屯粮塞下、开苑养马、增修武备等一系列积极措施，使边疆和内地一样，经济社会得到发展，为进一步开拓进取准备了条件。

二

汉武帝时期是开发甘肃的重要阶段，具体可以归纳为以下几个方面：

1. 驱逐匈奴，征服氐羌

武帝时期，对匈奴发动了三次大战，取得了决定性的胜利，第一次是元朔二年（前127年）派卫青、霍去病发动河南之战，在今鄂尔多斯草原击败匈奴楼烦、白羊王收复河南地；第二次是元狩二年（前121年），骠骑将军霍去病一年三出河西，迫使匈奴右部昆邪王杀休屠王将四万余众降汉。这一仗后，"金城河西，西并南山至盐泽，空无匈奴"（《汉书·武帝纪》）。第三次是事隔两年后，卫青、霍去病又发动了漠北之战，匈奴大败，"漠南无王庭"（《汉书·匈奴传》）。三大战，匈奴远遁，基本上结束了长期以来北部边境的巨大威胁。使汉朝取得了国防上的主动。元鼎五年（前112年）先令羌与封养，牢姐种解仇结盟，与匈奴通。合兵十余万，共攻令居、安故（今临洮）、遂围枹罕（今临夏）。汉遣将军李息、郎中令徐自为将兵十万击平之。始置护羌校尉，持节统领。自此，羌人远去，依西海盐池左右，汉遂因山为塞，巩固了上述地区的防御，同时开西南夷，将白马氐人之地置武都郡，这就将甘肃现有的山川基本括入西汉的版图。

2. 设郡置县，实行有效的政治管理

上文已经说过，秦始皇时，甘肃唯陇西、北地二郡。汉初70年，因秦故地，以秦故长城为塞，在甘肃境内仍只领陇西、北地二郡。武帝时，由于大破匈奴的胜利，于元狩二年（前121年）及其稍后，先后设置了河西四郡，即武威、张掖、酒泉、敦煌。元鼎三年（前114年）又置安定、天水二郡，元鼎六年（前111年）置武都郡，加上昭帝始元六年（前81年）所置金城郡。共十郡之地，在武帝元封五年（前106年）所设十三州刺史部中，统归凉州刺史部管辖。可见，今天甘肃的行政区域，基本上仍然是两千年前汉武帝时代奠定的基础，即凉州刺史部的基本区域。《汉书·地理志》记载汉平帝元始二年（2年）凉州刺史部的情况说，当时凉州十郡有县124个，有人口150多万。中央王朝对这块土地的有效管理是汉武帝时期开始的。

3.移民实边，囤粮积谷

《汉书·地理志》说："自武威以西……其民或以关东下贫，或以报怨过当，或以悖逆无道，家属徙焉。"可见河西的人民主要是从内地迁移过去的，而大部分是流放的刑徒，比如《汉书·武帝纪》有这样两条材料，其一说"元狩五年，徙天下奸猾吏民于边"。这里虽未明指徙民于何边？但元狩二年新置武威、酒泉二郡，这里地旷人稀，正是徙民实边的重点地区。这一部分人完全可能被迁到了这里。其二说："元鼎六年，置张掖、敦煌郡，徙民以实之"。这就说得更清楚了。至于屯田主要是指军队系统，《汉书·食货志》说："武帝元鼎五年，初置张掖、酒泉郡，而上郡、朔方、西河、河西开田官，斥塞卒六十万人戍田之"，同书《西域传》说："孝武征四夷，开西域，自敦煌西至盐泽，往往起亭，而轮台、渠犁皆有田卒数百人，置使者校尉领护，以给使外国者"。可见，从河西到西域，屯田规模是极其庞大的。武帝末年，赵过的"代田法"推广到河西，河西的农业生产技术不断提高，从而使河西这样一个纯然的游牧区，从此逐步变成了农耕区。

4.修筑长城，建立严密的防御系统

早在战国时期，地处西方的秦国就在甘肃境内筑有长城，秦始皇统一天下后，又把原来的长城与先前赵国和燕国的长城衔接起来，形成北边的军事屏障。汉武帝开通河西，继承了前人做法，在新开地区曾数度大修长城，第一次是元狩年间，河西建郡，"始筑令居至酒泉"；第二次，元封三年（前108年）"酒泉列亭障至玉门"；第三次，太初三年（前102年）"使强弩都尉路博德筑居延泽上"；第四次，贰师将军李广利攻破大宛，"自敦煌西至的盐泽往往起亭"。20年间，随着军事的节节胜利，长城及其障燧系统从金城以西一直修筑到西域的盐泽（今罗布泊）。其工程之浩大，似乎不亚于秦始皇使蒙恬率30万

人北筑长城的规模。汉武帝在甘肃西部新建的这一军事系统，再配上六七十万人的戍卒，他们有警则打仗，无警则种地，有效地保卫了新开发地区的经济发展。是甘肃开发史的重要内容。

5.中西交通的开通和中西贸易的发展繁荣了甘肃的经济

武帝时期，张骞两度出使西域。特别是第二次，张骞所遣通大宛、康居、大月氏、大夏、安息、身毒、于阗及诸旁国的副使返回时，与其各国使者同来汉朝，从此西域始通。当时西域使者，一岁中多则十余，少则五六辈，中西贸易开始兴盛起来。尤其在太初四年（前101年）李广利伐大宛取得胜利后，西域震惧，使者贡献，络绎于途。中西陆路交通的开通，是中外关系史上的大事，对中西经济文化的交流具有深远影响。甘肃地处中西陆路交通孔道，受其影响是自然的。

三

汉武帝创树了前世无双的历史功绩。但在他在位的50多年"竭民财力，奢泰亡度，天下虚耗，百姓流离，物故者半"。以致到后来，"赤地数千里，或人民相食"（《汉书·夏侯胜传》）。汉初70年生聚积累，已消耗殆尽，人民饱受了征战徭役之苦。在他晚年，"深陈既往之悔"，不得不把统治政策的基点再度转向恢复民力。这就客观上决定了在他死后继位的几代君主主要是对新开发地区的经营、巩固，发展生产，繁荣经济。

前人开拓，后人守成。昭帝之后的100多年里，对甘肃地区的开发虽然没有取得武帝时期那样卓越的成就，但社会比较安定，经济稳定发展，同样取得了比较辉煌的成绩。首先是和匈奴的关系出现了新局面。宣帝本始三年（前71年），汉朝发兵15万，另有西域兵数万，共计20万众击匈奴。使匈奴受到严重打击；宣帝甘露元年（前53年），匈奴呼韩邪单于向汉朝称臣，而汉朝以客礼待之；元帝建昭三年（前36年），汉西域都护甘延寿、副校尉陈汤引军诛斩郅支单于于康居；元帝竟宁元年（前33年），昭君出塞，和亲匈奴，揭开了汉匈关系的新篇章。呼韩邪上书，"愿保卫上谷以西至敦煌，请罢边备塞卒，以休天下人民"。此后"边垂长无兵革之事"（《汉书·元帝纪》）。其次与羌人的关系也有改善。西羌曾于宣帝神爵元年（前61年）和元帝永光二年（前42年）两度起事，都曾被当时名将赵充国和冯奉世所平定。其中赵充国屯田湟中，不仅解决了军队给养，而且对金城至西宁一带的开发具有重要意义。由于对匈奴和西羌的胜利，宣帝之后，"北边……数世不见烽火之警，人民炽盛，牛马布野"。"三世无犬吠之警，黎庶无干戈之役"（《汉书·匈奴传》）。最后，农业生产得到了很大的发展。20世纪以来在河西居延和敦煌发现的三万多枚汉简主要反映了这一时期的情况，其中很多记载了河西的屯田、水利以及其他开发河西的具体材料。比如永光二年（前42年），国家"连年不收，四方咸困"（《汉书·元帝纪》），大司农调拨西北11郡农都尉屯田所储余粮接济。这11郡是敦煌、酒泉、张掖、武威、金城、陇西、天水、安定、北地、上郡、西河。其中除上郡与西河外，其余九郡都在甘肃境内。可见，当时甘肃地区的屯田，对国家的财政经济具有重要作用（《居延汉简释文》）。至于中西交通，比前更如繁荣。宣帝神爵三年（前59年）设置西域都护之后，中西交往更为频繁。中国丝绸源源不断运往西方，而西方良马、玉石以及一些农作物如苜蓿、胡豆、胡麻等传入中国，出现了"胡商贩客，日款于塞下"的繁荣景象。

四

西汉开发甘肃的历史，为我们提供了有益的启示：

第一，国家的强盛是开发甘肃的重要条件。由于甘肃地处边疆，随时受到外族的入侵，要稳定地发展经济，不仅是个充分利用人力物力的问题，而需要强大的国防力量作保证。再说，封建社会，高度集权，像西汉在甘肃境内这样大规模的开发活动，非凭借朝廷力量，地方政府是无能为力的。人民群众是一切生产活动的主体，朝廷的意志只有靠人民群众的力量才能实现。但一般情况下，人民群众的力量需要通过有效的组织和正确政策的保障，才能得以充分发挥。

第二，对外开放，中西交通的繁荣，是开发甘肃的有利因素，甘肃地处中西交通的孔道，河西更是其咽喉的所在。处在这样一个地理位置，中西交通的繁荣兴盛，不能不对这里的经济文化发生广泛的影响。商旅往来，把商品经济的新观念带进了这块古老的土地，必然使得沿途人民开阔眼界，更新观念，激发起自己的进取精神。武帝以后，甘肃地区的经济能够稳定发展，很大程度上受惠于中外贸易的发达，而东汉时期，甘肃经济发展时起时落，却与中西交通的时通时绝有直接关系。

第三，能否正确处理民族关系，是开发甘肃的又一制约因素。甘肃地区自古为多民族聚居地，民族关系的好坏，直接影响社会安定和经济建设。西汉时期，在甘肃境内最为强大的少数民族一是匈奴，二是西羌。他们处在奴隶制阶段，奴隶主贵族寇略抢夺的本性使甘肃地区总是遭到践踏蹂躏。为保持边境安宁，汉朝对匈奴采取了和亲、讨伐、安抚的不同政策。开始嫁以公主，赠以财物，不解决问题时，出兵讨伐就成为必要的了；当昆邪王率众归降时，汉朝设五属国加以安置抚绥，也不失为正确的政策。至于对西羌的四次反叛，汉朝先后派李息、赵充国、冯奉世和窦况加以镇压，但镇压的对象主要是羌族豪酋，再说其时的羌汉之间还是和睦相处的时间居多。历史上这些民族纷争的事件，性质是复杂的，古人不可能用今天的政策观点处理当时的民族事务，同样我们评论历史，也不能离开当时的具体环境，所以羌族作乱，西汉用兵，事出情理之中。正由于西汉王朝具有足够强大的军事力量，才保证了甘肃地区的开发建设，否则将是不可能的。

第四，杰出人物的作用是不可忽视的因素。每一个时代，都有历史所需要的杰出人物。西汉在开发甘肃、开发西北的过程中，同样产生了不少对历史进程发生过作用的重要人物，比如汉武帝，在开发甘肃的历史进程中，他所建树的巨大功绩，绝不是任何一个昏君庸主所能比拟的；再如张骞"凿空"以及由此而带来的中西贸易的发达，对甘肃经济的发展具有巨大影响，所以张骞之功不可没；霍去病三出河西，更是千古奇功。当时，在甘肃这块土地上也不乏优秀的子孙。他们不仅作为朝廷重臣为建立和巩固汉王朝的统治作出了贡献，而且直接、间接地为甘肃的开发尽了自己的责任。李广御边40余年，与匈奴先后70余战，在当时堪称民族英雄；赵充国安抚西羌，屯田湟中，成为一代名臣；傅介子征服楼兰，甘延寿消灭郅支。段会宗四使乌孙，成为中西交通史上的佳话。所有这些，证明了一个简单的道理：甘肃的开发建设，同样需要杰出人物的贡献。

（原载于《甘肃社会科学》1989年第4期）

近年来五凉史研究概况

五凉史，老一辈史家如陈寅恪、范文澜等早已作过不同程度的研究，而且得出了一些至今仍为学术界所公认的结论。但总的看，过去的研究，涉及的范围还不够深广，专门论著也不多，真正引起史学界重视并集中对五凉的政治、经济、军事、文化进行深入探讨却是近几年的事。1978年到现在，史学界涉足这个领域的有20多人，发表论文30多篇。这无论对河西地方史的研究，还是对十六国历史的全面探讨，都是十分有意义的，兹将有关问题综述如下：

前凉研究

前凉是十六国时期建立最早、时间最久的一个汉人政权。从301年张轨出牧河西到376年被前秦所灭，历时76年。强盛时"南逾河湟，东至秦陇，西包葱岭，北暨居延"，对祖国历史有一定贡献。对前凉史的研究，近年来发表文章十多篇。集中讨论了以下诸问题：

1. 前凉的政权性质

前凉是西晋政权的残留部分还是一个割据政权？尊奉晋室，是前凉的一条重要的政治策略。这是大家一致的看法。但问题的焦点在于实行这种策略的目的是割据自保呢，还是为了维护西晋的统一？齐陈骏的《略论张轨和前凉张氏政权》基本维护了范老过去的观点，认为不应当把前凉政权同十六国中其他少数族贵族建立的政权一样看待。前凉政权尤其是张轨到张骏这段时间，只能是西晋政权的残留，而不是割据政权。首先，张轨作为凉州刺史时，同其他18个刺史一样，政权不是独立的。其次，张轨尽心晋室，尽力维持了晋室的统一。河间王、成都王变乱之时，张轨派兵三千，入援洛阳，支持了西晋政权；陇西太守韩稚擅杀了秦州刺史张辅，张轨发兵进讨，收降韩稚，维护了国家的统一；王弥进逼洛阳，张轨也派出勤王之师；京师乏粮，张轨贡马五百，毯布三万匹，并且"遣使贡献，岁时不替"。愍帝继位，张轨又派张寔、宋配率军七万，支持了长安的西晋政权；张轨临死时，还留下了"文武将佐，咸当弘尽忠规，务安百姓，上思报国，下以宁家"的遗嘱。这都说明他尽心晋室，自始至终就没有割据一方的打算。不仅张轨如此，就是张寔、张茂、张骏统治时期，也不应当把它同一些割据政权一例看待，他们不仅在职位上争取有合法的外形，而且在处理军政大事上，也是把维护晋室放在首位的。愍帝长安被围，张寔曾两次出兵援救。张茂临死时，要张骏"谨守人臣之节，无或失坠"；张骏统治时，张氏政权虽已发展到最盛时期，但他仍然遥尊晋室，不惜向成汉称藩纳贡，假道巴蜀，取得与东晋政权的联系。所以，张骏以前的河西政权也不是割据政权。要说割据，只能从张重华改元算起。齐文还进一步认为，在当时民族矛盾上升的情况下，张氏维护晋室，并以此作为政治号召，反映了广大汉族人民反抗少数族贵族残暴统治的正义要求，深得中原和河西人民的拥护，这对张氏稳定地统治河西，关系极大。赵向群的《前凉政权的兴替》则持相反的观点。认为，尊奉晋室作为前凉的基本国策，贯穿于其统治的始末，这是借"尊王攘夷"的旗号，换取凉州民心，从而达到割据图存的目的。所以，它的遥尊晋室，乃是一种手段。无论张氏的主观动机如何，西晋亡国后，前凉的割据局面事实上已经形成。时间上，基本与东晋割据江南相一致。张寔以后的"尊晋"，只是弱小割据政权的一种权变外交。特别是建康与凉州驿路被阻绝的形势下，"尊晋"更带象征意味。但他又同时认为，前凉肇基时是西晋的地方政权之一，它的统治者从西晋统治集团中派生出来，不同于经过武装反晋后割据称雄的前赵等政权。这些特点，也决定了在它割据之后与司马氏集团若即若离的同盟关系。

2.前凉历史的起讫年代

由于上述第一个问题的争论，随之引起了第二个问题的分歧，产生了对前凉起讫时间的不同划分。赵向群主张从301年张轨出牧河西算起到376年灭于前秦，历九主76年。并将其分为三个时期：张轨十三年（301—313年）是奠基时期；张寔、张茂、张骏、张重华共四十年（314—353年）是割据政权形成并进入强盛时期；张耀灵、张祚、张玄靓、张天锡共二十三年（354—376年）是衰亡时期。齐陈骏从346年张重华称"假凉王"作为一个割据政权算起，到376年灭亡，共六主30年。黎尚诚的《前凉史实述论》则主张，张轨作为晋室的一个州刺史治凉时期，不能视为前凉政权已经开始，而只能从314年张寔继位，前凉形成一个割据政权算起，到376年，传四代八主，享国63年。在这个问题上，不管分歧如何，以下三点是公认的事实：（1）把前凉史作为一个整体来研究，不能不把301年张轨出牧河西作为起点；（2）张轨是前凉政权的奠基者，他统治时期，自然是前凉政权的奠基时期，所以这一时期，不能不是前凉历史的组成部分；（3）张骏之前，是前凉的兴盛阶段，张骏之后，是前凉政权的衰落直到灭亡阶段，这是当时的历史事实。

3. 前凉政权与西州大姓

对这个问题，学界一致认为，前凉政权的另一个引人注目的政治措施就是注意联合和团结了西州大姓。张轨以"宋配、阴充、氾瑗、阴澹为股肱谋主"。张氏的其他后继者也都注意笼络河西大姓。除了上述望族外，敦煌"累世官家"的索氏、令狐氏、张氏及陇西辛氏、晋昌张氏、武威贾氏等都曾在张氏政权中显居要职，掌握朝政。所以，河西大姓的支持是张氏稳固政权的重要条件。赵向群的文章还进一步认为，前凉政权对河西大姓除了拉拢依靠的一面，还有抑制镇压的一面。308年，凉州大姓张越、张镇兄弟拉拢西平太守曹祛发动叛乱，张轨予以坚决镇压；事后五年，金城豪门曲儒在酒泉与秦州刺史裴苞呼应，兴兵作乱，后遭张氏诛杀，"元恶"600余家被强行发徙。张寔被刘弘等人刺杀，张茂继位后尽夷叛党数百人。大族贾摹势倾西土，最后被张氏诱杀。这都说明，凡是对前凉有危害的大族，张氏是毫不留情的。

4. 军事战略

余尧的《五凉史实述略》和上述黎尚诚的文章都认为，张氏之所以能够割据自保，还采取了对外来侵扰的坚决抵抗政策，305年，前凉抵抗了若罗拔能十万大军的入侵；323年，阻挡了刘曜的二十万军队；346—347年，与石虎部将麻秋，在金城、枹罕的大战都对前凉的存亡有着决定性的作用。齐陈骏则认为，前凉之所以能够维持较长时间，是因为它在军事上采取和战屈伸的两手策略。具体说，就是当中原各少数族贵族相互火并的时候，就乘机进取，扩大自己的势力；当中原出现了比较大的少数族政权时，则力求保住自己的地盘；在战争失败后，向人称藩纳贡，以求减轻外来的压力，稳定境内的统治。张氏除了抵抗侵略、乘机进取外，还对前赵、后赵、前秦等"称藩纳贡"，就说明了这一点。

5. 前凉经济和文化

前凉重视经济、文化的发展，各家文章都有不同程度的论述。张轨劝"课农桑"，铸造五铢钱，改变了魏晋以来布帛代替货币的情况，促进了商品经济的发展。张寔罢修灵钧台，省免了大量劳役；张骏"亲耕籍田"，鼓励农桑；张重华"轻赋敛、除关税、省园囿，以恤贫穷"，都是统治者注意经济发展的具体事例。至于它的发展程度如何，有的文章主要从郡县的增设，人口的增加来说明；有的则从中西交通的畅通、商业贸易的繁盛来说明，指出：在张骏时期，前凉疆域扩大，西诚诸国献汗血马、火浣布、封牛、孔雀、巨象及诸珍异之品200余种，商品贸易比较发达。

在文化方面，前凉也有一定贡献。张轨出身儒学世家，出牧凉州后征九郡胄子500人，立学校，设崇文祭酒，行乡射之礼。此外，私人讲学风气很盛，敦煌人宋纤隐居酒泉南山，弟子受业3000余人；酒泉人祁嘉，教授门徒百余人，后被张重华征为儒林祭酒，在朝卿士、郡县令受业者多达2000余人；还有陈留洛阳人江琼避乱河西，精治训诂文字之说，"世传家业"，收藏经史诸子1000余卷。所有这些，不仅保持了中原的儒学传统，并影响到北魏以至隋唐。有的文章还指出，前凉对佛教的传播也起过较大作用，北魏佛教昌盛，可溯源于此。

后凉研究

专门研究后凉的文章不多，其中黎尚诚的《后凉史实述论》考察了氐人的历史源流，指出早在殷商时代，氐人已经活跃在中国历史的舞台上，但在古代典籍中，氐与羌并称，说明氐族是羌族的一个分支。到两汉时期，氐族活动在今四川东北、甘肃东南、陕西西南一带的广大区域，汉化程度较深。此外，黎文还考察了吕光的家世出身、远征西域及所建后凉政权的始末。认为"吕光供前秦军资，用暴力夺人亡国，取之易，故不恤人民，从而失之也易"。吕氏时期，内政腐败，干戈频动，造成了河西历史上的残酷战乱，可以说是河西开发史上的一段曲折。但他还认为，吕光作为一个历史人物，堪称氐族史上的英雄。他远征西域的胜利，传播中原文化，迎来鸠摩罗什，在中西文化交流史上做出了一定的贡献。他建立的后凉，把氐族人民引入河西，对河西诸民族的相互融合有贡献。

齐陈骏、郭锋的《氐人吕光和他的后凉政权》则对后凉历史作了完全否定的评价，认为吕氏在政治上既没有打出足以号召河西汉族士人民人的旗帜，又不能团结少数民族，专靠残酷杀戮和严刑重宪，失去了河西汉族和少数民族人民的支持；在经济上破坏了农业生产，造成了极大的经济困难。吕氏没有制订过发展农业的法令，还把西海郡人口全部迁往外地，致使居延这一汉以来的大屯田区遭到彻底破坏，结果姑臧城内"百姓嗷然无糊口之寄"，"斗直钱五千文，人相食，饿死者十余万口，城门昼闭，樵采路绝"，日求为奴婢者数百人。在文化上也毫无建树，吕光"不乐读书，唯好鹰马"，一些有名望的河西士人如刘昞、宋繇、阚骃、宋钦在西凉、北凉时能被礼而用之，而在后凉却不能见用。西域高僧鸠摩罗什在凉州生活18年，伴随了吕氏政权的始终，同是一个鸠摩罗什，后凉时只能偶语术事或与吕纂下下围棋，到吕氏败亡进入长安后，却被姚兴尊为国师，带领学生僧睿、僧肇百余人，翻译佛经234卷，成为当时最著名的佛经翻译家。吕氏父子只凭武力统治而不重视文化，必然使后凉政权成为一个愚昧落后、野蛮残暴的统治机构。所以，后凉政权的统治，是对河西历史的一次反动。

南凉研究

南凉为鲜卑秃发乌孤所建，397—414年，历时18年。施光明的《论凉州之乱》，着重考察叙述了西晋泰始六年（270年），鲜卑秃发部发动的为时十年的"凉州之变"。可视为秃发南凉的早期史。他认为，"凉州之变"拉开了西晋末年北方各族人民反晋斗争的序幕，对历史发展的进程产生了重大影响。就其性质来说，既是一场反抗西晋民族压迫的民族斗争，又是一场反抗西晋封建压迫的阶级斗争。它的作用在于加速了民族融合的步伐；体现了中华民族敢于反抗封建压迫的光荣传统；沉重打击了西晋王朝的封建统治。赵向群的《秃发南凉始末》一文则认为，"凉州之变"虽带有反抗西晋民族压迫的性质，也有助于民族的融合，但鲜卑兵攻城略地、强迫人口迁徙，对河西地区的社会经济带来一定破坏。赵文还着重考察了鲜卑秃发部的形成、南凉政权兴亡的经过，指出：国力弱小，难与强邻抗衡，再加上尖锐的阶级矛盾和民族矛盾，是它灭亡的基本原因。

北凉研究

北凉为卢水胡人沮渠蒙逊所建，397—439年，包括段业四年，共43年。另北魏灭北凉后，沮渠无讳和沮渠安周西逃高昌，建立政权，到463年灭于柔然，可看作沮渠氏的残留政权。近年来对北凉的研究，较集中的是卢水胡的族源问题和北凉文化包括儒教及佛教的发展、传播和影响问题。

1. 卢水胡的居地和族源

这个问题历来在学术界存在着争论。《晋书》《宋书》《魏书》等史籍记载，北凉沮渠氏为张掖临松卢水胡人，祖上为匈奴沮渠官。至于它的族源问题，则史无明载。

过去，周一良《北朝的民族问题和民族政策》一文认为，卢水即今西宁南的卢溪水，这是卢水胡的最早所在地。这里曾是小月氏之地，所以卢水胡可能和小月氏有关，唐长孺的《魏晋杂胡考》亦持此种观点。姚薇元《北朝胡姓考·羯族诸姓》则进一步认为"卢水胡实即月氏胡之别名"，不过，姚文认为卢水并不是西宁西南的卢溪水，而是张掖的黑河，水黑曰卢，故卢水即黑河。

马长寿在《北狄与匈奴》一书中认为卢水胡是杂胡，是居于卢水的一些部落组成的，其主要成分是匈奴；卢水即弱水，卢水胡的发源地就在张掖弱水，后世称黑河。林干1979年出版的《匈奴史》一书，对匈奴说作了进一步论证，认为，沮渠一官向由匈奴贵族所担任，他族任此官的，史书上尚未见过。至于《后汉书·南匈奴传》中所说的异姓大臣，只是不属于单于所属虚连题氏的族氏，但乃属匈奴贵族，否则就不可能担任沮渠这样的高官显职，因此，卢水胡可以推断为匈奴族的一支。

近年来发表的几篇有关北凉的文章，也都涉及了这个问题。其中肖化的《略谈卢水胡的族源》一文认为，卢水胡因世居卢水而得名，因此首先应弄清卢水究竟在何处。北凉主沮渠蒙逊系张掖临松人，卢水当在张掖境无疑。根据《谱略》记载，黑水上游有支流曰沮渠水。水黑曰卢，沮渠水既是黑水的支流，故也可称作卢水。所以以临松郡治（今民乐南古）为中心的黑河上游地区，是卢水胡的重要一支——沮渠氏的最初聚居地，也即卢水胡的最早居地。弄清卢水胡的最初聚居地历史上的部族情况，是探明卢水胡族源的前提。张掖黑河上游地区，自西汉初叶就有匈奴、羌、小月氏诸族于一体的杂胡，但其中占统治地位的部族，则是匈奴族。黎尚诚的《北凉简论》一文亦持此观点。余尧的《五凉史实述略》则更倾向于匈奴说。

王宗维的《汉代卢水胡的族名与居地问题》则全面否定了上述观点，他认为卢水胡的"卢水"，既不在西宁西南，亦不在张掖境内，而是武威郡姑臧附近的谷水。谷水的"谷"，应读鹿或卢、奴，不读"ɡu"，《史记》集解引服虔曰："谷，音鹿"。《汉书》颜师古注音同。可见，谷，汉代又可读为鹿。霍去病出兵河西"率戎士，逾乌鳌、讨速濮、涉狐奴"。此狐奴河即姑臧河北流之谷水，霍去病在奏书中译为狐奴水，上谕因之，后来译音省去词头，就成奴水。《地理志》译为谷水，读鹿水，鹿与卢同音，官方文书上写作谷水，民间仍称奴水，又译为卢水。卢水就是谷水，卢水胡就是居住在谷水上游地区的一个部落。它既不是月氏人，也不是匈奴人，而是杂胡。汉初居于姑臧境内的谷水、汉武元鼎以后，向西迁徙至显美（今永昌境内）。东汉初年，卢水胡分出一支迁徙湟中，其余仍在显美，直到曹魏黄初初年，张既镇压卢水胡反抗，斩首生俘者以数万，余众逃入南山，离开显美。100多年之后，沮渠蒙逊的祖父辈才出山为官，以至建立北凉政权。王文还认为，卢水胡在西汉以后形成杂胡，魏晋以后又吸收了更复杂的民族成分，分布地区也比较广泛，在这种情况下，依此来探讨卢水胡的族源，已不可能了。

2.北凉的文化及其影响

林干的《沮渠北凉略论》除对沮渠氏的兴起以及北凉政权的始末进行了考察外，还专门论述了北凉衣冠人物和文化对北魏的影响。林文认为，北凉儒士阚骃、张湛、刘昞、索敞、阴兴、宗钦、赵柔、程骏、程弘等人在北魏灭北凉时，被迁至平城，太武帝俱礼用之。北凉的天文历法、音乐、佛教对北魏也广有影响。北魏初入中原（398年）用杨伟所造《景初历》，太武帝灭北凉后，得赵匪攴所造《玄始历》，时人以为精密，遂于文成帝兴安元年（452年）采取实行，替代了《景初历》。魏氏平凉以前，获晋乐器，不知采用，皆委弃之，及平河西，得沮渠蒙逊之伎，宾嘉大礼，皆杂用焉。吕光、沮渠蒙逊据凉时，变龟兹乐为"秦汉伎"，太武既平河西，谓之"西凉"乐。对沮渠蒙逊的伶人器服，择而存之。北凉时，统治者笃信佛法，多所皈依。佛寺佛塔林立，僧徒众多，还翻译了不少经典。北魏克姑臧、僧徒和经卷被迁往平城，对原来就盛行佛教的北魏，自然影响很大。

杜斗城的《北凉佛教简论》和他与董玉祥的《北凉佛教与河西诸石窟的关系》等文，从考古文物和文献记载等方面，专门考察了北凉的佛教及其影响。认为北凉佛教的发展是我国佛教史上的重要时期，对后世的影响极大。北凉佛教的兴盛，主要表现在译经、建塔和开凿石窟等方面。北凉统治者集中了很多高僧和译经家，组织了规模庞大的译场，翻译了不少重要的佛典。天竺僧人昙无谶译经11部，140多卷，其中《大般涅槃经》的翻译问世是佛教史上一件极其重要的事件。另外，《菩萨戒本》的翻译，对大乘佛教在河西的传播起了重要作用。杜文还认为，在河西走廊绵延千里的祁连山境内及其周围的群山中，分布着大小十数处石窟群，如安西榆林窟、玉门昌马、酒泉文殊山、肃南金塔寺以及武威天梯山等，就其洞窟形制、造像题材及内容风格等方面分析，很可能属于同一时期，约在北凉时代。麦积山、炳灵寺和上述河西诸石窟的关系密切，把它们联系起来的一个重要人物，是曾活动于西秦、北凉和北魏佛坛要人玄高。北魏灭北凉，"沙门佛事皆俱东"，中国北部的佛教中心移到了平城，凉州僧人昙曜去北魏后还主持修造了云冈最早的一批石窟。这都说明了北凉对北魏曾产生过极大影响。

西凉研究

西凉，400年建国，420年亡于北凉，享国21年，是十六国当中仅有的三个汉人政权之一。黎尚诚的《西凉略论》详细考察了李氏西凉政权的始末以及西凉在河西发展史上的历史地位。他认为，李嵩建国，守境自保，在当时时局动荡的情况下，具有积极意义。李嵩"息兵按甲，务农养士"屯田于玉门阳关一带，安置流人二万余户，十万余口，这是敦煌地区发展史上划时代的历史事件。同时还兴办学校、倡导儒学，推动了这一地区的文化发展。李氏以弹丸之地竟能立国20余年，对敦煌地区的开发和维持河西交通做出了贡献，应该肯定。至于败亡的原因则主要是国力弱小，只有守土之力，没有进取之势。李军的《西凉大姓略考》专门考察了西凉政权人员的组成成分。公元400年，李嵩建立西凉，设置百官，拜封21名军政官僚组成中央和地方统治机构。李文根据对这些官僚身世及族姓渊源的考察指出，当时在西凉政权中身居要职的宋氏、汜氏、阴氏、张氏、李氏、裴氏，都是敦煌一带的望族，尹氏、赵氏是天水一带的大姓，他们大多在魏晋时就已定居河西，左右着河西地区的政治形势，他们的向背，往往是一个政权成败的决定性因素。吕光末年，凉州大乱，各少数族贵族乘机割据，先后建立了秃发南凉、沮渠北凉和乞伏西秦。在河西大姓看来，这些少数族贵族政权都不能代表世家大族的利益，需要有汉人地主掌握的政权来代表他们，而李嵩正是他们推举的政治代表。也正是因为这个原因，敦煌大姓在西凉政权中占有决定一切的地位。西凉灭亡后，西州大姓并没有因政权的更替而削弱，在后世政权中仍然保持着自己的特殊地位。甚至到了隋唐，河西某些大姓还发生过很大作用。

五凉通论

在五个凉国分别研究的基础上，近年来还发表了一些通论五凉政治、经济、文化等方面的文章。其中武守志的《五凉政权与西州大姓》着重讨论了五凉政权与世家大族的关系问题，认为，五凉政权作为阶级统治的权力，正是经济上占统治地位的西州大姓的权力。前凉张轨得到了西州大姓的支持，很快称霸河西；陇西李氏与敦煌宋氏这两大家族的结合，是西凉政权由以建立的政治基础；此外，三个少数族贵族建立的政权，河西大姓也多典机要。南凉秃发乌孤迁都乐都后，任用了一大批豪门望族人物"内居显位、外宰郡县"。北凉沮渠蒙逊也很懂得争取当地高门世族支持的重要性。至于后凉也有不少望族人物做官。另外，五凉统治者和西州大姓之间又常常存在着尖锐的矛盾，对这一矛盾的处理，又往往是影响政权兴衰的重要因素。他还认为，西州大姓这一特殊历史阶段中的中国西部的世族地主阶级各集团，在五凉政权来去匆匆的更替中，保存有自己独特的生活方式。所以十六国时期130多年，尽管河西五凉旋生旋灭，但西州大姓却得以绵延不绝。

另外，武守志的《五凉时期的河西经济》，探讨了五凉时期河西开发的历史趋势。他认为汉代对河西的开发具有政治性、内向性、单一性的特点，这种趋势影响了以后的河西经济的发展，五凉经济状况，就是这一趋势演进的结果。政治是经济的集中表现，既然西州大姓是支配五凉政权的政治势力，那么他们也就同时支配了当时的经济。从发展进程看，河西经济在前凉时基本是上升的，到后凉遭到严重破坏，但时间不长，到西凉北凉时又得到缓慢发展，所以在五凉时期，河西经济显示出一种迂回发展、缓慢上升的状态。

施光明的《略论十六国时期凉州地区的文化教育》《五凉政权"崇尚文教"及其影响述论》着重探讨了五凉时期的文化及其影响。认为五凉政权不仅重视教育，而且十分重视知识分子的作用，因此出现了一大批文人学者和较有影响的著述，对后来的北魏产生了一定影响。影响之一，是凉州学者在教育、整理古籍、修史方面的工作开启了北魏一代儒风；之二是北魏的礼乐制度，是在凉州学者的参与下制定的，从而打上了凉州文化的烙印；之三是北魏官制律令的制定也渗入了五凉文化的成分。此外，施文还探讨了五凉文化发展的原因。认为，首先，统治阶级重视文化、发展教育。建立学校，大胆使用知识分子并注意发挥其作用；鼓励学者进行学术研究；加强南北文化交流。其次，凉州地区政治上相对稳定，经济上逐步发展，为文化教育事业的发展提供了良好的社会环境和物质基础。最后，河西地区特殊的地理位置，地处西陲、离内地较远，汉魏以来中原地区的腐化奢侈之风影响较小，同时，凉州又处在中西文化交流的中心点，有利于吸收他人的文化成果；再者，发达的关中文化对之也发生了影响。

总之，在过去已有成果的基础上，经过近几年的努力，五凉史研究又取得了新成绩。但有些课题，如魏晋玄学对五凉文化的影响，五凉时期河西地区的民族融合以及把五凉史作为北中国十六国历史的整体进行综合研究和比较研究还未曾有人涉及，今后将朝着这方面深入。

参考文献：

齐陈骏：《略论张轨和前凉张氏政权》，《兰州大学学报》1981 年第 3 期。

赵向群：《前凉政权的兴替》，《西北师院学报》1983 年第 3 期。

黎尚诚：《前凉史实述论》，《西北史地》1984 年第 3 期。

余尧：《五凉史实述略》，《甘肃师大学报》1981 年第 3 期。

齐陈骏、郭锋：《氐人吕光和他的后凉政权》，《西北史地》1985 年第 1 期。

黎尚诚：《后凉史事述略——兼述氐族文化渊源》，《天水师专学报》1984 年第 2 期。

蒋福亚：《吕光西征》，《丝路访古》，甘肃人民出版社，1983 年 4 月版。

施光明：《论凉州之乱》，《社会科学》1984 年第 2 期。

文晓：《"凉州之变"后的秃发氏》，《社会科学》1984 年第 2 期。

赵向群：《秃发南凉始末》，《西北师院学报》1985 年第 1 期。

司俊：《略述南凉对甘青的开发》，《开发研究》1986 年第 3 期。

唐长孺：《魏晋杂胡考》，《魏晋南北朝史论丛》，北京三联书店 1955 年版。

周一良：《北朝的民族问题与民族政策》，《魏晋南北朝史论集》，北京中华书局 1963 年版。

姚薇元：《北朝胡姓考·羯族诸姓》，北京中华书局 1962 年版。

马长寿：《北狄与匈奴》，北京三联书店 1962 年版。

林干：《匈奴史》，内蒙古人民出版社 1979 年版。

肖化：《略谈卢水胡的族源》，《甘肃师大学报》1983 年第 2 期。

王宗维：《汉代卢水胡的族名和居地问题》，《西北史地》1985 年第 1 期。

林干：《沮渠北凉略论》，《西北史地》1984 年第 1 期。

黎尚诚：《北凉简论》，《西北民院学报》1984 年第 2 期。

杜斗城：《北凉佛教简论》，《兰州大学学报》1983 年古代史研究集刊。

董玉祥、杜斗城：《北凉佛教与河西诸石窟的关系》，《敦煌研究》1986 年第 1 期。

黎尚诚：《西凉略论》，《甘肃民族研究》1985 年第 1 期。

李军：《西凉大姓略考》，《兰州大学学报》1983 年第 3 期。

江波：《李嵩和刘昞谈西凉文化发展的原因及其特点》，《社会科学》1986 年第 6 期。

武守志：《五凉政权与西州大姓》，《西北师院学报》1985 年第 4 期。

武守志：《五凉时期的河西经济》，《西北史地》1985 年第 4 期。

施光明：《略论十六国时期凉州地区的文化教育》，《兰州学刊》1984 年第 2 期。

施光明：《五凉政权"崇尚文教"及其影响述论》，《兰州学刊》1985 年第 6 期。

黎尚诚：《五凉时期的河西文化》，《西北师院学报》1985 年第 3 期。

（原载于《甘肃社会科学》1986 年第 5 期）

略论清代甘肃的田赋

所谓田赋，就是封建国家按亩抽收的土地税。在自给自足、以农为本的封建经济中，它是财政收入的大宗。研究地方史，不得不注意到财政；而要研究财政，就不得不注意到田赋。因此，本文就清代甘肃的田赋作一些探讨，以求匡正于地方史研究者。

一

清代甘肃的土地，按大类划分有三：一曰民田，二曰屯田，三曰官田。

民田，就是地主、牧主（土司）和自耕农拥有的直接向国家提供赋税的土地。其中包括民赋田、更名田、番地、土司地、监牧地等等。从历史渊源看，民赋田就是田主从明代就承继下来的土地；更名田是清王朝把接受过来的明代藩王田产"给予原佃种之人""永为世业"；土司地，顾名思义，是土司拥有的土地，只是在元、明时期，土司进贡方物，而不交纳田赋，清代的土司地却作为民田起科了；监牧地是自北宋以来在甘设立的苑马监牧场，明代时数量极大，分布于平凉、宁夏、陇南、西宁、河西等地，由当时专管马政的陕西行太仆寺（亦设在甘肃平凉）和甘肃行太仆寺以及下设的苑马寺、苑马监等机构管理。满人入关，马匹不再仰仗西北，遂于康熙三年（1664年）废除苑监，辟为耕地，因之成为民田的一部分。这些不同名色的土地，除民赋田外，其余更名田、土司地、监牧地等是清初统治者对甘肃田制和赋税所作的调整。这种调整，增加了土田数量，扭转了清初由于战乱引起的土地减少、财政竭蹶的危机局面。

屯田，是自汉代以来历代封建王朝在边疆实行的一种特殊的土地制度。清初，先是卫所屯田，主要是解决军户的口食问题，名曰军屯。后来，为了开发边疆，继而实行了商屯和民屯。商屯由商人承包，民屯则由官府直接管理。屯丁交纳屯租，要高于民赋数倍。譬如在河西，招徕民人的办法是官借牛具籽种，秋后收获官四民六或官民对半[1]。当时，甘肃的屯田数目极大。雍正二年（1724年），全省耕地217601.28顷，而屯田竟达99894.65顷，占全省总耕地面积的45.9%[2]。由于屯租过高，影响了屯丁的生产热情，至乾隆末年，清政府将大部分屯田按民地起科纳粮，并出现了私相买卖的情况。因此，这部分土地已经不是原来意义上的"屯田"，已与民田无别。所以，清代的屯田，含义上包括两层意思：一层是指那种由专门的屯田机构管理，屯丁交纳屯租的土地，属于国家所有，不得买卖；一层是乾隆以后改屯升科按民田纳粮的土地。前者属于"道地"的屯田，本文不拟论列；而后者，实际上已经成为民田，不再是真正意义上的"屯田"。本文将与前述民田一项一例作为讨论的对象。

至于官田，也叫公田，包括学田、祭田、耤田、马厂地等。这些土地数量少，而且有专门用途，如学租专供救济贫苦生员，祭租专供祭祀之用，不向国家交纳赋税，本文亦不论列。

二

终清之世，田赋政策有过几度较大变化。可分为三个时期：第一个时期，清初顺治朝，是田赋政策的奠基时期，主要内容包括免除明末的三饷加派，制定《赋役全书》；第二个时期，康熙雍正朝，是改革完善时期，主要内容有"滋生人丁，永不加赋"、"地丁合一"和"火耗归公"，第三个时期是左宗棠督甘期间，由于田制相沿已久，弊窦丛生，左氏力图消除积弊、振刷革新，可称为在原有基础上的整顿时期，主要内容是清丈地亩、划一税则。

清初奠基时期

1644年，满族以东方少数族入主中原，基业未稳，百端待举，同时，面临着农民起义军的反抗和明朝臣民的抵御。在这种形势下，究竟采取"横征暴敛"的办法，还是采取"轻徭薄赋"的办法更有利于统治者本身呢？较为明智的清初统治者，选择了后者。明末时，统治阶级强加在农民身上的三饷就达2000万两之多，为当时正供1460万两的一倍多，民不堪命，怨声载道。李自成登高一呼，千百万农民群起响应，明朝统治者无可奈何地走进了自己为自己掘好的坟墓，200多年的皇统国祚只好就此作罢。清军入关后，鉴于明朝的教训，摄政王多尔衮立刻发出诏令，废除前朝弊政。他说："前朝弊政，厉民最甚者，莫如加派辽饷，以致民穷盗起。再如各地抽练而复加练饷，数倍正供，苦累小民。剔脂刮髓，远者二十余年，近者十余年，天下嗷嗷，朝不及夕。更有召买粮料，名为当官平市，实则计亩加征，……明是三饷之外，重增一倍催科，巧取殃民，尤为秕政……自顺治元年为始，凡正供之外，一切加派，如辽饷、剿饷、练饷及召买米豆尽行蠲免"[3]。这样做，目的在于"使力农者少钱粮之苦，而从逆之心自消"[4]，一方面招徕流亡，恢复民力，为日后的剥削创造条件，有长远的经济意义；另一方面，笼络人心，把流散的农民吸引到土地上，消弭反抗势力，有着更为现实的政治意义。

顺治三年（1646年），清廷修订《赋役全书》，十一年（1654年）告成，这是清代征收赋税的基本依据。《赋役全书》规定，明万历年间三饷加派之前的原额作为正供；凡赋粮以地土肥瘠和人丁贫富为差；赋皆以银，粮则米豆麦草，根据生产不同而定；全书总载地亩人丁赋税总额以及荒亡开垦招徕之数作为依据；十六岁以上成丁登记，六十岁以上除名，赋随丁起[5]。现在甘肃省图书馆收藏的《赋役全书》二十一部，都是道咸两朝的，后来历朝都有修订，但就其基调还是上述精神，刷新之处只是重新核定地亩人丁，按土地人口的增减有所变化而已。

从多尔衮的诏令和《赋役全书》的基本精神看，清初确实废除了三饷加派，这是清初的赋役制度不同于明末的最大特点。但是到顺治末年，加增的情况又有发生。近年出版的《清代档案史料丛编》第一辑，辑录了清代顺治时陕西巡抚张瑃的一个题本，其中反映顺治十八年，依照明例，每亩一分加派练饷的情况。当时户部下文，要求"按亩于拾捌年为始，文到之日，速为派征"。限期"于文到两个月内，具题报完"，逾期不完者，督抚和经管各官"交吏部从重议处"。张瑃说："查得秦地辽阔，倍于别省。今练饷严限文到两月通完，但临、巩等府、甘、肃等镇距省叁式千里不等，及至彼处奉文派征，就已逾月矣！”这是段残缺的史料，但从保留的文字看，限期竣急，无法完成。张琦想变通，将所征练饷就地拨充军饷，可望按时完成，免遭议处。至于这次加征的具体情况，以及持续的时间长短，材料阙如，尚难判断，但加增却是事实。所以，封建制度下的所谓“固定赋额、废除加派”，只是暂时的，不可能长久不变。尽管如此，轻徭薄赋仍是顺治时期赋税政策的主要方面，其中的田赋政策是贯彻了这一精神的。

改革完善时期

康熙是个雄才大略、功勋卓著的历史人物。他君临天下61年，使清代政治、经济、军事、国防都进入了空前强大的时期。这种情况下，田赋制度的改革已经具备了应有的客观基础。康熙五十一年（1712年）发出诏谕，“盛世滋丁，永不加赋”，以康熙五十年（1711年）的人丁数额为准、把丁银固定下来。这一改革，减轻了地少丁多而在总人口比重中占绝大多数的农民的负担，是一项进步性措施。这里虽然只涉及丁银，似与本文主旨无关，但其后发生的“地丁合一”是田赋史上的重大改革，而丁额的固定是地丁合一的前奏。前者是后者的基础，后者是前者的发展，二者密切相关。到雍正元年，朝廷正式下令“摊丁入亩”。甘肃实行于雍正五年，且以康熙五十七年的户口为准，每丁征银二钱。可以看出，甘肃地方当局在执行上述政策时打了很大折扣，比朝廷下令晚办了四年且不说，并将户口丁额的时限拉长了七年（本应以康熙五十年的丁额为准，甘肃却以五十七年为准），七年中增添的丁口，不该承担丁银的亦照例承担。

雍正五年摊丁入亩时，甘肃摊入地亩的丁银为61904.33两，按人丁二钱算，丁额为309520多人。还有遇闰加征银2433.74两。甘肃粮册，向分河东、河西，二者科则不同。河东包括兰、巩、平、庆四府，秦、阶、泾、固、化等五州、厅，粮轻丁多，每银一两摊丁银0.1593两，遇闰加征为0.1748两；河西包括甘、凉、宁、西四府和安、肃二州，粮重丁少，每银一两摊丁银0.0106两，遇闰不加。自此，田赋和丁银合而为一，常以“地丁”并称。这一政策的实施，可以使地多丁少的富户多承担一些丁银，而使那些丁多地少或完全无地的农民少承担或不承担丁银，使税捐的负担趋向合理。

在这一时期，值得注意的还有“火耗归公”。清代官吏的俸禄很低。诸如陕甘总督、藩学臬三司、宁夏部郎等缺不支官俸。下属如各道道台，每年支俸56两至82两不等，知府知州十六七两至一百零几两不等，知县也只有十几两到几十两，至于督抚院笔帖式、藩库大使、按司狱、府之经历、州之吏目、厅之照磨、县之典史等属官就更低了。为了使各级官吏能廉正自守、克己奉公，清朝制度有养廉一项，总督每年2万两，布政使7000两，学法二使4000两，各道道台3000两，知府2000两，知州1000两，知县600两到1000两不等，以下属官，次第有差。但是，仅靠俸廉收入，维持官吏们的奢侈生活，满足他们贿赂上司的要求，还是远远不够的，唯一的办法就是赋外加赋，税外加税，火耗就是其中的一项。所谓火耗，是在征收银两时，借口销熔上交要有损耗，故在正额之外，加征损耗，每两有加征一钱的，叫"加一耗"；有加征一钱五分的，叫"一五耗"。同样，沿火耗之法，在上交粮石时，借口鼠雀之故要征收"耗粮"，每粮一石加一斗的，叫"加一耗粮"；加一斗五升的，叫"一五耗粮"。这是地方官吏搜刮民脂、贪污中饱的重要来源。"州县重敛于小民，上司苛索于州县，火耗之增，日甚一日，因循瞻徇，视为应得之物"[6]。起初，这是地方的"土政策"，雍正二年，山西巡抚诺敏题请火耗归公、拨作养廉及其他经费。此后归入正赋，"名正言顺"，政府承认了它的合法性，自然也就成了田赋的组成部分。文献记载：甘肃额征耗银42388两有奇，额征耗粮71051石有奇，都是"一五耗"，即占正赋15%。这一秕政，持续之久，与整个清代相伴而终。

左宗棠整顿时期

及至近代，清王朝的统治从中央到地方已经像明末一样十分腐败，贪污成风、贿赂公行，作为官吏搜刮主要来源之一的田赋，从田制、数量、科则到征收方法都已混乱之极，前期制定的各项政策措施已有名无实，徒具空文。地方胥吏高下其手、巧取豪夺，百姓负担不断加重，政府财政收入却日益减少，在这种情况下，左宗棠总督陕甘，而且肩负着镇压大规模回民起义的反动使命。当时，粮饷匮乏是最大的困难，左氏不得不采取各种措施来缓和这一危机。整顿田赋就是其中的一项。他的办法是，首先对土地进行清查丈量，然后分成川、原、山三等，每等又分上、中、下三则，再把各州县赋役全书的田赋总额，根据土地肥瘠，按实有地亩加以摊派，厘出新的章程。比如在皋兰县，每亩分摊赋税的情况是：上上川地，三升七合；上中川地，三升二合，上下川地，二升七合；中上原地，二升二合；中中原地，一升八合；中下原地，一升四合；下上山地，一升；下中山地，七合；下下山地，四合；还有最下下山地，二合。征粮之外还规定每粮一石，征银五钱二分一厘五毫[7]。左宗棠想通过清查整顿，力图改变那种由于地亩不清造成的有地而无税，税存而无地的情况，做到按亩纳税，稳定收入，这种想法本身不无积极意义，但当时正在战乱，实施得很不彻底，绝大部分地区难以推行。所以，左的整顿，对田赋制度本身的影响远没有前两个时期重要。

除上述三个时期外，其他各朝一般都墨守成规，因循旧制，对田赋政策没有做出什么值得注意的改革与调整。

三

清代甘肃的田赋，银粮草三项并征。"大抵近于内地各州县则征银，近于边地各州县则征粮草，居内地边地之间者，则三项兼征"[8]。按清代户部则例记载，甘肃当时的各种土田征税的科则是："民赋田每亩科银二毫至一钱五分四毫零不等，粮三勺至八升不等；屯地每亩科银一厘二毫至六厘不等，粮五升至六升不等；更名地每亩科银四厘八毫至一分七厘一毫零不等，粮二合二勺至一升四合二勺零不等，草一分至九分二厘不等；土司地每亩科银七分五厘零；卫所管辖屯地每亩科粮四升一合八勺七抄有奇，草五分八毫有奇；番地每亩科粮四合至三升不等，监牧地每亩科银六厘。"[9]各地征收田赋，都要参照上述科则和本地实有地亩编成《赋役全书》，州县如此，道府如此，省内布政使亦如此。

除《赋役全书》外，还制定了许多各种名目的册籍。诸如黄册、丈量册、会计册、赤历册以及印簿、循环簿、粮册、奏销册等，名目繁多，不一而足。起初，为了防止官吏的"私派"，政府向"花户"颁发"易知由单"，上面"开列上、中、下则，正、杂、本、折钱、粮"，最后缀以总数。在开征前一个月，颁发给花户作为凭据。接着又发明截票制度。截票共两联，所以又叫二联印票（或叫串票），纳税后，"一给纳户，一存有司"。但地方官吏征收时，往往"借称磨对，将纳户票强留不给"，"遂有已完做未完，多征做少征者"。康熙二十八年（1689年），改二联票法为三联票法，"一存州县，一付差役应比，一给纳户执照"，并规定：纳税时，如果"官吏指与不填，及无票付执"时，"许民间首告，以监守自盗论"[10]。此后不久，又"刊四联串票，一送府，一存根，一给花户，一于完粮时，令花户别投一柜，以销欠"。这样屡次三番，由二联而三联，三联而四联，用心良苦，可终究还是杜绝不了官吏的私征私派。康熙三十九年（1700年），又设立了所谓"滚单法"。就是"于每里之中，或五户或十户一单。于某名下，注明田地若干，银米若干，春秋应完若干。分为十限发于甲首，以次滚催，其有停搁不完不缴者严惩"[11]。其实这是什五连坐法的运用。甘肃有些地方，还流行所谓"软抬法"和"硬驮法"。"软抬法"是不分人口多少和土地肥瘠，将一县赋粮总额平均摊派于各里甲；"硬驮法"也是不问青红皂白，由各里甲轮流承担全县赋税。这些另搞一套的"土政策"，使朝廷的各种规定等于一纸空文。

作为封建王朝，在田赋和其他捐税的征收上，官吏营私舞弊的情况始终是难以消除的，只是程度不同而已。乾隆末造，清世由盛而衰，甘肃曾形成一个以布政使王亶望为首的贪污集团，事发后上至总督，下至知县和基层小吏，有瓜葛者数百人，最后结案，被斩首者20多人，发配充军的四五十人，受到革职和其他处分的100多人，总督勒尔谨赐死。影响之大，震动全国。在这种风气的影响下，田赋方面存在的流弊就可想而知了。乾隆四十四年，河州知州王全臣呈文谈道："河州积弊莫过于地粮不清，里长书手虐民之甚者也。……一切银两俱归掌握，百姓任其渔肉……总缘地无顷亩定则，百姓并不知种地若干、该完粮若干、银若干。每年只凭里长摊派。……奸积多立名色以愚惑蚩氓，任其诡寄飞洒，富者巧为买嘱，则银粮日减，贫者不遂贪欲则银粮日增，以致彼种无粮之地，此赔无地之粮。年复一年，富豪之欺隐愈多，而乡愚赔累愈甚。"[12]河州如此，其他地区亦如此。比如会宁县："催头包收一里，大户包收一甲，指三科十，任意高下，里长肆行侵渔，花户无从查收"[13]。河西地区："每于催科之内，巧立滥收之名，种种陋规，指不胜屈，大抵耕获之收获，纳于仓者十之二，入于民者十之三，而中饱于胥役之欲壑吞噬者且十之六。"[14]乾隆之后，清朝统治走上下坡路，没有力量廓清积弊，重新振拔，此类现象也就相沿成习，积重难返了。

四

清时,甘肃通省八府、七州(厅),下辖47县6州8厅[15],全省总面积527000多平方千米[16]。在这块土地上,究竟有多少耕地,多少人口,每年征收多少田赋,下面列表加以说明。下列表中的统计数字,都是从清代留下的有关典籍中得来的。

年代	耕地(亩)	人口	田赋		平均数		
			银(两)	粮(石)	每人地(亩)	每亩银(分)	每亩粮(升)
顺治十八年(1661年)[17]	37328588	2401364	1436033	61851	15.54	3.8	0.17
康熙二十四年(1685年)	10308767	273292	153520	47617	37.72	1.5	0.46
雍正二年(1724年)	11770663	302763	196343	23074	38.88	1.7	0.20
乾隆十八年(1753年)[18]	17783133	2133222	257723	503476	8.34	1.4	2.83
乾隆三十一年(1766年)	23633095	11537539	287486	521746	2.05	1.2	2.21
嘉庆十七年(1812年)	23684135[19]	15193125	/	/	1.56	/	/
嘉庆二十五年(1820年)	24661738[20]	15423019[21]	/	/	1.60	/	/
道光二十至三十年平均(1840—1850年)	/	15421273	/	/	/	/	/
道光二十一年(1841年)	/	/	/	330443	/	/	/
道光二十二年(1842年)	/	/	/	324724	/	/	/
道光二十五年(1845年)	/	/	/	327414	/	/	/
道光二十九年(1849年)	/	/	/	333829	/	/	/
咸丰元年(1851年)	23536621	15440297	/	/	/	/	/
同治元年(1862年)	/	15476000	/	/	/	/	/
同治十二年(1873年)	23536621	/	/	/	/	/	/
光绪十三年(1887年)	16775160	/	/	/	/	/	/
光绪十九年(1893年)	/	/	/	262089	/	/	/
光绪二十九年(1903年)	/	/	/	393588[22]	/	/	/

虽然未必十分精确,但毕竟是我们借以定量分析的一个依据。其中顺治十八年,陕甘尚未分省,难以比较;光绪二十九年之数,包括耗羡银152830两,此数有误,因清代甘肃的耗银始终在四五万两之间,决不会有十几万。撇开这两个数字不管,从康熙以下各朝进行一番纵向比较,可以看出:(1)康雍时期,人均占有的土地是宽裕的。其中如雍正二年每人占有38.88亩,这是清代人均占有土地的最高数额。乾隆后,人口骤增,土地没有相应增加,所以发生了人多地少的情况。乾隆最后十年以及嘉、道、咸、同各朝,甘肃的人口一直在1500万以上,而土地却始终徘徊在2300万亩左右(光宣时期还有减少),按此数计算,每人仅有一亩半左右,这种人口和土地的反比关系,侧面地反映

了清代后期甘肃的农业经济趋于萎缩的状态。（2）从田赋方面看，赋额总数的涨落，主要是由于土地的增减，而不是由于法定税则的变化。据清廷户部则例记载，甘肃原额地丁银282588两，耗羡银42388两，两项相加为324976两[23]，基本与征收最高的道光朝相符。没有上涨，说明法定赋则本身已经达到农民所能负担的极限，政府要满足鸦片战争后超过以前数倍的巨量开支，只有靠其他途径来挹注，诸如关税、厘金等；没有下降，则是说明即使在鸦片战争后厘金统捐等税收在整个岁入中占有较大比重，但田赋仍然是财政收入不可或缺的重要来源，体现了中国近代社会仍然以农为本的浓重色彩。

从横向看，清末时，甘肃的岁入项目以及内部比例已经大大不同于前。鸦片战争前，地丁为主，盐茶次之，杂税再次之，属于商税的厘金或统捐还没有兴起。而到清末，情况就大不一样了。以宣统二年为例：征收地丁正银224578两，耗羡33531两；盐税133000多两；茶税154000多两[24]；百货统捐650000多两，超过地丁数倍。盐茶两项相加也远远超过地丁总数，地丁收入退居第三位。商品经济的发展，是百货统捐的基础，数字本身说明，清末的甘肃，已不再是过去那种封闭式的自然经济，随着商品经济的发展，地处西北边隅的甘肃社会，也在缓慢地向前移进。

参考文献：

[1]《甘肃青宁史略正编》卷十八

[2]《皇朝文献通考·田赋考》

[3]《清世祖实录》卷六

[4]《清世祖实录》卷十九

[5]《皇朝文献通考·田赋考》

[6]《甘肃全省新通志》

[7]《皋兰县清丈册籍》

[8]《甘肃清理财政说明书》

[9]《甘肃清理财政说明书》

[10]《清朝通志》卷八三

[11]《清史稿·食货志》

[12]《甘肃通志稿》

[13]《会宁县志》

[14]《河西志》

[15]《清史稿·地理志》

[16]《中国历代户口、田地、田赋统计》按：现在甘肃的面积是 58 万多平方千米。

[17] 顺治时，陕甘合为一省。

[18] 乾隆以下各朝的田赋数包括耗美在内。

[19] 内有番地 216514 段未计入。因番地计户纳粮，免其查丈，所以论段而不论亩。

[20] 内中不包括番地 223916 段。

[21] 内中不包括屯丁"男妇大小"4227667。

[22] 内中包括实征地丁正银 240758 两，耗美银 152830 两。

[23]《甘肃清理财政说明书》

[24] 同治十二年后，甘肃茶政改引为票。每隔数年发票一案。其中自光绪二十七年到宣统二年的十年间，发票四案，共征茶课、茶厘 1495460.4 两，每年平均 149546.04 两。另外散茶捐每年 4500 余两，两项合计当为 154046 两。

（原载于《兰州学刊》1985年第4期）

道咸同时期甘肃官场之一瞥

——读《道咸宦海见闻录》

最近出版的《道咸宦海见闻录》，是作者张集馨的自订年谱。全书除正文外，还附有作者的部分日记和书信，以及作者的外甥詹嗣贤编订的《时晴斋主人年谱》，内容丰富，史料价值很高，其中有关甘肃的情况，对我们研究甘肃地方史，是一宗颇为难得的材料。

张集馨（1800—1878年），字椒云，别号时晴斋主人，江苏仪征人，道光九年进士，起先供职翰林院，后于1836年获恩特简，1865年被劾革职，先后在山西、福建、陕西、四川、甘肃、河南、直隶、江苏等省任过知府、道员、按察使、布政使、署理巡抚等职。作者对清末政治之黑暗，社会之腐朽有较深的观察和思考。《道咸宦海见闻录》就是他几十年宦海生涯的真实记录，同时也是当时社会历史的一个缩影。作者于道光三十年（1850年）和咸丰七年（1857年）先后两度来甘担任布政使，同治三年（1864年）又以陕西按察使的身份奉命来甘镇压回民起义。虽然每次供职时间不长，但对甘肃的情况是稔熟的，加之作者擅长文墨，对每天的所见所闻所历所感都写有日记，《道咸宦海见闻录》就是根据这些日记编订的。因为是自订年谱，虽也免不了文饰炫耀的地方，但绝大部分史实是确实可信的，研究和考察这些材料，能使我们窥斑见豹，瞥见甘肃近代社会的一些影子。

一、权奸当道，吏治败坏

甘肃虽地处偏远，但地域辽阔，地理位置十分重要。清时，它不仅包括今天的甘肃全境，而且还包括宁夏和青海的西宁地区、新疆的镇西府（巴里坤地区）和迪化州（乌鲁木齐地区）。在这样一片"广二千一百二十里，袤一千四百一十里"[1]的土地上，总督是地方的最高官吏，下有管理钱谷民政的布政使和掌管诉讼刑名的按察使，还有八个道台和70多个府州厅县的地方长官。这些人构成了全省的统治系统，也就是所谓的甘肃官场。据史料记载，清代，凡来甘任过封疆大吏的，除林则徐、左宗棠等人对地方有过建树外，大多是些昏庸无能之辈，比如咸丰六年（1856年）至咸丰十一年（1861年）担任过陕甘总督的乐斌就是典型的一个。此人《清史稿》无传，身世政绩无可考，但张集馨的《道咸宦海见闻录》却有生动的记载："乐斌者，镶红旗人，年二十五岁犹闲散。旗人杀虎口副将某无子，爱而为嗣，副将死，即袭其佐领，在京营当差。相貌魁梧，奔走伺应，极其勤劳，不数年拔为协领。本旗都统王公，皆喜其能。乐斌与京通各花户、仓书素融洽，每当本旗请领甲米，较他旗米色升合为优，本旗人啧啧称叹！乐斌于甲米中提费若干，给与仓书、斗级，而花户人等，亦愿与之交。又与刑部门皂禁卒往来，遇有仓场及旗人官事交部讯问，乐斌与司书禁卒关说照应，打听消息，预为之地。被讼人所出资财，乐斌与禁卒分润，日积月累，进款增多，得以献媚上司，结纳僚属，遂得盛京副都统，奉旨赴西藏迎呼毕勒罕，转眼而得成都将军，又署总督，遂得肆其所为。"（凡不注出处者，均引自《道咸宦海见闻录》）这段材料，就是对乐斌其人的高度概括，这样一个人，主甘五六年，情形是可以想见的。

乐斌虽在投机钻营方面颇有本事，但在治理地方上却庸懦无为，一塌糊涂。张集馨说他："除酒食征逐外，一无所知"，公事例案"一委之幕友彭沛霖"，对家人陈二"深倚任之"视为用神。彭幕和陈二招摇撞骗，招权纳贿，"官吏趋之若鹜"。这些人贪缘攀附、朋比为奸，在乐斌周围形成了一群操纵地方权柄的利禄之徒。除陈二、彭沛霖之外，还有臬司明绪、兰州道恩麟，署兰州知府章桂文和候补道和祥等。

臬司明绪，倾险之人，曾在刑部司员任内，有四伦先生之称，"以其五伦不备也"。乐斌初来时，二人并不融洽，但明绪为了改善关系，博得庇护，"馈问乐督，殆无虚日，虽一饮一馔，亦必先呈督署，以伸诚敬"。乐斌粗浅，不知其计，遂堕术中。明绪又与彭幕极契，"内外交通，事无不可"。

候补道和祥曾任过镇迪道台，乐斌时为乌鲁木齐都统，和祥探知乐斌幸奴陈二，招权纳贿，乐又对其言听计从，为了能依附门下，和祥遂与陈二结拜弟兄，因入赘为乐斌门生。后来乐斌由成都将军授陕甘总督，和祥因核减军饷被劾降调，路过兰州时，奏乐斌留允准，旋即叠属两司，"凡可以仰体乐斌之意及献纳于陈二者，无不为也"。

署兰州府知府章桂文，系茶马同知，此人捐班出身，卑鄙无耻。与乐阍陈二结拜弟兄，其妻又拜乐之女仆周二娘为干娘，与彭沛霖为儿女姻亲，结为私党。"乐非彭，便如水母，寸步难行，彭为之终日揄扬，复有周、陈奥援，是以乐将实缺首府栗烜，委署外道，而令章桂文署理首府，为之线索。"诸如此类，不胜枚举。幕友同僚，门生故吏，拜把弟兄，裙带姻亲，成为当时政治活动的纽带。

乐斌本人"外仁义而内多欲，宵小之言，最宜入听"。州县官吏调署频繁，各个以搜括为能，百姓深以为苦。所谓"乐督以此市恩纳贿，明杲以此撞骗招摇，彭幕以此扶同作弊"，其吏治之谓也。

二、巧立名目、横征暴敛

甘肃地瘠民贫，财政支绌，向系受协省份。清末时，"本省进款无几，外省协饷多不批解"，财政更为竭蹶。道光七年（1827年），清廷以"甘肃地处极边，储备尤关紧要"[2]，即将捐监应解银两并藩库旧贮实存款项，凑足二百万，责成布政使颜伯焘加谨封贮"不准率请动支""以备不时之用"[3]，但到咸丰年间早已罄之若洗。张集馨在藩司任上时，甘肃每年额征地丁银二十八万两，除各属坐支外，解藩库十二三万两，还有茶课十二万两，盐课二万两，岁入二十几万两。但是岁出却大大超过此数。内地兵饷、夫工、文武廉俸及一切杂役需银一百三十余万两，口外各城每年约八十万两，省内进款和外省协拨加在一起，也难以筹此巨款。所以"兵饷真万分困难。……内地兵饷支二缓一，马干给半，然犹不能按时给予。各营文牒催饷，以及口外各地来文，急于星火，无以应付"。在这种情况下，上至督抚司道，下至州县吏胥，要想完成沉重的赋税征取，同时也使自己得以鱼肉分肥，就不得不巧立名目，严加搜括。

办法之一是鼓铸钱币，实行通货膨胀。咸丰四年（1854年），陕甘总督易棠在省城设立宝巩局，铸造大钱。"藩署收买废铜，采挖铅苗，开炉之后初铸当千当五百紫铜大钱，窒碍不行。继铸当百当五十黄铜大钱，已行复废，（咸丰）六年，奏拨四川泸州府所积滇铜二百万斤，派员营运至省，兼购川陕白黑铅，改铸当十当五大钱，铜色黄紫各半，每制钱千配大钱二成。七年，署布政使张集赛加配五成，因制钱日少，增铸八分钱，仅城市行之，四乡仍不行。"[4] 币制混乱，给流通造成困难，官吏乘机侵渔，百姓深受其害。州县衙门征收地丁银两时，不要大钱，而支放开销时，却要搭配二成至五成。大钱不能流通，随之贬值，官吏倍获其利。张集馨说："州县收纳钱粮不收大钱，及有解款就司，乃于省城现买（当时藩司准收大钱一半）。首府落地税，虽不解司，亦复收制钱，不搭大钱，司中原可不依，无奈署首府章桂文，与彭幕亲戚，制台私人，断不能诘责，上干宪怒。外属见省会府县且然，更不收纳大钱，是以物价渐昂，而大钱壅滞。"当时省城有个官钱铺，藩库发帑金五千两，对搭钱一万串、钱钞一万串，每月交官利三厘到库，事实上是一种高利贷。"首府县及院司家人幕友，向以官钱铺为外府"。和祥等人到铺取钱，又专要制钱，不搭大钱，来回倒手，从中渔利。

办法之二是发商生息。这是"累帑病民之最甚者"。"不肖州县捏禀该管道府，以接受前任仓粮中有霉变，或一万石，或二万、三五万石不等。必须减价出粜，道府为其蒙蔽者有之，明知曲纵者有之，批准减粜，发商生息，其实粮并未霉变也。部价每石一两，如请以二万石出粜，只须以七八千金发商生息。余归私囊，后之来者，又详道府，将所收息银不补前亏，反又填出霉变粮石，一并生息。道府既批准于前，不敢驳斥于后，设有持正道府，不为所请，州县辄扬言曰道府收我节寿陋规，不为我弥补罅漏，我之馈送究从何来？道府受其挟制，不得不曲意相从。又有丧心州县，将发商本银一概提用，钱粮两失。其中承领各商逃亡，故绝无从著追者，又复不少。道府与州县猫鼠同眠，或贪图常例之外，小有应酬，将库存粮价，私行借给，甚有此县所存粮价，通融发给彼县者，变幻离奇，不可思议。"

办法之三是仓粮"出陈易新"。其实，是强迫农民借高利贷，秋收时需加利偿还。"仓粮本不干洁，百姓断不愿领，地方官刑驱势迫，勒令具领，百姓无奈，赴县等候。开仓发验，斗斛已多克扣，又掺杂秕稗丑粮，以足其数。每村派领多少，有加无已。无力者责令富民保之，秋成后加息还仓，往往二石新粮，不足交一石旧谷，及至仓粮收数已足，则又改折征收，民重受困"。

除了这些经常性的手段外，临时苛派和敛钱的办法更复不少，比如宁夏水利同知，向来"书役籍坝水摊钱，侵渔入己，官吏视为利薮"。后来和祥担任宁夏道，将民间摊派之钱尽交道库，盈余亦为道署独得。但是厅中官吏，不肯束手旁观。道署行之于前，厅员随之于后，于是又"重派分肥"，"民又复因之受困。"

州县如此，乡里亦然。据有的县志记载，每当征收捐税时，"催头包收一里，大户包收一甲，指三科十，任意高下，里长肆行侵渔，花户无从查考"。[5]河西地区的征课，监收有斤，催征有卫，卫之下有千总把总，千总把总之下有催旗牢役，层层勒索。"每于催科之内，巧立滥收之名，种种陋规指不胜屈。大抵耕获之收获，纳于仓者十之二，入于民者十之三，而中饱于胥役之欲壑吞噬者且十之六"。[6]

面对这些情况，张集馨曾经大发感慨："甘肃州县枯瘠，不自聊生，日肆诛求，非取之仓库，即剥削闾阎，一旦破藩决篱，必至反噬。"后来全省各地的农民起义，以及20世纪60年代爆发的大规模陕甘回民起义，无不盖源于此。

三、贪污腐化、贿赂公行

清末，官场的贪污已是普遍现象。据《道咸宦海见闻录》反映，当时在甘肃的官吏，上至总督司道，下至佐杂胥吏，凡要角逐官场，希图求迁升转者，无一不贪污，无一不纳贿。当时有个叫李敦厚的任过皋兰县知县，就是个有名的贪官污吏，此人四川乐山人，在任职时，所历各缺，无不亏累。"其父其叔随任，见署中进款，概卷入橐，便带四川置办田产。"乐斌到任后，始则嫌其"供章草率，颇有怼词"，继又谓其忠诚，大加优盼。甘肃以秦州缺为最优，实缺张叙，山西进士，人太朴钝，素不应酬。"乐斌屡以为言，总谓张叙不该居此沃壤。"因将张调署西宁府，又令李敦原署理秦州。张叙与李敦厚商议让缺，经丁忧平庆道费萌樟穿插，让李敦厚出银万金，张叙即行告病，费亦从中染指。赤裸裸的金钱交易，支配着官场的沉浮涨落。李敦厚在甘数年，

"官亏私累，不下数万"，贪污出名，劣迹昭彰，曾被群众围攻，将衣帽撕毁。在张集馨的《道咸宦海见闻录》中，有关州县胥吏贪污的材料是很多的，比如候补县邓承伟在河州任内时，亏空正杂钱粮万余金，署静宁时，又亏正款仓粮万余金；署理镇番知县硕翰，亏空万余金；泾川长有亏空万余金；等等。小小州县，动辄亏空万余金，数量极为可观。州县贪污，省内官吏通同作弊，却受不到应有的参劾惩处。因为"明杲贪滥不法，乐督疵类太多，一经属员指摘，便如六脏不敢吐气"。明绪在丁忧开缺时，仅赤金就积有3000余两。按一两赤金兑换30两白银，将及九万余两。

水旱偏灾，省内出借籽口，以赈济穷困，所谓"青黄不接，普赐春祺是也"。但是州县官吏往往捏造名册，中饱肥私。"间或州县稍恤民艰，间有实发者，又多系书吏冒领，不能实惠及民"。

官吏的贪污总是和勒索行贿联系在一起，贿赂公行，政由贿出，是当时官场的一大特征。各种陋规馈问，名目繁多。比如各官三节两寿，属员都要重金馈赠。杲司明绪，除本人三节两寿外，又添母寿二次，所收各属竟有20余处，每次不下数千金。"属员知其乐督合式，畏其谗间，故不敢不竭力致送"。"杲署有书启幕刘姓，皋兰人，拜明杲之母为干娘，与明杲极其狎昵，信致各属，言向来致送杲署陋规数目，此次必须加丰，现在杲台不比寻常，其操纵黜陟之权与制台无异。有不受其恐吓者则拒下，有虑其陷害者则应之"。在这些人的把持下，"一堂鬼蜮，暗见天日，不仅政由贿出"。

四、声色犬马、穷奢极欲

当时的甘肃官场"相率效尤，俱尚浮靡"，一面是"穴居毳服，藜藿不给"的下层生活，一面是"酣酒淋漓，竟无虚日"的上层社会。乐斌"性耽音乐"，每于署中演戏，"丑正寅出，主客不散，夏日几及天明，冬日严寒，仆从忍冻，立于风雪之中，彻夜伺候"。恩麟、和祥、明绪并督幕彭沛霖"酒食征逐，醉后谩骂，毫无局面"。"近城民间演戏，（乐斌）即于城墙上马道坐观。至马夫之祀马王，武弁兵丁之祀圣帝，书办、隶役之祀肖、曹、土地，皆在署之大门左右，而乐斌无不到者"。和祥筹办钱局，工竣祀神，演戏三日，每日三更始散。"局门距街甚近，演戏之所，行道者可以窥见。合城文武欢聚一堂，更深余兴未阑，伺候夫役人等莫不唾骂，街市铺面亦觉骇然。"

乐斌其人虽"公事不甚了了"，却是个酒色之徒，与女仆周二奶长期私通。并将周二奶奉若神明，凛然不可冒犯。一次，周二奶去五泉山进庙烧香，车路逼窄，行人拥挤，正碰上和祥家人，因其主子在山上请客，策马争先，周二奶顶马之武弁，帮车之戈什，不肯相让，始则戈什对骂，继则周二奶指名道姓大骂和祥，"万众围观，谈笑指点，以为见所未见"。事后，和祥在乐斌面前"长跪请罪"才算罢休。据张集馨说："周二奶在督署当家，生有一子名小喇嘛，周二奶撒泼，不但凌虐乐妾，虽乐督亦深畏之，每与乐督揪扭，滚至二堂，解衣去裤，撒泼村言，无所不至，每谓乐督'我叫汝做总督，汝方能做，否则做不成也'。"后来周二奶病故，乐斌穿缟带素，司道文武各官亲往拜奠，出殡之日，"乐斌率属步行，哀痛为葬考妣"。咸丰十一年，乐斌被劾革职，其中就有"奸占仆妇"一条。

署理河州镇总兵赵延烺，在保举案内，与乐斌有师生之谊，此人"狭斜赌博，无所不为，积累如山，著名债帅"。在河州时，"将省城洋琴流娼带署媟狎，弁兵伺其裸淫，排闼大呼，意在捆缚。赵延烺惊起，破窗裸跳，奔赴内室，大为其妻所诟谇。弁兵见赵已遁，将娼妇揪起轮奸。娼之亲属欲赴省控，赵延烺重有所赠，始行贴息"。后来在省寓居住，"以酒一壶，刀一把置案上，谓索逋者曰'我已穷极无聊，若人念交情，则共饮为乐；若加逼索，则拔刀相向'，债主见其沉醉，竟不能出一语"，真可谓无赖之尤。

为了满足其奢侈腐化的需要，乐斌养马数十匹，明绪骡马几及百匹。"斑驳成群"，供其驱驰。"而马夫之凶横，每于县署账房领喂养费，稍为迟缓，便唾骂行凶。"

诸如此类，略举数例，已足见其糜烂状况。

五、军纪败坏、营制废弛

清初，曾在各省冲要去处派驻八旗、绿营以弹压地方。在甘肃，派八旗，分驻宁夏、凉州和庄浪（永登）。由将军、副都统、城守尉领辖。绿营有二提五镇，分驻宁夏、固原、河州、西宁、甘州、凉州、肃州等地，此外还有督标五营及各地防勇。不算满营，仅绿营一项，兵员即达82880多人。驻兵数量之庞大，为历朝所仅见。但到清末时，八旗绿营已腐败不堪。平时，坐食悠游，为害地方；战时，一触即溃，"见贼先逃"。同治初年，大规模的陕甘回民起义东至陕西渭南，西至甘肃安、肃，蔓延陕甘全境。清廷派多隆阿为钦差大臣，督办陕甘军务。派提督雷正绾，总兵陶茂林、曹克忠带兵堵剿。后来，担任陕西按察使的张集馨亦于同治三年底到四年初奉命来甘，镇压起义。《道咸宦海见闻录》收录了他这时期的日记，虽然只有几个月，但日记不辍，记载翔实。其中对当时清兵的腐败现象有很多揭露。所谓"将不成将，兵不成兵，无贼则滋扰，见贼则狂奔"，就是当时清军的实际状况。

陕甘总督熙麟"性本狂悖"，在庆阳督办军务，"不出屋门，终日与武弁委员治醉酣歌"。耗费饷需30余万，"失陷宁夏、平凉略无愧心"，最后却"扬威而去""刀匪冯元佐以为大将，见贼而奔""信任河南勇，补以参将实缺之马元祥，奸淫抢劫，无所不为"。布政使恩麟，本属纨绔出身，"畏葸无能""毫无主见"，护理陕甘总督时，"仓皇失措、颠倒错乱"。在军务方面一无所知，一筹莫展。张集馨说这些人"既不读史鉴经世之书，又无正人君子从而指教，目不识丁，眼光如豆，奉劣幕为名师，受属员之挟制"，但是"二人皆有奥援，故偾事而犹安其位"。"若在他人，则白简一登，新江必去矣"。

当时主持甘肃军务的提镇将官有穆图善，雷正绾，陶茂林和曹克忠。张集馨除对曹克忠略为嘉许外，对其余三人都进行了抨击。比如穆图善，初在多隆阿部下任职，镇压过太平天国革命。此人"与战阵攻取，全不了然，多隆阿视之为奴隶，穆图善尊之如父兄，言语嗫嚅，进退趑趄，有忍人之所不能忍者。多隆阿死后，穆图善统其旧部。其人好利无能，所部如黄金山、孟宗福等，一概不服调遣，兵勇亦逃之过半，杀掠奸淫，一月之间，至四百余起，逼死民间妇女一百余人，报案山积，穆图善一概徇庇纵容。兵饷索之不已，白面任意需索，旋即兵勇售卖"。军队调防时，"所带各勇，自为队伍，三五十成群，淫抢无所不至""一路如火燎原，甚于盗贼"。

固原提督雷正绾，"既困于烟"，"兼迷于色"。军队全无纪律。"将领颇有思去者"。嗜吸鸦片，每日需膏二两。不管行军打仗，一旦瘾发，"则须觅一间僻处所过瘾，精神日短，身体日衰"。所带兵丁"军律废弛"，涂炭生灵，无所不为。一次，雷正绾亲兵在街奸抢，连杀三人，砍伤一人，竟然扬长而去。

总兵陶茂林"性情尖猾，贪财嗜利"，当时他坐镇兰州，捍卫省城，"街市滋扰不堪。兵勇于省外掳来女人，在省出卖。恩仁峰（恩麟）视之若神明，不敢撄其锋。民间俱要需索，否则纵兵奸抢"。

如此，省内清兵，形同匪盗。腐败日甚，已成不可挽回之势，靠这样的军队，要镇压如火如荼的回民起义，谈何容易！而且哗变迭起，前途倒戈。1865年4月间，陶茂林的军队驻扎安定（定西），由于上司克扣粮饷，军队又屡吃败仗，军心不稳，将士思归。哗变后叛者十余营（每营五六百人，大多湘人），经陕回湘，陕甘官兵一路堵截，5个月以后才被镇压。未叛变者，只有五营。紧接着，雷正绾军又叛。起初，部将胡大贵、雷恒攻金积堡失败，死伤惨重，粮饷悬虚，遂发生哗变。变兵围逼经州，并与赫明堂领导的回民军合并。雷正绾"泣涕开导，百计抚慰"也无济于事。未叛者仅六营之数。1866年2月，长江水师提督杨岳斌来兰继任陕甘总督，他一到任，督标就发生兵变。标兵趁其外出庆阳之际，将督、协两署委员、幕僚、亲兵、随丁等皆杀之。如果不是丧失时机，兰州就将落入变兵之手。军队如此，已处于不战自溃的状态。

总之，张集馨的《道咸宦海见闻录》反映的材料是相当广泛的，上面所举，只是荦荦大者。通过上面的考察，我们可以看出，鸦片战争后，随着中国社会殖民地半殖民地程度的加深，甘肃人民处在水深火热之中。清王朝在甘肃的统治已经极其黑暗，吏治败坏，军备废弛，财政竭蹶，民生凋敝。不仅甘肃一省，整个中国亦面临着极大的政治危机和社会危机，统治阶级不能照旧统治下去了，劳动人民不能照旧生活下去了。等待着的，只是一场推翻清王朝腐败统治的革命风暴。

参考文献：

[1]《清史稿·地理志》。

[2]《甘宁青史略正编》。

[3]《甘宁青史略正编》。

[4]《甘宁青史略正编》。

[5]《会宁志》。

[6]《河西志》。

（原载于《甘肃社会科学》1985年第3期）

甘肃近代化过程述评

甘肃地处西北，经济落后，自古有"苦甲天下"之称。但近代以来，由于洋务派官僚左宗棠的倡导和经营，近代化过程开始得较早。19世纪70年代创办兰州制造局和兰州机器织呢局，中经清末"新政"、北洋军阀时期创办实业到国民党时期（特别是抗战时期）的大后方工业，至1949年，历时七八十年，经过四个阶段，甘肃的近代工业从无到有，并有了一定程度的发展，使千百年来农业和手工业相结合的传统经济方式开始发生了变化。

1871年，为西北军事之需，左宗棠在兰州创办兰州制造局，并于翌年将早先设立在西安的机器制造局迁来兰州，合并于一起。1880年，左氏又在兰州创办了机器织呢局，这是我国最早的机器纺织业。这两个企业的先后出现，标志着甘肃省近代化过程的开始。

设置兰州制造局主要是解决西征军的军火问题。当时，左氏镇压回民起义的任务已接近尾声，但讨伐阿古柏政权、收复新疆的使命还刚在筹划之中，为了对付英、俄帝国主义支持下的阿古柏政权，左宗棠从国外引进资金和设备，通过红顶商人胡光墉向英国汇丰银行借款400万两白银，向德国泰来洋行购置了一批六英尺机床和手摇钻，从德国运到上海再从上海运到兰州。工匠从广东、浙江招募，一些技术人员从他早先创办的福州船政局抽调，解决了资金、设备、技术问题。兰州制造局初建于畅家巷，1872年正式投产，能自造铜引、铜冒、大小开花子，并能仿造普鲁士螺丝炮及后膛七响枪。1876年，一次就解交清军子弹两万枚。在击败英、俄帝国主义支持下的阿古柏侵略中起到重大作用，将我国自己生产的武器弹药第一次用于对外战争。左氏创办制造局，虽属洋务派官僚所创办的军事工业，在经济上未能带来多大价值，但是在列强瓜分中国的狂潮中，却有其"自强御侮"的性质。西方的大炮和开花子从明代就传入我国，但未引起国人注意，300多年后仍然不甚了了，对此，左宗棠深有感触，他说："平凉府西城现有大洋炮，上镌万历及总制胡等字。然则利器之入中国三百余年矣，使当时有人留心及此，何至岛族纵横海上数十年，挟此傲我，索一解人（掌握此类知识之人）不得也。"因此之故，他创办兰州制造局，不仅为了解决当时军事急需，同时还有发展我国自己军事工业的意图。"若果经费敷余，增造精习，中国枪炮日新月异，泰西（西方）诸邦断难挟此长以傲我耳。"1882年，左宗棠奉调两江总督西征战事结束，兰州制造局随之停产。后任时停时办，厂址几迁，厂名数易，直到1917年，督军张广建改作他用。

兰州机器织呢局是19世纪70年代末着手创办的。当时，左宗棠看到西北羊毛驼绒之利，便动议创办机器织呢局。设备和技术采取引进的办法，经费则由清政府在军费项下开支。1879年10月，聘请的德国技师到达兰州，所购1200箱机器也运到兰州，经一年时间的修建安装，1880年9月16日在兰州通远门外畅家巷建厂投产。当时除拥有织机20台外，还有蒸汽机2部、梳毛机3套、走锭纺纱机3部（每部360锭，计1080锭）以及洗毛机、洗呢机、染色机、烘呢机、起毛机、剪毛机、蒸刷机、压光机、锅炉设备等。开工后每天出呢8匹，匹长50尺，幅宽5尺。左宗棠创办兰州织呢局主要是为甘人举办地方实政，与洋人争利，抵制洋货的倾销。他在给清政府的上奏中说："甘肃羊毛价值尚廉，数年之后不但可以收回本银，而边陲创此利源，于地方不无裨益。"他还热切地希望"今日之学徒，皆异时师匠之选，将来一人传十，十人传百，由关内而及新疆，以中华所产羊毛，就中华织成呢布，普销内地，甘人自享其利，而衣褐远及各省"。但是左氏"未睹其利"，就于1880年奉命调离西北。他后来"身在东南，神驰西北"，对该局生产经费状况"魂梦难忘"。1882年德国技师合同期满回国，1883年锅炉爆裂无力修复，兰州织呢局遂告停产。1908年后，又请外人帮助修复，时开时停，几经演变，成为今天兰州毛条厂的前身。

左氏在兰州创办的机器织呢局，属官办企业，管理体制上存在诸多弊端，原料的来源、产品的销路、厂址的选择、人员的管理都有诸多不尽合理的地方。但是左氏创办机器织呢局在一向闭塞的西北，开风气之先，开始了甘肃的近代化历程，功不可没。

20世纪初期，清政府推行新政，甘肃的近代化进入第二个阶段。八国联军入侵，《辛丑条约》签订，民族灾难日益严重，清政府为了挽救危机，希图通过一些不触动根本的改革来维持自己的统治。1901年1月，发布上谕，成立督办政务处，推行新政。自1901年至1905年裁撤冗衙，整饬吏治，裁汰制兵练勇，编练新军，奖励工商实业，废科举，兴新学，全国各地先后奉命推行。甘肃推行"新政"较他省为晚，从1903年开始到1911年辛亥革命爆发，除政治、军事、文化方面的举措外，经济方面也曾举办各种实业。1906年，为了"兴利惠工，讲求土货制造，以示提倡，开风气，保利权，塞漏卮"，甘肃设立农工商矿总局，局内设厂，厂内分科，在局内创办劝工厂，下设四厂：绸缎厂，分络丝、染织、织造三科；织布厂，分牵经、纺织、织布、染色四科；栽绒厂，分弹毛、纺织、染色、栽绒四科；玻璃厂，分吹料、平光、银光三科。开办初期，生产情况尚佳，后于1910年11月停办。

此外，当时兴办实业的劝业道彭英甲还引进技术设备恢复和创办了一批其他的机器工业。一是恢复兰州机器织呢局。1908年，修复机器厂房，又从比利时订购机器60多部，生产各色粗细呢料和毛毯，行销全国。二是创办官铜厂。1906年农工商矿总局与比利时参赞签订合同，购进铜矿、淘金等机器，在窑街建厂，1910年开工生产，日出金20两，日产铜2090斛。三是官铁厂，1907年开办于黄河以北王保保城，分提炼、生铁、熟铁三科。产品多系农具和生产工具。1910年官铜厂开办后划归官铜厂兼办。四是洋蜡胰子厂。1908年彭英甲从比利时订购制造洋蜡和胰子的机器各一套，利用牛羊油等地方资源，在今白云观左侧开办洋蜡胰子厂，生产肥皂、香皂、蜡烛等。五是石印书局。1910年，由上海购置照相、胶纸、落石、铺纸等机器主要印制书籍、图表、教科书等。另外，黄河铁桥也是在此期间修建的。

清末"新政"时期的甘肃实业虽然也具有浓厚的官办性质，但毕竟使甘肃地区出现了一批具有近代意义的机器工业，而且一开始就把毛纺织业和开矿业作为兴办新式工业的重点，为发展甘肃工业揭示了符合地区优势的方向。同时，培养出了一批最先使用机器的技术工人，把甘肃近代化过程向前推进了一步。

甘肃近代化过程的第三个阶段是北洋军阀时期，甘肃督军张广建在甘时期（1914—1920年）将原甘肃官报局改为"甘肃政报局"，印刷政府文件。并恢复了几经停办的兰州织呢局。另外创设兰州电灯电话局，开办了兰州电厂。但由于发电量小，除供督、省两署及所属民政、教育、财政、实业四厅照明用电外，只供少数官绅和少量路灯照明用电，不供工厂动力和居民用电。在此期间一部分官绅地主和商人开始投资新式工业，出现了一些官绅合办或完全民营的工业。1913年邓隆、马福祥筹资2万元在兰州筹设了"光明火柴股份有限公司"，年可制销火柴700余箱；同年陆续创办的火柴公司还有天水"炳兴火柴股份有限公司"，静宁"中和火柴股份有限公司"以及1924年创办的平凉"陇东（即富陇）火柴股份有限公司"，火柴业得到了很大发展。陆洪涛统治时期（1921—1925年），孔繁锦在天水设立了造币厂、电灯厂、陇南机器局、天隆纺织厂、和丰制革织呢有限公司、天水工艺厂等；张兆钾在平凉设立了造币厂，省城还设立了铜元局，制造了铜币。刘尔在兰州创办了陇右乐善书局。这些工业虽然大都生产规模小，资金不足，设备简陋，技术落后，经营管理不善，效益差，但毕竟使甘肃的近代工业不绝如缕，持续了下来。

甘肃近代化过程的第四个阶段是抗战时期。当时由于东南沿海相继沦陷，西南和西北成为大后方，大批技术人员和资金流入西北，为甘肃的工业发展提供了条件。重庆国民党政府通过经济部资源委员会（以下简称资委会）独资经营或与甘肃省政府、中国银行、交通部合资经营等方式，在甘肃兴办了一批厂矿企业，加速了甘肃近代化进程。1938年秋，资委会派人到玉门石油河勘探，并成立了甘肃油矿筹备处，第二年第一口油井出油，当年生产原油429吨、天然气1万立方米。到1945年共钻井26口，年产原油达65000吨、天然气1500余万立方米。整个抗战期间，共生产原油255000吨，天然气3600万立方米。同时在老君庙和嘉峪关设立炼油厂，提炼各种油品，为满足大后方特别是满足西北各省对石油产品的需要作出了贡献。在电力电气工业方面，资委会与甘肃省政府合资经营兰州电厂，陆续购进一些发电机组，到1942年，总装机容量已达974千瓦。此外，1940年资委会又与甘肃省政府合办了天水电厂，有108千瓦发电机一部，1942年9月开始发电。除合资外，资委会还独资于1941年在华亭开办了电瓷厂，1943年建成投产。1944年在天水城西河兴建水电站，装机容量400千瓦。这一时期煤炭工业也有发展。1941年底，资委会与甘肃省政府合资成立永登煤矿局，旋于1943年秋，又与甘肃省政府洽妥，合并阿干镇与永登两矿，成立了甘肃煤矿局，添置采掘、运输、提升和排水设备，煤产量逐年提高。此外，甘肃省政府还同资委会与中央、中国、交通、农民四大银行合资经营静宁罐子沟煤矿，于1942年11月正式开采。在机器、化工、建材工业方面，1941年9月，资委会与甘肃省政府在甘肃机械工厂和甘肃造币厂基础上，合办甘肃机器厂，添置各式车床、磨床、刨床、铣床及立式铁炉等多部，成为当时颇为先进的机器工厂。1943年11月，资委会又与甘肃合办化工材料厂，生产硫酸、盐酸、纯碱、皮胶及电木制品等。此外中国银行还投资创办了雍兴公司兰州实用化学厂，从1943年秋起，生产肥皂、精碱、酒精、油墨等。1941年5月，资委会、交通部、中国银行和甘肃地方当局在窑街合资开办了甘肃水泥公司，至1945年抗战胜利前夕，共生产水泥22000余桶。毛纺织业方面，左宗棠创办的兰州机器织呢局，几经停办尚有部分设备可资利用，1938年2月，国民政府军政部以租用方式接办，改称兰州织呢厂，生产军毯，至1945年，全年生产军毯可达20多万条。私营工业方面，也曾一度繁荣，据1944年的统计，仅兰州就有私营机器工厂30余家，化学工厂12家，造纸厂9家。但私营工业总是受官僚资本的压迫，发展上受到各种限制，一时难成气候。

抗战时期，大批近代企业的兴办，推动了甘肃近代化过程的快速发展，在甘肃近百年史上，第一次在较大范围内和较大规模上形成了先进的生产力。但是抗战之后，由于国民党政府的经济统治，繁重的捐税和通货膨胀，一度蓬勃发展的甘肃民族工业，复趋萧条和破产。

（原载于《发展》1998年第4期）

辑二

汉简研究和丝绸之路

楼兰遗址百年争论概述

楼兰遗址发现，至今已整整100年了。100年来，对楼兰遗址有关问题的争论却从来没有停息过，它如同罗布泊一样扑朔迷离。值此楼兰考古100周年之际，本文对百年来楼兰遗址的讨论情况作一简要介绍，以兹纪念这一伟大发现。

1900年3月，瑞典探险家斯文·赫定在罗布泊附近考察时，他的向导，一位名叫奥尔迪克的维吾尔族人，在回头寻找丢失的铁锹时偶然发现了一座被沙漠掩埋的古城，由于当时所带饮用水不足而未能仔细考察。次年春，斯文·赫定二度进入罗布泊，对这座古城进行考察，在这里掘获了大量文物、木简、纸文书，并把这些掘获物带回欧洲，交给德国人希姆莱（Herr Karl Himly）及孔拉第（A.Conrady）分析整理。二氏根据出土文书中Krorain的字样，把这座古城定为"楼兰"，并认为这就是历史上楼兰国的国都。同时，斯文·赫定在1903年在伦敦发表的Central Asia and Tibet Towards the Holy City of Lass（《中亚与西藏》）和1905年在斯德哥尔摩发表的他的八卷本的正式报告Scientific Results of a Journey in Central Asia 1899—1902（《1899—1902年中亚考察的科学成果》，楼兰的发掘为第二卷，1997年9月新疆人民出版社以《罗布泊探秘》为名将中译本收入"西域探险考察大系"），也认定这就是历史上楼兰国的国都。

斯文·赫定的考察揭开了楼兰古城的面纱，使这座沉睡千年的古城重现人间。他的报告发表后，立即引起了各国探险家、旅行家、考古学家、地理学家的重视和向往，纷纷前往罗布泊探险和考察，先后到过这里的有英籍匈牙利人斯坦因（Aurel Stein）、美国人亨廷顿（Huntington）、日本的橘瑞超和瑞典的贝格曼（Folke Bergman）。其中斯坦因收获最大。

1906年和1914年，斯坦因两次深入罗布泊地区，考察了罗布泊西岸10多处古城、寺庙遗址和古墓葬，并把斯文·赫定先前发现的所谓"楼兰"古城标为LA遗址。1909年至1911年，又有日本大谷光瑞探险队的橘瑞超接踵而至，考察了罗布泊。这些探险家、考察家不仅在罗布泊掘得了大量文物，而且还获得了大量有字文书。除斯文·赫定在1901年的考察中掘得汉文文书277件外，斯坦因掘获349件，橘瑞超获得44件，其中包括著名的"李柏文书"。另外他们还发掘出佉卢文文书48件。

针对LA遗址即楼兰古城的说法，中国学者王国维首先提出了不同意见。1914年，他根据斯坦因第二次中亚考察后发表的简牍照片和日本橘瑞超考察时所得之"李柏文书"，在日本出版了《流沙坠简》，书中指出："至魏晋木简残纸则出于罗布淖尔涸泽之北稍西于东经90度当北纬40度31分之地。光绪庚子俄人希亭（实为瑞典人斯文·赫定）始至此地，颇获古书札。后德人喀尔亨利（即卡尔·希姆莱）、孔拉第二氏据其所得遗书以是城为古楼兰之墟，沙畹博士考证斯坦因博士所得遗物亦从其说。余由斯氏所得简牍及日本橘瑞超氏于此所得之西域长史李柏二书，知此绝非古楼兰。其地当前凉之世实名'海头'。而《汉书·西域传》《魏略·西戎传》之'居卢'仓，《水经注》之'龙城'皆是地也。"李柏信稿中有这样一句话："月二日来到此"，句中的"此"被圈去改为"海头"。因而王国维认为，出此信稿之地实为"海头"而非"楼兰"。此外，1909年3、4月间橘瑞超在罗布泊西岸获得前凉西域长史李柏的信稿及其纸文书39件、木简5支后派人将遗物直接送往日本，而自己却径到印度去见在那里的大谷光瑞，大谷又带橘氏去欧洲见斯坦因。斯坦因把橘氏发现的"李柏文书"等照片材料和楼兰发现的文书相比较，认为字体类似，进而断定这批文书出自楼兰LA·Ⅱ.iv号房址中。这就使王国维的论证更具说服力。

鉴于王国维先生在中国学术界的特有地位，此论一出，影响很大。随之而来的问题就是：既然LA不是楼兰而是海头，那么楼兰又在哪里呢？

尽管研究斯坦因掘获物的法国学者沙畹也同斯文·赫定、希姆莱、孔拉第一样认为LA遗址即楼兰遗址，但斯坦因本人则不这样认为。他认为楼兰遗址在今天的米兰。他说："在这许多地名中我所能考证出来的是大纳布城（Castle of Great Nob）即婼羌，小纳布城（Castle of Little Nob）即磨朗（米兰）。纳布，同玄奘书中的纳缚波一样，显然即是中古同近世用于全区域的罗布。这些记录还提出一个证据，在更古的时候，磨朗遗址大约即扞泥的旧地，中国史书称此为鄯善的古东城。"（向达译《斯坦因西域考古记》，中华书局、上海书店1987年2月版，第81页）赞同此说的还有日本学者大谷胜真。他在《鄯善国都考》中认为："伊循在西，扜泥在东。伊循即唐之屯城，扜泥即唐之石城镇，《水经注》中的东故城。"（有杨炼：1935年中译本，见《中国西北文献丛书》第113本）当然，他把"伊循"和"扜泥"的方位正好弄颠倒了。

此外，中国学者黄文弼先生则主张，楼兰古城遗址应在LA遗址的东北。他在《罗布淖尔考古记》一书中认为："鄯善国都之伊循城在南道，楼兰国都扜泥城在北道。伊循在今米兰，楼兰之扜泥城必距余于1931年所发现之烽燧遗址不远，或在其西，是故有待余之第三次之探寻者也。"（见1948年中国西北科学考察团丛刊）

但是，事过50年后，"李柏文书"的出土地又发生了问题。1959年，正当"李柏文书"出土50周年之际，橘瑞超将当年发现文书地点的照片拿给森鹿三等人传阅，森鹿三查对斯坦因报告后发现，这张照片摄下的古城根本不是LA遗址，而是斯坦因所编的距LA西南48千米的LK古城。于是他撰文《李柏文书的出土地点》（《龙谷史坛》第45号，1959年），明确指出，"李柏文书"的出土地在LK，而不在LA；换句话说，"李柏文书"中的"海头"是LK，而不是LA；也就是说，前凉张氏的西域长史府在LK古城，同LA遗址虽都在罗布泊西岸，但两者相距48千米，不能混为一谈。这就釜底抽薪，从材料出土地上根本否定了王国维的说法，有力地支持了上述LA即楼兰古城的论点。

1979年和1980年，新疆文物工作者先后两次深入罗布泊地区进行考古调查。1980—1981年，中国科学院新疆分院先后三次深入罗布泊进行综合科学考察。经过考察，取得了丰硕的科学成果。第一次确定了LA遗址的确切位置，即东经89° 55′ 22″，北纬40° 29′ 55″。并基本确认：LA遗址即楼兰古城遗址，亦即历史上楼兰国的国都；而距此西南48千米的LK遗址，即"海头"古城，即前凉西域长史府的驻地。侯灿《论楼兰城的发展及其衰废》一文在《中国社会科学》1984年第2期上发表，后又收入1995年9月新疆人民出版社出版的《楼兰文化研究论集》一书。他认为，"更名后的鄯善应予南迁，楼兰王城遂成为汉代的屯垦戍守重地"，"尽管楼兰作为王国于西汉元凤四年（前77年）更名南迁，但曾经作为王都的楼兰在王国南迁后却一直成为两汉王朝屯兵戍守的重镇"。他还在本段话后针对《汉书·西域传》的记载作了特别的说明："'王治扜泥城'是指鄯善国王，而不是楼兰国王。'本名楼兰'是说明鄯善国是因楼兰国名的改变而称呼的；不等于楼兰王都就是设在该城。西域传中的鄯善传，主要是追述楼兰王国的历史。元凤四年楼兰更名鄯善后，鄯善应予南迁，虽然班固在鄯善传中没有特别记述这一笔，但从《汉书·西域传》《后汉书·西域传》的总叙和《三国志·魏书》引《魏略·西戎传》关于西域通道的记载，南道起自鄯善，鄯善'西通且末七百二十里'的地望分析，该城当在今新疆的若羌县治。"与此同时，他还撰文对李柏文书的出土地进行了论证。（见《新疆社会科学》1984年第3期和《考古与文物》1985年第3期《李柏文书出土于 LK 说》，另见新疆人民出版社1990年7月《高昌楼兰研究论集》）另一位当时主持罗布泊考古调查的中国学者穆舜英在他的《神秘的古城楼兰》（1987年4月）和《楼兰王国》（1987年9月新疆摄影艺术出版社）以及有关论文如《古楼兰文明的发现及研究》（新疆人民出版社1995年9月所出《楼兰文化研究论集》）也都对上述观点进行了充分的论证。

至此，关于楼兰古城的争论以及"李柏文书"出土地的争论按理似应告一段落，但不久后日本学者片山章雄的文章又使即将进入平静的中国学术界再次掀起了波澜。

1988年片山章雄发表《李柏文书的出土地》（《中国古代的社会与法——栗原益男先生古稀纪念论集》汲古书院），文中称：他正在搜集整理和编制《大谷探险队关系记事论著目录》。他在东洋文库任奖励研究员，因此有机会利用日本国会图书馆所藏资料的优势把大谷探险队在中亚探险中留下的许多不明之处，其中包括李柏文书的出土地问题，尽量将有关原始资料整理出来，作为研究进展的基础作业。他在整理疏证这些资料中，把李柏文书的出土地，一直流行在日本的出土"孔雀达里亚下游的一个废墟"的说法，与在欧洲橘瑞超会见斯坦因出示文书照片后，斯坦因写进《西域》（Serindia）一书的出土于楼兰古城LA说，弥合了起来。这就是说，事过30年后，片山章雄的研究又否定了1959年森鹿三的说法，认为"李柏文书"的出土地仍然在LA而不在 LK。这就使当年王国维在这个问题上产生的疑云又浮上人们心头。

1990年12月光明日报出版社出版了孟凡人先生的新著《楼兰新史》，书中再次提出，"LA古城既不是楼兰国首都，也不是该王国更名为鄯善之后的首都。楼兰国从来没有在罗布泊沿岸定都。西汉元凤四年前后楼兰国首都始终在鄯善河流域扜泥城"。

林梅村在 1995 年第 6 期《文物》上发表了《楼兰国始都考》认为，当年黄文弼先生"楼兰古城应在土垠附近"的看法是正确的。他经过实地考察后进一步指出，楼兰古城应是 LA 东北 24 千米的 LE 古城。他认为，文献记载和考古发现都证明，佛教在东汉末传入塔里木盆地，但是，LE 古城不见任何与佛教有关的建筑，说明它的兴建必在东汉之前。1980 年新疆考古所楼兰考察队的调查也证实，这座古城的建造方式类似敦煌汉长城。因此，我们有充分理由认为，这座具有汉代建筑风格，地近东西交通孔道的楼兰古城就是西汉元凤四年以前的楼兰国都城。

不难看出，关于楼兰古城的争论，虽然进行了 100 年，但有些问题至今尚不能最后定论。由于楼兰古城遗址的确定，关系到两汉西域和近世西域考古的许多重大问题，可以预见，随着地下文物的不断发现，这一问题的争论终究会得到解决。

（原载于《中国史研究动态》2000年第10期）

129

西汉前期对匈奴政策的大辩论

汉初七十年，在对待匈奴问题上，始终存在着和与战两种思想路线的分歧。正如班固所说："人持所见，各有同异，然总其要，归两科而已。"（《汉书·匈奴传》）高祖刘邦时目光主要盯在异姓诸侯王身上。在刘邦看来，只要他们不叛乱，天下就可以安稳，因而对北边的匈奴并没有引起足够的重视。不仅刘邦如此，就是满朝文武也不以匈奴为意。他们甚至从秦始皇北逐匈奴而亡国的教训中得出了相反的结论。公元前202年，戍卒娄敬在洛阳上建都之策，建议高祖把都城定在关中，理由就是关中地形险固，可以居高临下，控扼中原。其着眼点也在防止诸侯王的作乱，并没有把他后来出使匈奴时看到的"匈奴白羊、楼烦王，去长安近才七百里，轻骑一日一夕可以至"（《汉书·娄敬传》）的情况考虑进去。陆贾是当时治国理论的奠基者。正是由于陆贾才使高祖改变了一向轻视儒生、戏弄儒生的态度，懂得了马上得天下而不能马上治之的道理。陆贾在为刘邦检讨"秦所以失天下"的原因时指出：筑长城于戎境，以备胡越……蒙恬讨乱于外，李斯执法于内，事愈烦天下愈乱，法愈滋而天下愈炽，兵马益设而敌人愈多"，结果最终导致了秦的败亡。这一见解固然有以秦为鉴，避免滥用民力，提倡"与民休息"无为而治的因素，但也可明显看出，当时一些有识之士包括像陆贾这样的人对匈奴问题也没有一个较为清醒的认识。由陆贾发其端，西汉的一些政论家、思想家几乎无不认为秦始皇筑长城伐匈奴是秦朝灭亡的原因之一。正是基于这一认识，高祖刘邦一朝，对匈奴该采取什么策略，是和是战，并未形成明确方针。刘邦起初只把北部疆土分封给诸侯王，以此来屏蔽朝廷。结果没有料到，北部诸王不堪匈奴一击，韩王信、燕王卢绾、赵相陈豨先后叛汉降匈，代王刘仲也只身逃回。北边门户洞开，京师受到威胁，于是刘邦又盲目出征，深入穷追，最后陷入重围，七昼夜不得进食。脱险后只好岁送子女玉帛委曲求全，苟且偷安。平城之战前不光刘邦胸无成竹，其他文武大臣也并未进上像样的方略。只有一个叫成的御史，认为刘邦不应该亲率大军深入穷追。娄敬也提出过异议，但他只是根据临战前的侦探，认为敌情有反常现象，恐中埋伏。而刘邦箭在弦上，劝解已无济于事。

平城一战，刘邦差点当了亡国奴。在此情况下，走上了一条迫不得已的和亲之路，主和的思潮占上风。

和与战的主张真正面折庭争，交锋于廊庙之上是在惠帝三年（前192年）。其时，匈奴单于遗书汉廷，谩侮吕后，语言极其猥亵。高后召群臣议斩使者，发兵出击。樊哙愤然请兵："愿得十万众，横行匈奴中。"中郎将季布当场予以迎头痛击："哙可斩也！前陈豨反于代，汉兵三十二万，哙为上将军，时匈奴围高帝于平城，哙不能解围……今歌吟之声未绝，伤痍者甫起，而哙欲摇动天下，妄言以十万众横行，是面谩也。且夷狄譬犹禽兽，得其善言不足喜，恶言不足怒也。"（《汉书·匈奴传》）经过季布的痛斥，刚刚萌生的主战情绪又被压下去了，吕后只好卑词厚礼，再图和亲。

文帝时，贾谊和晁错分别上疏。贾谊甚至直接指斥当时的和亲是"入贡职于蛮夷也，顾为戎人诸侯也。势即卑辱，而祸且不息，长此何穷。"说文帝"胡忍以帝皇之号特居此"。要求"以属国之官以主匈奴"，"必系单于之颈而制其命"（《新语·无为第四》）。他提出的"三表五饵"之术虽然不切实际，但这种对匈奴无所畏惧的精神对当时整个朝野是一种激励。晁错对当时汉匈双方的情况进行了认真分析，认为匈奴有长技三，汉军有长技五，如果扬长避短，从长计议，是能够最终制服匈奴的。因而他提出的徙民实边、拜爵以纳粟塞下、养马复除的建议被文帝采纳为当时边政的基本国策。

武帝初期，就如何对待匈奴的问题曾召集过两次御前会议。一次是元光元年（前134年），一次是元光二年（前133年），两次会议的主要代表人物都是大行王恢和御史大夫韩安国。前者主战，后者主和，各有所据。第一次辩论的缘由，是匈奴来请和亲，听与不听孰便？王恢认为："汉与匈奴和亲，率不过数岁即背约，不如勿许，兴兵击之。"理由比较简单，就是匈奴不讲信义，和亲无益。韩安国则认为："匈奴负戎马足，怀鸟兽心，迁徙鸟集，难得而制。得其地不足为广，有其众不足为强，自上古弗属。汉数千里争利，则人马疲，虏以全制其弊，势必危殆。"因而不如和亲。这次争论虽然韩安国占了上风，武帝答应了和亲，但只是一种暂缓之计，其实他的内心深处更赞许王恢的意见。

一年之后，武帝就此问题两次召问公卿："朕饰子女以配单于，币帛文锦，赂之甚厚。单于待命加嫚，侵盗无已，边境数惊，朕甚闵之。今欲举兵攻之，何如？"召问公卿，不过是要在理论上对出击匈奴给以充分论证，对过去长期流行的和亲论予以认真清理，把认识统一起来。答问中，和、战双方对各自的主张进行了最全面最完整的阐述，概括如下：

第一，是"私怨"还是"公愤"。韩安国认为：圣人以天下为度者也，不以私怨伤天下之功。"在他看来，当年刘邦被围平城，吕后被单于谩侮而终究卑身以事匈奴者，主要是不以"私怨"为计较，而以天下为利害。如果放弃祖宗传统而兴兵击胡，就违背了这一原则，就是"以私怨伤天下之功"。而王恢则指出："五帝不相复乐"，"各因世宜也"。"今边境数惊，士卒伤死，中国槽车相望，此仁人之所隐也"，是"公愤"而不是"私怨"，是朝廷生民大业，绝非个人意气之事。

第二，"和亲"与兵威，何者为上。韩安国认为，高祖"遣刘敬奉金千斤，以结和亲，至今为五世利"，只有和亲才能使边境安宁。王恢则认为，"匈奴独可以威服，不可以仁畜也"。因而他主张必须给予军事上的打击，慑之以威。

第三，匈奴难制还是易击。历来主张"和亲"者，无不认为匈奴士马精强，来去无定，难以为制。韩安国对此阐说："且匈奴，轻疾悍亟之兵也，至如飙风，去如收雷，畜牧为业，弧弓射猎，逐兽随草，居处无常，难得而制。"说到底还是恐惧畏战。但王恢则认为，能否制服匈奴，不仅要分析匈奴的特点，还要看汉朝本身的力量。汉初七十年，汉朝正处在与民休息，恢复发展时期，但至武帝时，汉朝的国力已与往日不可同日而语，取胜有绝对把握。

第四，在具体战术方面，韩安国认为："卷甲轻举，深入长驱，难以为功；纵行则迫胁，横行则中绝，疾则粮乏，徐则后利，不至千里，人马乏食。"总之，纵横左右都有难处，难保有功。但王恢却指出，出击匈奴并不一定非要深入千里，劳师袭远，而是要"顺因单于之欲，诱而致之边，吾选枭骑壮士阴伏而处以为之备，审遮险阻以为其戒。我势已定，或营其左，或营其右，或当其前，或绝其后，单于可禽，百全必取。"可见，他所主张的是一种伏击战的打法。采取的具体战术不同，导致了对最后胜败的看法不同，也由此而导致了对和、战态度的主张不同。

第五，针对当时朝野间普遍认为秦之所以亡就在于筑长城击匈奴的看法，王恢也给以有力驳斥，肯定了秦始皇的做法，为自己找到了历史支点。他说："昔秦穆公都雍，地方三百里，知时宜之变，攻取西戎，辟地千里，并国十四，陇西、北地是也。及后蒙恬为秦侵胡，辟数千里，以河为境，累石为城，树榆为塞，匈奴不敢饮马于河，置烽燧然后敢牧马。"从新的角度，总结了秦始皇击胡的功绩。

这场辩论，从理论上廓清了汉初七十年来始终弥漫在朝野上下对匈奴的恐惧心态和求和主张，扫除了出击匈奴的思想障碍，对当时和后世产生了深远影响。汉武帝全面出击匈奴以及连续取得一系列重大战役的胜利，都与这次大辩论在思想上确立了必胜的信念有直接关系。

（原载于《丝绸之路》1999年第6期）

浅论李广利伐大宛的功过是非

　　大宛，两汉时期的西域大国[1]。有户6万，口30万，胜兵6万。在《汉书·西域传》所列西域都护属下的50余国中，除乌孙之外，就其人口、胜兵而言，大宛位居第二[2]。王治贵山城，（一说在今卡桑赛，一说在今苦盏）大致范围即今费尔干纳盆地及其周围一带。据《史记·大宛列传》："自大宛以西至安息，国虽颇异言，然大同俗，相知言，其人皆深目，多须髯，善市贾，争分铢"。可知大宛人的种属，当属欧罗巴种。有人还认为，大宛应该是Tochair（吐火罗）之对译，说明大宛人可能是来自锡尔河北岸的塞人[3]。公元前329年，亚历山大进攻巴克特利亚，然后用皮筏子渡过阿姆河，占领索格底亚那（首府马拉坎达，即今撒马尔罕），在向锡尔河进发时，遭到当地人民的激烈反抗，最后建立一个新城亚历山大·厄什哈特，即今苦盏。因而又有人把大宛人的种属说成是希腊人[4]。不过，不管哪种说法，可以肯定的是：大宛人当属不同于中原汉人的另一人种。《史记·大宛列传》载：

　　　　其俗土著，耕田，田稻麦。有蒲陶酒。多善马，马汗血，其先天马子也。《汉书音义》曰："大宛国有高山，其上有马，不可得，因取五色母马置其下，与交，生驹汗血，因号曰天马子。"有城郭屋室。其属邑大小七十余城，众可数十万。其兵弓矛骑射。

　　这些描写，都与今天费尔干纳盆地的情况相符。中间盆地，适合农耕，四周高山，适应畜牧。特产是葡萄和马匹。

　　大宛与汉朝的来往虽始自张骞，但其对汉朝的了解却远早于此，"大宛闻汉之饶财，欲通不得，见骞喜"，就是这个意思。张骞两次西使，都到过大宛，第一次身所亲至，得到很好的接待，"为发导驿，抵康居"；第二次，分遣副使到各国，大宛是其中之一。张骞回汉后，各持节副使"颇与其人俱来"，自此后大宛和汉朝有了正式的外交往来。从张骞第二次出使西域到汉朝出兵伐大宛，中间十余年时间，汉与大宛的使节往来从未停止过。

一、汉伐大宛的动机

关于汉伐大宛的直接原因，《史记·大宛列传》《汉书·张骞李广利列传》记之甚详：

> 而汉使者往既多，其少从率多进熟于天子，言曰："宛有善马在贰师城，匿不肯与汉使。"天子既好宛马，闻之甘心，使壮士车令等持千金及金马以请宛王贰师城善马。宛国饶汉物，相与谋曰："汉去我远，而盐水中数败，出其北有胡寇，出其南乏水草。又且往往而绝邑，乏食者多。汉使数百人为辈来，而常乏食，死者过半，是安能致大军乎？无奈我何。且贰师马，宛宝马也。"遂不肯予汉使。汉使怒，妄言，椎金马而去。宛贵人怒曰："汉使至轻我！"遣汉使去，令其东边郁成遮攻杀汉使，取其财物。于是天子大怒，诸尝使宛姚定汉等言宛兵弱，诚以汉兵不过三千人，强弩射之，即尽虏破宛矣。天子已尝使浞野侯攻楼兰，以七百骑先至，虏其王，以定汉等言为然。

概括说，就是求善马不得，汉使反被攻杀。再说，元封三年（前108年）虏楼兰王、破姑师一战，汉军孤军深入，轻易取胜，也使汉朝朝野上下有一种侥幸取胜的心理。

但是这都是表面现象。往深层看，汉伐大宛尚有其自身的必然性，主要表现在三个方面：首先，经营西域是汉武帝出击匈奴战略的重要组成部分，无论是派遣使者（如张骞），送公主和亲（如与乌孙），抑或是出兵攻取（如虏楼兰王灭姑师），最终控制西域，是汉王朝制服匈奴的战略步骤。其次，随着张骞通西域"吏卒皆争上书，言外国奇怪利害"。汉武帝对西域的经营，已经从单纯对付匈奴，发展到了"广地万里，重九译，致殊俗，威德遍于四海"的战略目标。要实现这一战略，除了用和平方式外，进兵西域是早晚的事。再次，当时的西域诸国对汉与匈奴的态度，主要以军事武力为转移。"宛以西……然以畏匈奴于汉使焉"。这种对汉朝与匈奴态度的截然不同，也决定了汉朝必须在军事上对西域取得决定性胜利。在这种情况下，正遇上汉使大宛求马不得而被杀，使大宛对汉朝的藐视程度发展到了无以复加而使汉天子忍无可忍的地步，汉朝选择大宛作为军事打击的目标就成了自然而然的事。

二、李广利伐大宛的具体经过

李广利伐大宛，并不是一个顺利的过程。从太初元年到太初四年（前104到前101年），历时四载，经过了两个阶段。第一阶段选将、调兵、西进受挫。《史记·大宛列传》有云：

> 欲侯宠姬李氏，拜李广利为贰师将军，发属国六千骑，及郡国恶少年数万人，以往伐宛。期至贰师城取善马，故号"贰师将军"。……军既西过盐水，当道小国恐，各坚城守，不肯给食。攻之不能下。下者得食，不下者数日则去。比至郁成，士至者不过数千，皆饥罢。攻郁成，郁成大破之，所杀伤甚众。贰师将军与（李）哆、（赵）始成等计："至郁成尚不能举，况至其王都乎？"引兵而还。往来二岁。还至敦煌，士不过什一二。使使上书言："道远多乏食；且士卒不患战，患饥。人少，不足以拔宛。愿且罢兵。益发而复往。"天子闻之大怒，而使使遮玉门，曰军有敢入者辄斩之！贰师恐，因留敦煌。

第一次出兵受挫，原因主要是道路艰险，士卒乏食。往来二岁，百分之八九十的士卒死于饥饿。

第一次受挫后，是否继续派兵进攻，朝廷发生了分歧。在李广利出兵后的第二年夏天，朝廷派浞野侯赵破奴率军2万余进攻匈奴，全军覆没，主将赵破奴也投降匈奴。赵破奴是汉朝一员猛将，曾追随霍去病击匈奴，因功封为从票侯。后坐酎金失侯。又于元封三年（前108年）破楼兰姑师，因功再封浞野侯，此次全军覆没，无疑是汉朝一大损失。西域和匈奴同时用兵失利，"公卿议者皆愿罢宛军，专力攻胡"。但汉武帝却持相反态度，他认为："宛小国而不能下，则大夏之属轻汉，而宛善马绝不来，乌孙、仑头易苦汉使，为外国笑。"并且处置了持不同意见者邓光等人。显然攻宛不下，已不是个单纯的大宛问题，而牵扯到整个西域战略的实施，于是增兵派将，补充兵力，再第二次进攻。

战争的第二阶段，《史记·大宛列传》如下记述：

赦囚徒材官，益发恶少年及边骑，岁余而出敦煌者六万人，负私从者不与。牛十万，马三万余匹。驴骡橐它以万数。多赍粮，兵弩甚设，天下骚动，传相奉伐宛，凡五十余校尉……而发天下七科适。及载糒给贰师，转车人徒相连属至敦煌。

第二阶段的战争经过，《史记·大宛列传》《汉书·张骞李广利传》都有一致记载，大致经过是：

于是贰师后复行，兵多，而所至小国莫不迎，出食给军。至仑头，仑头不下，攻数日，屠之。自此而西，平行至宛城，汉兵到者三万人。宛兵迎击汉兵，汉兵射败之，宛兵走入，保其城。贰师兵欲行攻郁成，恐留行而令宛益生诈，乃先至宛，决其水源。移之，则宛固已忧困。围其城，攻之四十余日，其外城坏，虏宛贵人勇将煎靡。宛大恐，走入中城。宛贵人相与谋曰："汉所为攻宛，以王毋寡匿善马而杀汉使。今杀王毋寡而出善马，汉兵宜解；即不解，乃力战而死未晚也。"宛贵人皆以为然，共杀其王毋寡。持其头遣贵人使贰师，约曰："汉毋攻我。我尽出善马，恣所取，而给汉军食。即不听，我尽杀善马，而康居之救且至。至，我居内，康居居外，与汉军战。汉军熟计之，何从？是时康居候视汉兵，汉兵尚盛，不敢进。贰师与赵始成、李哆等计："闻宛城中新得秦人，知穿井，而其内食尚多。所为来，诛首恶者毋寡。毋寡头已至，如此而不许解兵，则坚守，而康居候汉罢而来救宛，破汉军必矣。"军吏皆以为然，许宛之约。宛乃出其善马，令汉自择之。而多出食食给汉军。汉军取其善马数十匹，中马以下牡牝三千余匹，而立宛贵人之故待遇汉使善者名昧蔡以为宛王，与盟而罢兵。终不得入中城。乃罢而引归。

在贰师将军主攻大宛国都贵山城的同时，还派出偏师进攻贵山东部的郁成。郁成是大宛东部属邑，其地即今吉尔吉斯斯坦的乌兹根。早在李广利出师之前，郁成就秉承大宛贵人的旨意，攻杀汉朝求马的使臣车令等人。李广利第一次进军大宛就是由于郁成久攻不下而不得不折回敦煌。此次所派偏师，校尉王申生和故鸿胪壶充国等千余人，又被郁成袭杀。最后，李广利派搜粟都尉上官桀往攻郁成，城破，郁成王逃康居，汉兵追杀之，使大宛之战取得全局胜利。

三、李广利伐大宛的意义

李广利伐大宛是两汉之世唯一一次大规模远征西域的事例，无论其后的哪一次西域用兵就其规模之大、时间之久，劳师远袭都不能与此相比。其意义就在于"汉既诛大宛，威震外国"[5]。初步实现了汉武帝"威德遍于四海"的目的。正如《汉书·西域传》所载：

> 自贰师将军伐大宛之后，西域震惧，多遣使来贡献，汉使西域者益得职。于是自敦煌西至盐泽，往往起亭，而轮台、渠犁皆有田卒数百人，置使者校尉领护，以给使外国者。……又发使十余辈，抵宛西诸国求奇物，因风谕以伐宛之威。宛王蝉封与汉约，岁献天马二匹。汉使采蒲陶、目宿种归。天子以天马多，又外国使来众，益种蒲陶、目宿离宫馆旁，极望焉。

从政治上讲，"贰师将军之东，诸所过小国闻宛破，皆使其子弟从军入献，见天子，因以为质焉"[6]。这就奠定了西域诸国最终从属汉王朝的基础。而使者校尉的设立，为西域都护的前身，他是汉王朝在西域直接派官设职的开始。后来西域都护设立，西域50余国尽为内属绝不是偶然的。从军事上看，汉朝军威远播，汉之边疆亦从敦煌延伸到罗布泊的楼兰，开辟了中西交通的通道。从外交上看，中外使节来往不断，络绎于途，出现了比前更加繁荣的局面。从经济上看，汉朝首先屯田于渠犁和轮台"以给使外国者"，从物质上保障了中西交通的畅通，促进了经济文化的交流。更重要的是，汉武帝远征西域，其雄心和魄力显示了国家和民族一种不甘示弱、勇于开拓的进取精神。这种精神是中华民族之灵魂所在。

当然，从另一方面看，汉伐大宛，也有其不可避免的消极作用，主要是付出的代价太高，投入的人力、财力和畜力不可胜数，给人民带来不堪忍受的负担和灾难。即所谓："贰师将军伐大宛，天下奉役连年。"[7]后来陈汤灭郅支，朝廷未予加封，刘向鸣不平，曾上疏曰："贰师将军李广利捐五万之师，靡亿万之费，经四年之劳，而廑获骏马三十四，虽斩宛王毋寡之首犹不足以复费"[8]。直到唐代，侯君集攻下高昌，中书侍郎岑文本为之上疏请功，也援引了上述言论[9]。当然，仅从获得了多少骏马来考虑，自然是得不偿失。

参考文献：

[1] 关于大宛之得名，有人认为"宛"即"安集延"之略译。（说见岑仲勉《汉书西域传地里校释》第288页，中华书局1981年2月出版；另有人认为，正如Bactra被称为大夏一样，Ferghan便被称为"大宛"；两者均是Tochari的异译。（说见余太山《塞种史研究》第72页，中国社会科学出版社1992年版）。

[2] 比大宛人口多者，尚有康居和大月氏，但二者当时不属都护。

[3] 见前揭余太山《塞种史研究》第86页。

[4] 曾吾问《中国经营西域史》插页《前汉西域都护统属国一览表》，商务印书馆1936年版。

[5]《史记·匈奴列传》。

[6]《史记·大宛列传》。

[7]《汉书·五行志》。

[8]《汉书·陈汤传》。

[9]《旧唐书·侯君集传》。

（原载于《甘肃社会科学》2002年第4期）

武威"王杖"简新考

　　1959年在武威磨嘴子18号汉墓出土的"王杖十简"和1981年在该地区征集的"王杖诏书令"册,是研究汉代养老制度的重要资料。自出土以来一直受到学术界关注,取得了相当的研究成果。[1]但还有诸多问题需要重新认识。本文在前人研究的基础上,谈一点自己的看法。凡前人已有研究且为学界所公认者,本文从略;凡前人未曾言及或者已有研究但尚需继续讨论者,提出自己的看法,以求教于大方之家。

一、关于"王杖十简"

　　王杖十简,简长23厘米左右,宽约1厘米,每简容字多者37字,少者6字,总共240字。简文如下:

---

①甘肃省博物馆:《武威汉简在学术上的贡献》《甘肃武威磨嘴子汉墓发掘》,均见《考古》1960年第9期;陈直:《甘肃武威磨嘴子汉墓出土王杖十简通考》、武伯纶《关于马镫问题及武威汉代鸠杖诏令木简》,均见《考古》1961年第3期;礼堂:《王杖十简补释》,《考古》1961年第5期;郭沫若:《武威"王杖十简"商兑》,《考古学报》1965年第2期;武威博物馆:《武威新出土王杖诏令策》,收入《汉简研究文集》,甘肃人民出版社1984年;李均明:《关于武威新出土〈王杖诏令书〉一处简文的解释》,《文史》1986年总26辑;李昭和:《关于王杖诏书令册中〈本始令〉的质疑》,《成都文物》1992年第1期;【日本】大庭脩《汉代的决事比——玉杖十简排列一案》,《简牍研究译丛》第二辑,中国社会科学出版社1987年;胡平生:《〈王杖诏令册〉"衣幢"解》,《文史》第37辑;同氏:《玉门、武威新获简牍文学考释》,《考古与文物》1986年第6期;《说"鸠杖"》,《文物天地》1988年第2期;劳诺:《汉时提问今时答——兼谈出土的王杖诏书令册》,《中国文物报》1993年1月10日。大庭脩《汉简研究》第二章,广西师大出版社2001年。

制诏御史曰：年七十受王杖者比六百石，入官廷不趋，犯罪耐以上毋二尺告劾，有敢徵召侵辱（1）

·者比大逆不道。建始二年九月甲辰下。（2）

制诏丞相、御史：高皇帝以来至本二年，胜（朕）甚哀老小，高年受王杖，上有鸠，使百姓望见之（3）

·比于节。有敢妄骂詈殴之者比逆不道，得出入官府郎（廊）弟、行驰道旁道。市卖复毋所与，（4）

·如山东复，有旁人养谨者，常养扶持，复除之，明在兰台、石室之中。王杖不鲜明，（5）

·得更缮治之。河平元年汝南西陵县昌里先，年七十受王杖，颡部傲吴赏使从者（6）

·殴击先，用诉地大守，上瀙（讞）廷尉报，罪名（7）

·明白，赏当弃市。（8）

·孝平皇帝元始五年幼伯生，永平十五年受王杖。（9）

·兰台令第卅三、御史令第卅三、尚书令灭受在金。[①]（10）

王杖十简发表后，首先是它的排列顺序发生了争论，上引次序是按照最初发表的顺序排列的。到目前为止，可有甲乙丙丁戊己六种不同的意见。如果把最初发表的顺序作为甲种意见，那么乙种意见见之于陈直《甘肃武威磨嘴子汉墓出土王杖十简通考》，丙种意见见之于武伯纶《关于马镫问题及武威汉代鸠杖诏令木简》，丁种意见见之于《武威汉简》一书[②]，戊种意见见之于郭沫若《武威"王杖十简"商兑》，己种意见见之于武威博物馆《武威新出土王杖诏令册》。六种意见按照上引简文的顺序列表如下：

甲	1	2	3	4	5	6	7	8	9	10
乙	1	2	3	4	5	6	7	8	10	9
丙	1	2	5	6	7	8	9	3	10	
丁	2	3	4	5	6	7	8	9	10	1
戊	9	10	3	4	5	6	7	8	1	2
己	7	8	1	2	3	4	5	6	10	9

①考古研究所编辑部：《武威磨嘴子汉墓出土王杖十简释文》，《考古》1960年第6期。
②《威武汉简》，文物出版社1964年。

上表可以看出，六种排列，万变不离其宗。主要是：第一，第1、2简52字，可以连读，意思完整，不管排在何处，都不能拆开，是一个相对独立的部分。第二，第3—8简六枚简，151字，也是可以连读的完整部分，既不可分开又不可错乱，顺序是固定的，不管排在哪里，也是一个相对独立的部分。因此，所谓六种排列都是在第9、第10两简中做文章。而第9、第10两简就其内容而言则是各自独立的，同其他各简在句意上没有联接关系，所以不管将之排在前面还是后面，并不影响对简文的正确理解。

下面就简文内容考证如下：

第一简，制诏御史曰：年七十受王杖者比六百石，入官廷不趋，犯罪耐以上毋二尺告劾，有敢征召侵辱。

"制诏"，汉代皇帝颁发诏书的起首语。"制诏"之后，为接受诏书的臣下或官署，受诏后由其负责传达和执行。御史在此为御史大夫的省称，"制诏御史"即发给御史大夫的诏书。第三简有"制诏丞相御史"，即同时发给丞相、御史的诏书。同样的例子在文献中常见，如："制诏丞相、太尉、御史大夫"，见《汉书·文帝纪》；"制诏太常"，见《郊祀志》；"制诏将军"，见《吴王濞列传》；"制诏昌邑王"，见《武五子列传》；"制诏会稽太守"，见《严助列传》，等等。可见制诏某某，可为皇帝下诏的习用语。

"比六百石"，汉时比六百石官员主要有奉常之博士，郎中令所属之议郎、中郎、谒者，校尉所属之丞、司马、侯、太子洗马、王国之中大夫等。另据《续汉书·百官志》，"每县、邑、道，大者置令一人，千石；其次置长，四百石；小者置长，三百石。侯国之相，秩次亦如之。"可见"比六百石"之秩是很高的，比一个中等县的县长的秩次还要高。但简中的"比六百石者"，乃虚衔而非实职，只是享受同等规格的礼节而已，并不食俸禄。

"入官廷不趋"，趋者小步快行。百姓见官要小步快跑，以示恭敬。简中"入官廷不趋"，是对老者的尊敬和礼遇。

"犯罪耐以上毋二尺告劾，有敢征召侵辱者比大逆不道。"《说文》："耐，罪不至髡也。耐，或从寸，诸法度字从寸。"段注："耐之罪轻于髡。髡者剃发也。不剃其发，仅去须鬓是曰耐。"汉代罚作复作为一岁刑，司寇为二岁刑，鬼薪白粲为三岁刑，完城旦舂为四岁刑。汉制，二岁刑至四岁刑统称为耐罪。耐罪以上有髡钳，为五岁刑，另有肉刑、死刑等等。大意为即使犯有耐罪以上的罪，只要无人告发弹劾，也不许随意征召侵辱，否则按大逆不道论。《汉书·杜周传》："客有谓周曰：'君为天下决平，不循三尺法。'"孟康曰："以三尺竹简书法律也。"又《朱博传》云："如太守汉吏，奉三尺律令以从事耳。""三尺律令，人事出其中。"后多以"三尺"以法律之总称。《汉官旧仪》卷下有"亭长持三尺板以劾贼。"《续汉书·百官志》补注引《汉官仪》为"持二尺板"[①]。今传《汉官六种》概为后人辑录，源自两《汉书》旧注和唐宋类书所引，辑文中所谓"持三尺板"者当为《续汉志》补注中"持二尺板"之误，简文"毋二尺告劾"可以为证。

第二简，"建始二年九月甲辰下"，按，该年九月乙酉朔，甲辰为二十日。即公元前31年11月7日。

第三简，"高皇帝以来至本二年"一语，过去对"本二年"分歧颇多，至"王杖诏书令"出土后，为之释然，本二年即本始二年，公元前72年。

"胜甚哀老小"，同王杖诏书令之"朕甚哀怜耆老"略同，胜当为朕，抄写致误，前人已指出。

"使百姓望见之，比于节。"节者，符节也。一种作为凭信的标志。汉人凡发兵出使均须信玺符节以为凭。师古曰："符，谓诸所合符以为契者也。节，以毛为之，上下相重，取象竹节，因以为名，将命者持之以为信。"

第四简，"比逆不道"。"比"后脱一"大"字，当为"比大逆不道"。

"得出入官府郎弟"，郎弟当为廊第，即官署办公之处，或指廊庙。《汉书·天文志》宫庙廊弟，人民所次"即此意。

"行驰道旁道"，驰道乃专为天子所行之道。《史记·秦始皇本纪》应劭曰："驰道，天子道也，道若今之中道然。"《汉书·贾山传》：秦"为驰道于天下，东穷燕齐，南极吴楚，江湖之上滨海之观毕至。道广五十步，三丈而树，厚筑其外，隐以金椎，树以青松。"汉制：步6尺，尺23.1厘米，如此，1步为138.6厘米，而50步约等于7丈左右。驰道七丈，中央三丈者，专供天子车马驱驰，任何人不得通行；两边各2丈，则为驰道之旁道，各路使节经特许后可在旁道通行。《汉书·鲍宣传》如淳曰："令诸使有制得行驰道中者，行旁

---

①周天游点校：《汉官六种》，中华书局1990年，第49页。

道，无得行中央三丈也。"简文所谓"行驰道旁道"即此意。

"市卖，复毋所与。"按，市卖，当为市卖毋租，简文有讹夺。"王杖诏令册"有"贾市毋租，比山东复"、"列肆贾市毋租，比山东复"。此简"市卖"，文意不明，学界大都强为之解，多有歧义。而"王杖诏令册"一出，其意豁然，抄写时脱漏了"毋租"。细审"王杖十简"和"诏令册"的内容和文字，绝非朝廷颁发之养老令之原件，而只是为死者随葬的抄录件。因而简文中只是抄录了大意，而非一字不差地誊录，讹夺衍误之处随时可见。关于这一点，下面还要说到。"复毋所与"，陈直先生以为，与读为豫，谓终身不豫徭役之事也。《汉书·高帝纪》："复其民，世世无有所与"，"令视其冢，复亡与它事"即此意。

第五简，"如山东复"，即比照山东一带的诏令免除赋税。师古曰："复者，除其赋役也。"包括赋税和徭役。但实际上，汉代的"复"主要指免除赋税，如果同时也免除徭役，一般都要特别说明。如：

汉二年二月，令民除秦社稷，立汉社稷。施恩德，赐民爵。蜀汉民给军事劳苦，复勿租税二岁。关中卒从军者，复家一岁……择乡三老一人为县三老，与县令丞尉以事相教，复勿徭戍。

汉五年五月，兵皆罢归家。诏曰："诸侯子在关中者复之十二岁。其归者半之。……非七大夫以下，皆复其身及户，勿事。

七年春正月，民产子，复勿事二岁。

八年春三月，行如雒阳。令吏卒从军至平城及守城邑者，皆复终身，勿事。

高祖十二年（前195年），刘邦击败英布回到家乡沛县，与沛县父老酒礼高会，唱了"大风歌"，复其民，世世无有所与。临走时在沛县父老的一再请求下，"乃并复丰，比沛"。

所谓"复勿徭戍"、"勿事"、"无有所与"，即是同时免除徭役的意思。

汉代的山东指华山或崤山以东的广大地区，而简文中的山东主要指刘邦的家乡丰、沛一带。上引材料中，高祖十二年（前195年）路过沛县，"复其民，世世无有所与"，"乃并复丰，比沛"。王杖简中，所谓"山东复"，当指此事。《汉书·高帝纪》："沛公居山东时，贪财好色。"《韩王信传》："士卒皆山东人，踆而望归，及其蜂东乡，可以争天下。"《汉书·张良列传》："左右大臣皆山东人，多劝上都雒阳。"《娄敬列传》："高帝问群臣，群臣皆山东人，争言周王数百年，秦二世则亡，不如都周。"刘邦起自丰、沛，起初一起造反者多为家乡故旧，他们大都自称山东人。王杖诏令册将高年老人"比山东复"，除了强调具有同等的内涵外，或可寓有不忘故旧的意思。当然，王杖十简和诏书令册出自东汉墓中，距汉高祖刘邦为时已远。但简文中抄录的诏令却有本始二年和建始二年的内容，况且"高皇帝以来"云云，显然已追溯到了汉初的诏令，因此，所谓"比山东复"者，谓王杖者可比照刘邦当年对家乡的免除其徭役赋税。

"有旁人养谨者，常养扶持，复除之。"养谨，即勤谨赡养。《汉书》卷85《杜邺传》："邺闻：人情，恩深者其养谨，爱至者其求详。"简文全句谓：如果别人能勤谨奉养，承担了赡养服侍的责任，亦免除其赡养者的赋役。

"兰台、石室"，汉代典藏图籍秘书之处。《后汉书》卷66《王允传》："及董卓迁都关中，允悉收敛兰台、石室图书秘纬要者以从。既至长安，皆分别条上。"《儒林传》："初，光武迁还洛阳，其经牒秘书载之二千余两，自此以后，参倍于前。及董卓移都之际，吏民扰乱，自辟雍、东观、兰台、石室、宣明、鸿都诸藏典策文章，竞共剖散，其缣帛图书，大则连为帷盖，小乃制为縢囊。及王允所收而西者，载七十余乘，道路艰远，复弃其半矣。后长安之乱，一时焚荡，莫不泯尽焉。"从王杖简看，兰台、石室不仅收藏图书秘籍，律令档案亦在收藏之列。

第六简，河平元年，公元前28年。"汝南西陵"，两《汉书》不载，有西陵县地属江夏郡，而汝南郡唯有召陵、西华等，陈直认为西陵当为召陵，西、召二字形近致误。

"頬部游儌"，儌与徼通，《续汉书·百官志》："游徼掌徼循，禁司奸盗。"頬部，当为游徼之属地或辖境。

第七简，"用诉地大守，上�廷尉"，前句可能有脱字，大意是投诉上告到当地太守。瀮通谳，复审定罪，即将案情上报廷尉。

第八简，"元始五年"，公元5年。永平十五年，公元72年。幼伯受王杖时68周岁，古人以虚岁论，当为69岁。而民间69岁者可称小70岁，故幼伯受王杖符合规定，并非年龄不够亦可受王杖。

第九简，"兰台令第卅三"，根据下引"王杖诏书令"，应为"兰台令第

145

冊三"，"卅"误为"卅"，同"御史令第卌三"均指该养老令在兰台、御史的编目次第。"灭受在金"，文义不解，可能有讹夺，郭沫若以为灭为密之通假，金指金城郡，"密受在金"，即该王杖和诏令经尚书令密封后授之于邻近之金城郡。[①]亦有人认为，当指金匮石室之类。[②]两说均嫌牵强。王杖诏令册有"尚书令咸"，胡平生认为，咸威形近相混，当指人名，其说甚是。[③]

二、关于"王杖诏令册"

《王杖诏书令》册包括木简26支，长23厘米，宽1厘米。原简背面有编号，第一至第廿七，中间缺第十五。正面有字556个。内容分四部分：第1~3简，兰台令第卌二；第4~6简，成帝建始元年诏书；第7~11简，高年赐鸠杖的律令和一件具体案例；第12~20简，一件吏民上书和皇帝批谕；第21~26简，元延三年诏书和十一件被判弃市的案例；第27简，王杖诏书令册题签。简文如下：

制诏御史：年七十以上人所尊敬也，非首杀伤人毋告劾也，毋所坐。年八十以上生日久乎？（1）

年六十以上毋子男为鳏（鳏），女子年六十以上毋子男为寡，贾市毋租，比山东复，复（2）

人有养谨者扶持。明著令。兰台令第卌二（3）

·孤独盲珠孺不属律人，吏毋得擅徵召，狱讼毋得毄，布告天下，使明知朕意。（4）

夫妻俱毋子男为独寡，田毋租，市毋赋，与归义同，沽酒醪列肆。尚书令（5）

臣咸再拜受诏。建始元年九月甲辰下（6）

·汝南太守灂（灉）延尉：吏有殴辱受王杖主者，罪名明白。（7）

①郭沫若：《武威"王杖十简"商兑》，《考古学报》1965年第2期。
②武威博物馆：《武威新出土王杖诏令策》，收入《汉简研究文集》，甘肃人民出版社1984年。
③胡平生：《玉门、武威新获简牍文字考释》，《考古与文物》1986年第6期。

制曰：瀸（讞）何？应论弃市。云阳白水亭长张熬坐殴拙受王杖主，使治道，男子王汤（8）

告之，即弃市。高皇帝以来至本始二年，朕甚哀怜耆老，高年赐王杖，（9）

上有鸠，使百姓望见之，比于节，吏民有敢骂詈殴辱者，（大）逆不道。（10）

得出入官府节（郎）弟，行驰道中，列肆贾市毋租，比山东复。（11）

长安敬上里公乘臣广昩死上书（12）

皇帝陛下：臣广知陛下神零覆盖万民，哀怜老小，受王杖承诏。臣广未（13）

常有罪耐司寇以上，广对乡吏趣，未辨。广对质，衣僵吏前。乡吏（14）

下不敬重父母所致也，郡国易然。臣广愿归王杖，没入为官奴，（15）

臣广昩死再拜以闻（16）

皇帝陛下。（17）

制曰：问何乡吏？论弃市，毋须时。广受王杖如故。（18）

元延三年正月壬申下。（19）

制诏御史：年七十以上杖王杖，比六百石，入官府不趋，吏民有敢殴辱者，逆不道，（20）

弃市。令在兰台第卅三。（21）

汝南郡男子王安世坐桀黠击鸠杖主，折伤其杖，弃市。南郡亭长（22）

司马护坐擅召鸠杖主，击留，弃市。长安东乡啬夫田宣坐毃（23）

鸠杖主，男子金里告之，弃市。陇西男子张汤坐桀黠殴击王杖主，折伤（24）

其杖，弃市。亭长二人、乡啬二人、白衣民三人皆坐殴辱王杖功，弃市。（25）

· 右王杖诏书令在兰台第卅三（26）

疏解如下：

第一简，"非首，杀伤人，毋告劾也，毋所坐。"意谓非诬告、杀伤人，不得告劾，不坐罪。自首或告发别人谓之首。《广韵·宥韵》："首，自首前罪。"《正字通·首部》："首，有咎自陈及告人罪曰首。"参证《汉书》的记载，简文之"首"，非自首或告发，当指诬告。《汉书·宣帝纪》："（元康）四年春正月诏曰：'自今以来，诸年八十以上，非诬告，杀伤人，佗皆勿坐。'"简文言"七十以上"，《汉书》言"八十以上"，盖因养老令年限规定在逐步放宽，先规定"八十以上"，后来放宽到"七十以上"。说明《汉书》所载元康四年诏在前，简文内容在后，汉代养老政策有一个历史的发展过程。除此之外，其他内容基本是相同的。有人认为，首者指首恶、首魁、首谋，即犯罪首恶[①]。李均明认为，"非首杀伤人"应该连读，首通手，即亲自杀伤人。[②]胡平生亦以为此句不宜在首下断句，"非首杀伤人"者，意即"为谋首而杀伤人"。[③]三说都可通。

第二简，"年六十以上毋子男为鲲（鳏），女子年六十以上毋子男为寡。"

简文之子男当指儿子。《史记·春申君列传》："妾赖天有子男，则是君之子为王也。……楚王召入，幸之，遂生子男，立为太子。"《汉书·卜式传》："臣愿与子男及临菑习弩、博昌习船者请行，死之以尽臣节。"师古曰："子男，自谓其子也。"《后汉书·周荣传》："以老病乞身，卒于家，诏特赐钱二十万，除子男兴为郎中。"

鲲当为鲲，汉隶中从鱼之字常有讹从角者，如"鲜"作"觧"，见"鲁峻石壁残画像"[④]。"鳏"作"鰥"，如"北海相景君铭"、"曹全碑'等。鲲读为鳏，古音同在文部见母，同音相假。《诗·齐风·敝笱》："其鱼鲂鳏"，《太平御览》卷940引鳏、作鲲；《尔雅·释鱼》："鲲，鱼子。"《诗·齐风·敝笱》郑笺鲲作鳏。[⑤]

---

①考古研究所编辑部：《武威磨嘴子汉墓出土王杖十简释文》。
②李均明：《关于武威新出土〈王杖诏令书〉一处简文的解释》，《文史》第26辑，中华书局1986年。
③胡平生：《玉门、武威新获简牍文字考释》。
④《隶辨》第45页。
⑤见高亨《古字通假会典》第122页。

鳏，《说文》鱼也，从鱼，罘声。鳏即鳏鱼，其性独行，故曰鳏。从文献看，鳏有三义，一是老而无妻曰鳏，见《孟子·梁惠王下》："老而无妻曰鳏，老而无夫曰寡，老而无子曰独，幼而无父曰孤。"此外《礼记·王制》有"少而无父者谓之孤，老而无子者谓之独，老而无妻者谓之矜（鳏、矜古今字），老而无夫者谓之寡。"这是至今比较通用的解释。二是无妻谓之鳏。如《管子·入国篇》："丈夫无妻曰鳏，妇人无夫曰寡。"又《揆度篇》："匹夫为鳏，匹妇为寡。"《尚书》"有鳏在下曰虞舜。"孔疏：《王制》云：老而无妻曰鳏。舜于时年未三十而谓之鳏者，《书传》称孔子对子张曰：舜父顽，母嚚，无室家之端，故谓之鳏。鳏者无妻之名，不拘老少。三是夫妻暂别亦谓之鳏。《诗》云："何草不玄，何人不矜。"郑笺："无妻曰矜。从役者皆过时不得归，故谓之矜。"孔疏云："不必皆老，但行役过时，久不得归，与无妻同，故谓之矜也。"

此言"年六十以上毋子男为鳏，女子年六十以上毋子男为寡"，意谓六十岁以上老人无儿子者男为鳏，女为寡。与上述文意有别。盖抄录者文化素质较差而致误。

第三简，"复人有养谨者扶持"，有脱字，意当同王杖十简之"有旁人养谨者，常养扶持，复除之"一语。

第四简，"孤独盲珠孺不属律人，吏毋得擅征召，狱讼毋得毄，布告天下，使明知朕意。"

珠孺今作侏儒；律人当为逮人，形近致误。毄读为繋，谓使用枷锁之类的械具。《汉书·刑法志》："（后元）三年，复下诏曰：'高年老长，人所尊敬也，鳏寡不属逮者，人所哀怜也，其着令，年八十以上，八岁以下及孕者未乳、师、朱儒，当鞠系者颂系之。'"师古曰："乳，产也。"如淳曰："师，乐师，盲瞽者，朱儒，短人不能走者。"师古曰："颂，读曰容，容，宽容之，不桎梏。"

第五简，"夫妻俱毋子男为独寡。"毋通无，句意甚混乱。既然为夫妻，夫无子男者妻自然无之，反之亦然。何可言俱无子男？难道夫无子男而妻反有之？显然抄录者只撮抄大意，忽略了此类细节问题。"田毋租，市毋赋，与归义同。"蛮夷投诚谓之归义。两汉时期，凡投诚蛮夷如匈奴、羌人、乌桓、鲜卑者，其首领多封之以侯、封之以王，以示优抚。但归义投诚的下层人民受何种优待，史书无载。此简或可补之，即"田毋租，市毋赋"。"沽酒醪列肆"，谓允许老人在集市上卖酒，是一种优待政策，《武威新出王杖诏令册》一文论之甚详。"尚书令"，少府属官，掌诏令起草和文件收发。武帝时改称中谒者令，升六百石而为千石。成帝建始四年（前29年）复为尚书令。虽属少府，但事权极重，到东汉时已渐成朝廷中枢。

第六简，"建始元年九月甲辰下"，建始元年九月无甲辰，疑"二年"误为"元年"，或可同王杖十简中"建始二年九月甲辰下"一语。

第七至十一简抄录汝南郡一宗殴辱王杖主的案例和一件诏书，诏书内容同王杖十简的诏书内容除个别词句外大致相同，也是一种撮录，而非原件。第八简"殴批"，谓殴辱和拖拽。《广韵·薛韵》："批，亦作拽，挩也。"第十简，"逆不道"脱一"大"字。第十一简"节弟"当为"郎弟"之误，即上文所言"廊第"。

第十三简至二十简，一份王杖主的上书和皇帝的批语。第十三简"神零"即"神灵"，零与灵通。《隶释》卷九《吴仲山碑》："神零有知。"洪适释零为灵。神灵者，汉人颂扬天子之习语。《汉书·卫青传》："赖陛下神灵，军大捷，皆诸校力战之功也。"《陈汤传》："赖陛下神灵，阴阳并应，天气精明，陷陈克敌，斩郅支首及名王以下。"《匈奴传》："蒙天子神灵，人民盛壮，愿从五百人入朝，以明天子盛德。"第十四简"未常"当为"未尝"，常与尝通，《史记·高祖本纪》："高祖为亭长时，常告归之田。"《汉书》"常"作"尝"。"广对乡吏趣，未辨。广对质，衣僵吏前。"趣通趋，当为入官廷不趋"之趋，即小步快跑。有人将之解释为"促"，不通。"衣僵"胡平生认为衣乃卒之误写，卒通猝。僵，偃也，偃为仰倒。猝僵为猝然晕倒。其说甚是。[1]

第十六简，"易然"当为"亦然"，易、亦均为余母字，易属锡部、亦属铎部，可旁转。《论语·述而》："五十以学《易》，可以无大过矣。"《经典释文》："鲁读易为亦。""郡国易然"即郡国亦认可乡吏的做法。第十九简，"毋须时"即不用等待。《汉书·王莽传》："方出军行师，敢有趋讙犯法者，辄论斩，毋须时。"师古曰："须，待也。"第二十简，"元延三年正月壬申"，公元前10年2月18日，夏历正月十六日。

第二十一至二十六简，引录一件诏书，列举四件案例、十一人被弃市的

---

[1]胡平生：《〈王杖诏书令〉册"依僵解"》，见《文史》第37辑。

材料。第二十四简，"擅召鸠杖主，掔留。"即擅自征召王杖主，并使用械具，将其拘押。掔当作掔，形近致误。再说二字都从殸得声，可通。本简末一"毄"，亦为"繫"之异构，汉简中常见之。第二十六简，"乡啬二人"，啬后脱一"夫"，当为"乡啬夫二人"。无官职爵禄者谓之"白衣民"，即一般平民。《史记·儒林列传》："而公孙弘以《春秋》，白衣为天子三公。"即指此。"皆坐殴辱王杖功"，功即事功，此处指某种行为之结果。《汉书·薛宣传》："《春秋》之义，意恶功遂，不免于诛，上浸之源不可长也。况首为恶，明手伤，功意俱恶，皆大不敬。"孟康曰："手伤人为功，使人行伤人者为意。"此处意即犯罪的预谋和动机，功即犯罪已遂的结果。

三、"王杖"、"玉杖"辨

"王杖十简"和"王杖诏令册"出土后，最初的释文和其后的研究文章大多按原简的书写形式将其释为"王"，即称"王杖"[①]，而《简牍学研究》[②]第一辑插页，则把"王杖"全部改释为"玉杖"，一字之差一点之差却牵涉对"王杖"若干问题的解释。王、玉二字在小篆中没有明确的区别，中间一横高一点即是"王"字，中间一横放匀停即是"玉"字。但在实际抄写中往往容易致误，这就使王杖和玉杖早在秦汉时期的文献中就出现了歧说。《续汉书·礼仪志》有两条关于"玉杖"的记载，其一是："养三老、五更之仪，先吉日，司徒上太傅若讲师故三公人名，用其德行年耆高者一人为老，次一人为更也。皆服都紵大袍单衣，皂缘领袖中衣，冠进贤，扶玉杖。五更亦如之，不杖。"其二是："仲秋之月，县道皆案户比民。年始七十者，授之以玉杖，辅之糜粥。八十九十，礼有加赐。玉杖长（九）尺，端以鸠鸟为饰。鸠者，不噎之鸟也。欲老人不噎。"[③]

王充《论衡·谢短篇》有"七十赐玉杖，何起？著鸠于杖末，不著爵，

---

①[日]大庭脩《汉代的决是比——玉杖十简排列一案》，称为"玉杖"。
②西北师大历史系、甘肃省文物考古研究所：《简牍学研究》第一辑，甘肃人民出版社1997年。
③王先谦：《后汉书集解》，中华书局1984年影印本，第1104、1109页。

何杖？苟以鸠为善，不赐鸠而赐鸠杖，而不爵，何说？"[1]

自此以后，"王杖"讹为"玉杖"，相沿已久，以讹传讹。《太平御览》卷383、卷535、卷710、卷741、卷804、卷921，以及《北堂书钞》《资治通鉴》等的有关转录都一脉相承，让人只见"玉杖"而不见"王杖"。甚至诗人李白还有"天子刻玉杖，镂形赐耆人"[2]的诗句。

其实，汉代赐王杖之制，最早的源头可以追溯到《周礼》的记载。《周礼·秋官》尹耆氏："掌国之大祭祀，共其杖咸。军旅，授有爵者杖。共王之齿杖。"郑玄注："王之所以赐老者之杖。郑司农云：'谓年七十当以王命受杖者，今时亦命之为王杖。'玄谓《王制》曰：'五十杖于家，六十杖于乡，七十杖于国，八十杖于朝。'"《周礼》一书，汉武帝斥之为"渎乱不验"，何休说是"六国阴谋"，近世方苞、康有为更指斥为刘歆所伪造。但后汉贾逵、马融、郑兴、郑众治此书，郑玄尤笃信不疑。推勘书中内容，虽"必非成周旧典，盖系战国时人，杂采前此典制成之"[3]。先郑、后郑均为经学大师，且为当时人记当时事，这是我们以为"王杖"而非"玉杖"的主要根据之一。上引《续汉书·礼仪志》的材料，后人早有驳正。王先谦《后汉书集解》引惠栋曰："玉杖当为王杖。"先谦曰："惠说是。"惠栋是乾嘉学派吴派的代表人物。他们在考据学上的很多结论往往与后来出土的地下材料相吻合，令人称绝。因此今通行的二十四史标点本，将上引"玉杖"之处径改为"王杖"。[4]王充《论衡·谢短篇》中的"玉杖"，《四部丛刊》影印明通津草堂本和明程荣所刻《汉魏丛书》本，均将"玉杖"正之为"王杖"。近人黄晖《论衡校释》亦据孙诒让《札迻》将之改为"王杖"，言之凿凿。[5]

小篆隶变后，玉字加点写作"玉"或"王"，一般情况下同"王"字已可

①王充：《论衡·谢短篇》，1986年7月上海书店影印20世纪30年代世界书局本《诸子集成》第七本，第127页。
②《全唐诗》卷162，中华书局1960年。
③吕思勉：《经子题解》，华东师范大学出版社1995年，第48页。2004年第6期《历史研究》载沈长云、李晶《春秋宜制与〈周礼〉比较研究》一文认为，《周礼》365个官职中有136个可以在春秋的文献和金文中找到依据，故而认为作者是一位熟知春秋官制的人，《周礼》之作当在春秋晚期或战国早期。
④中华书局标点本《后汉书》第3109、3124页。
⑤黄惠：《论衡校释》，中华书局1990年，第573页。

区别。就拿敦煌汉简为例，如：

玉门千秋隧…………………………（32，图版叁）①

玉门候丞…………………………（483A，图版伍零）

八月乙巳敦煌玉门都尉…………………………（1254，图版壹壹贰）

玉门显明隧…………………………（1824A，图版壹伍叁）

玉门广新遂…………………………（1856A，图版壹伍伍）

玉门当谷遂…………………………（1867，图版壹伍伍）

这些简大都用规整的汉隶写成，其中的"玉"，或写作"玉"，或写作"王"，同"王"字已判然有别。当然，也有一些简中，王、玉二字同形，需要根据上下文才能判断得出来。如：

玉门所稟…………………………（291，图版叁贰）

玉门都尉…………………………（672B，图版陆伍）

玉门候长…………………………（1057B，图版玖陆）

这几枚简中的"玉"字就没有一点，是整理者根据上下文的意思释出的。但是这几枚简同前举几简的最大不同，就是这几枚简都是草书写成而非规整的汉隶。"王杖十简"和"王杖诏令册"是东汉之物，隶书已基本定型，王、玉不再同形；再说简文的书体不是章草而是规整的汉隶，如果是"玉杖"，自然会写成已经比较成熟定型的"玉"，而不会写成"王"，但现在我们看到的"王杖十简"和"王杖诏令册"中十五处"王杖"，都没有一处是加点的。这就是我们认为应该释为"王杖"而不可释为"玉杖"的又一个理由。

本来"王杖十简"和"王杖诏令册"的出土，用当时的书写材料为我们提供了确为"王杖"而非"玉杖"的直接证据，廓清了千百年来由于文字同形而造成的歧义。但一些同志却因为小篆和最初的隶变曾有王、玉同形的例子，几十年之后又把"王杖"改释为"玉杖"，貌似新人耳目，实则引起了混乱。

当然，王杖的颁赐作为朝廷尊礼高年的一项制度，标志着受杖人享有的特殊的身份地位是由朝廷赋予的。至于皇室贵族、社会上层和民间士大夫为了

---

①释文和简影均见《敦煌汉简》一书，中华书局 1991 年。

显示与众不同的身份和财富确用玉石雕成玉杖送给上司、同好或者自己享用，那是另一回事。有时候西域国王还把玉杖作为方物贡献给中原王朝。所有这些，从汉代以来史不绝书，几乎成了上层社会的一种雅好和礼节。《太平广记》卷三：

> 至元狩二年二月，（武）帝病，行周至西，憩五柞宫。丁卯，帝崩，入殡未央宫前殿；三月，葬茂陵。是夕，帝棺自动，而有声闻宫外，如此数遍，又有芳香异常。陵毕，坟埏间大雾，门柱坏，雾经一月许日，帝冢中先有一玉箱，一玉杖，此是西胡康渠王所献，帝甚爱之，故入梓宫中。其后四年，有人于扶风市中买得此二物。帝时左右侍人，有识此物，是先帝所珍玩者，因认以告。有司诘之，买者乃商人也。[①]

《太平广记》属野史小说，记载多不可考，但所言西域康渠（居）王所献玉杖，至少说明在当时朝廷把王杖授与老者的同时，玉杖也为社会上流行之物。同样的记载还有杜光庭《历代崇道记》《塘城集仙录》以及《云笈七签》卷114。清人钱谦益《牧斋有学记》卷三十："灵飞去挟返魂香，玉杖金箱茂陵土。"即指此事。

西域国王为中原王朝献玉杖的事例还见于《隋书·突厥列传》："雍虞闾遣使诣阙，赐物三千段。每岁遣使朝贡。……其年，遣其母弟褥但特勤献于阗玉杖，上拜褥但为柱国、康国公。"[②]《北史·突厥列传》《册府元龟》卷970记载相同。

《清史稿·乐志五》《钦定大清会典事例》卷536乐部、《清朝续文献通考》卷198："齐祝颂，圣寿天高。更皤皤黄发飘。玉杖初扶，来听云王璈。"这是关于中西交往和朝廷政事中涉及的玉杖。

至于文人墨客的诗文中谈及玉杖的就更是不胜枚举。梁元帝萧绎《相名诗》："仙人卖玉杖，乘鹿去山林。"[③]唐人李白："我本楚狂人，凤歌笑孔丘。手持绿玉杖，朝别黄鹤楼。"张祜："轻将玉杖敲花片，旋把金鞭约柳枝。"宋人陆游："翠裹绿玉杖，白日凌青天。""长眉老仙乘白云，握手授我绿玉杖。"

---

①《太平广记》卷三《汉武帝》，中华书局1961年，第22页。
②中华书局标点本《隋书》第6册，第1871页。
③遂钦立《先秦汉魏晋南北朝诗》，中华书局1983年，第2044页。

元人虞集："手携绿玉杖，头戴白纶巾。袖中出风雨，天上礼星辰。"[1]萨都剌："醉扶绿玉杖，应望石头城。"[2]明人王阳明："寒倚春宵苍玉杖，九华峰顶独归来。"徐世昌《晚晴簃诗汇》辑录清人的诗文，言及玉杖的也有10多条，如：李雯："愿辞玉杖见天子，莫使苍生望碧空。"邵长蘅："君携绿玉杖，兹游恣探历。"徐嘉炎："仙人手携绿玉杖，飞来天际盘云根。"等等。但这些玉杖同"王杖十简"和"王杖诏令册"中的"王杖"，不是一回事，也没有渊源关系。不能由于后世曾广泛流行过玉杖，而把汉代的"王杖"改释成"玉杖"。

四、"王杖"与"鸠杖"

王杖十简有"高皇帝以来至本二年，胜（朕）甚哀老小，高年受王杖，上有鸠，使百姓望见之，比于节。"王杖诏令册第九、第十简亦有"高皇帝以来至本始二年，朕甚哀怜耆老，高年赐王杖，上有鸠，使百姓望见之，比于节。"《续汉书·礼仪志》："王杖长（九）尺，端以鸠鸟为饰；鸠者，不噎之鸟也。欲老人不噎。"[3]原书脱"九"字，后人增补。这都说明王杖的形制有两个特点，其一是长九尺，其二是上端有一鸠，故亦称为"鸠杖"。1984年在武威县古城乡宏化村的五坝山汉墓中出土木鸠杖一枚，杖长210厘米，上有木鸠一只，鸠身以黑色花纹绘于白底上，白色剥蚀，只隐约可见。鸠喙张开，口中衔一食物。杖身光洁，下端着地处多有磨损，显系墓主生前之物，而非死后添置的冥物。汉时1尺为23.1厘米，九尺约合208厘米左右，如果除去上端插入鸠腹卵眼中的榫头部分约2厘米外，正合汉制九尺之数。两千多年前的鸠杖再现于今日，为我们研究当时的名物制度提供了实物见证。

汉代给高年赐鸠杖，其源何自？有四种说法：

第一种说法，来自应劭《风俗通义》，原文已佚，今本辑自《水经注》济水注，《艺文类聚》卷92，《玉烛宝典》卷1，《太平御览》卷710、卷921，《太

---

[1]顾嗣立：《元诗选》初集，中华书局1987年，第850页。

[2]顾嗣立：《元诗选》初集，中华书局1987年，第1244页。

[3]《后汉书·礼仪志》，中华书局标点本，第3124页。

平寰宇记》卷52,《天中记》卷59等。其文云:"高祖与项羽战败于京、索,遁丛薄中,羽追求之,时鸠正鸣其上,追者以鸟在无人,遂得脱,后及即位,异此鸟,故作鸠杖以赐老者。"[①]

第二种说法,蔡邕的《琴操》云:"舜耕历山,思慕父母。见鸠与母俱飞鸣相哺食,益以感思,乃作歌曰:'陟彼历山兮崔嵬,有鸟翔兮高飞,瞻彼鸠兮徘徊。河水洋洋兮青泠,深谷鸟鸣兮嘤嘤,设置张罦兮,思我父母力耕。日与月兮往如驰,父母远兮吾将安归?'"[②]

第三种说法,前秦方士王嘉《拾遗记》:少昊时"帝子与皇娥泛于海上,以桂枝为表,结熏茅为旌,刻玉为鸠,置于表端,言鸠知四时之候"。

第四种说法,上引《续汉书·礼仪志》,所谓"鸠者,不噎之鸟也。欲老人不噎。"究竟哪一种说法更接近事实呢?首先,看应劭的《风俗通义》,《四库提要》云:"其书因事立论,文词清辨,可资博洽,大致如王充《论衡》。而叙述简明则胜充书之冗漫多矣。"应该说,《风俗通义》的史料价值是很高的,所记刘、项在京、索间遭遇,鸠飞其上而终得脱身的事实也许确实存在,由此而"异此鸟"亦顺理成章,但何以与养老联系起来,并制成鸠杖以赐老者,看不出其中在事理和逻辑上的必然联系。因此宋人叶梦德《避暑录话》卷上云:"此绝无稽考。高祖虽败,其肯伏丛薄也。"所以把汉朝赐鸠杖以尊老的源起归之于刘、项这次遭遇,理由不足。

其次,蔡邕《琴操》所载,舜耕历山,见鸠鸟母子相哺而引发思母之情,因之视鸠鸟为孝鸟,后世言鸠杖者多所附会,如陆玑《诗疏广要》等,以为鸠杖之起与此有关。其实,即令鸠鸟是孝鸟,孝者父子之道,与朝廷尊礼老人的旨意还不可同日而语,所以鸠杖的来源恐不在此。

再次,宋罗愿《尔雅翼》认为,"鸠杖之起亦远矣",将之追溯到少昊之时,根据就是前秦王嘉的《拾遗记》。然王嘉陇右安阳人,苻秦方士,所著《拾遗记》乃小说家者言,"所记上起三皇,下迄石虎事迹,十不一真"[③]。唐人刘知几《史通》讥之曰:"逸事者,皆前史所遗,后人所记,求诸异说,为益实多。及妄者为之,则苟载传闻,而无铨择。由是真伪不别,是非相乱。如

---

① 吴树平:《风俗通义校释》,天津人民出版社1980年,第407页。
② 《丛书集成初编》第1671册。
③ 《四库全书简明目录》,上海古籍出版社1985年,第553页。

郭子横之《洞冥》，王子年之《拾遗》，全构虚词，用惊愚俗。此其为弊之甚者也。"①可见，《拾遗记》所记，靠不住。

其实，鸠杖之赐老者，最早的记载大概还要追溯到《周礼》，《周礼·夏官》有："罗氏掌罗乌鸟。蜡则作罗襦。仲春，罗春鸟，献鸠以养国老。"郑注："春鸟蛰而始出者，若今南郡黄雀之属，是时鹰化为鸠，鸠与春鸟变旧为新，宜以养老助生气。"②清人惠士奇《礼说》云："夏官罗氏于仲春献鸠以养国老，汉赐高年鸠杖则于仲秋，盖献鸠之礼不行久矣。然岁时存省，布帛酒肉之赐亦不独仲秋为然也。"显然汉赐鸠杖只是周制之遗意而非直接之传承。汉之鸠杖盖取于鸠鸟不噎之意。《后汉书·明帝纪》："祝哽在前，祝噎在后。"注云："老人食多哽咽，故置人于前后祝之，令其不哽咽也。"可见，两汉之时，祝哽祝噎已成为一种重要的礼仪。再从实物看，武威王坝山出土的木鸠，最大的特点就是口中衔一块状食物，作张口吞咽状，当为象征食之不噎的最好例证。所以《续汉书》的记载是准确的，朝廷赐老人王杖，杖头饰鸠鸟，当取不噎之意。

汉世鸠形王杖赐老人是一种尊礼高年教化黎庶的制度，后世也多有仿效者。史载：

北魏孝文帝太和十六年（492年），"十有二月赐京邑老人鸠杖"③。

太和二十年（496年），"三月丙寅，宴群臣及国老、庶老于华林园，诏曰：'国老黄耇者以上假中散大夫，郡守耆年以上假给事中，县令庶老直假郡县，各赐鸠杖、衣裳。'"④

北齐孝昭帝高演皇建元年（560年），"八月……乙酉诏，自太祖创业以来，诸有佐命功臣子孙绝灭国统不传者，有司搜访近亲以名闻，当量为立后，诸郡国老人各授版职，赐黄帽鸠杖。"⑤

唐开元二年（714年）"九月丁酉，宴京师侍老于含元殿庭，赐九十以上几杖，八十以上鸠杖，妇人亦如之，赐十具家。"⑥

①张振佩：《史通笺注》，贵州人民出版社1985年，第362页。
②《十三经注疏》，中华书局影印本，第846页。
③《魏书》卷七《高祖孝文帝纪》，中华书局标点本，第171页。
④同上，第179页。本文引用时在标点上作了修改。
⑤《北齐书》卷六《孝昭纪》，中华书局标点本，第82页。
⑥《新唐书》卷五《玄宗本纪》，中华书局标点本，第123页。

唐朝诗人白居易"会昌中，请罢太子少傅，以刑部尚书致仕，与香山僧如满结香火社，每肩舆往来，白衣鸠杖，自称香山居士"。司空图"布衣鸠杖，出则以女家人鸾台自随。岁时村社雩祭祠祷，鼓舞会集，图必造之，与野老同席，曾无傲色"。①两位大诗人所持鸠杖乃朝廷所赐抑或自己仿刻，不得而知。甘肃清代诗人胡缵宗有"鸠杖入东川，鸾迎小有天，梧桐三径月，杨柳一溪烟"②的诗句，亦不知他的鸠杖又何所自来。总之，自汉以来，历代颁赐鸠杖之事不绝于书。

（原载于《简牍学研究》第四辑，甘肃人民出版社，2004年12月）

---

①分别见《旧唐书》中《白居易传》合《司空图传》。
②乾隆《甘肃通志》卷四十九《艺文》。

敦煌悬泉里程简地理考述

　　1990年敦煌悬泉遗址出土的汉简中，发现一枚详细记载河西若干地区驿置道里的简牍（以下简称"悬泉里程简"），恰与1974年在居延破城子出土的从长安到河西的里程简（以下简称"居延里程简"）相衔接，构成了一幅较为完整的从长安出发西到敦煌的里程表。对于研究两关以东丝绸之路的行进路线、两汉时期西北地区的驿传设置和详细里程，以及对今天河西一些汉代城堡遗址的考实，都具有十分重要的价值。

　　简文是：

　　　　倉松去鸞鳥六十五里

　　　　鸞鳥去小張掖六十里

　　　　小張掖去姑臧六十七里

　　　　姑臧去顯美七十五里

　　　　氐池去鱳得五十四里

　　　　鱳得去昭武六十二里府下

　　　　昭武去祁連置六十一里

　　　　祁運置去表是七十里

　　　　玉門去沙頭九十九里

　　　　沙頭去乾齊八十五里

　　　　乾齊去淵泉五十八里

　　　　●右酒泉郡縣置十一●六百九十四里

（Ⅱ 90DXT0214 ①：130）[1]

该简1990年第一期悬泉发掘时出自第二发掘区0214探方第一层。该探方出简1307枚，而第一层出简133枚，纪年简有西汉永始（3枚）、建平（2枚）、元始（10枚）和王莽居摄（1枚）四个年号。所记述的资料反映西汉末年成、哀、平和王莽时期的情况。简文分三栏，第一栏记述武威郡沿途各县里程，向西延及张掖郡的显美；第二栏记述张掖郡沿途各县里程，向西延及酒泉郡的表是；第三栏记述酒泉郡沿途各县驿置里程，向西延及敦煌郡的渊泉。每一栏内容连贯，相对独立。由于篇幅所限，本文仅就第一栏简文所涉及内容作一些考述，以就教于方家。

该栏所涉及的五座县城，依次为仓松、鸾鸟、小张掖、姑臧和显美。仓松即西汉苍松，或认为，西汉苍松县后汉改为仓松县。其实在先秦两汉的典籍中，"仓"、"苍"二字是通用的。《诗·王风·黍离》"悠悠苍天"，《释文》"苍本亦作仓"；《史记·太史公自序》"张苍为章程"。《汉书·司马迁传》"苍"作"仓"：《汉书·严助传》"膠仓"，《艺文志》作"聊苍"可见，简文中的仓、苍是通假字。"鶿鸟"当为"鸾鸟"。汉简文字中，为简便起见，一些笔划繁多的字往往被省略了一个或数个组成部分，"纟鸟"字当属此类情况，书写时省掉了上部的"言"和"纟"。小张掖，应为《汉书·地理志》所载武威郡属县张掖县，而非张掖郡。为使同张掖郡相区别，前面冠以"小"字，这在汉简记载中不乏其例。上述五县，从乌鞘岭北坡开始，由东南而西北，横贯两汉武威郡全境。

关于两汉苍松、鸾鸟、张掖、姑臧、显美等县的具体位置，后世史家多有研究，但都聚讼纷纭，迄今未有定论。两千多年前所建城市，很难一一与今天的故城遗址对应起来。尤其是那些当年建筑在绿洲农耕区的城市，今天除了继续沿用的以外，大多已荡然无存，如果一定要给两汉的每个县城指出一个今天的故城遗址，难免削足适履，张冠李戴。

居延、悬泉两处发现的里程简，属当时原始记载，简文清晰，里程确凿，精确到个位数。我们在此基础上，踏实上述五县城具体位置，或可较接近于真实。为叙述方便，本文将简文次序略加颠倒，以姑臧为坐标，依次东南而张掖、而鸾鸟、而苍松；西北而显美，逐一加以论述。

姑臧

关于姑臧故城的位置，学界有三种说法：其一，在今武威城东北二里；其二，姑臧故城即今武威城西北二千米的金羊乡赵家磨村南的锁阳城；其三，即今武威城所在地。

第一种说法，最早见之于明代陈循等人所修《寰宇通志》。该书《陕西都指挥使司·古迹》载："姑臧县城，在凉州卫城东北二里，汉置县，遗址尚存。"其后，《明一统志》、顺治《凉镇志》、乾隆《五凉考治六德集全志》都沿用其说。但近世以来，在武威城东北二里一直未能找到姑臧故城的遗迹遗物，况又缺乏早期文献依据，故此说可靠性令人怀疑，多为今人所不取。

第二种说法，见李并成所著《河西走廊历史地理》[2]。书中认为，西汉姑臧故城即今武威市西北二千米的金羊乡赵家磨村南锁阳城，西汉后期至东汉前期东南迁至今天的武威市。主要依据有二：一是《后汉书·光武帝纪》（建武二十七年五月，即公元51年）"北匈奴遣使诣武威乞和亲"。李贤注曰："武威，郡，故城在今凉州姑臧县西北，故凉城是也。"二是《水经注·都野泽》："其水上承姑臧武始泽，泽水二源，东北流为一水，经姑臧县故城西，东北流，水侧有灵渊池。"两条材料均有"故城"一说，既然有"故城"那么必有"新址"，因而当时的"新址"即沿用至今的武威城，而当时所指"故城"即为今城西北二千米处的锁阳城。

依此说法，尚有诸多疑点不能解释。首先，李贤的注文比较含糊，并未明言武威郡故城即为姑臧故城。依照常理，武威郡治如果是姑臧故城，下面的注文应是"姑臧故城是也"，相反却是，"故凉城是也"。这里就牵扯到"故凉城"即武威郡治是否一直在姑臧。如果不在姑臧，那么就如有些论者所言，武威郡治始治武威，即今民勤县东北，而后才迁至姑臧，那么注文中的"西北"，倒可能是"东北"之误。其次，如上所言，如果西汉末年或东汉初年，姑臧县城已由西北二千米的锁阳城迁至今天的武威市，李贤注《后汉书》当应有所交代，不能光讲"故城"而不讲"新址"。再说，不论姑臧县城是否东迁，匈奴求和亲，自然应该到武威郡治姑臧，李贤在这里专门注出武威郡故城，似乎姑臧县虽迁，但郡治仍在故城，这种可能性根本不存在。再次，《水经注》征引王隐《晋书》"凉州有龙形，故曰卧龙城，南北七里，东西三里，本匈奴所筑也"。郦氏对此持肯定态度，即凉州城，也即姑臧城，最早是由匈奴所筑。所谓"故城"，当亦指此。说都野泽正源（即汉之谷水）流经姑臧县故城西，亦未尝不可。最后，匈奴所筑盖臧城，"南北七里，东西三里"，依汉里计，1里=415.8米（王莽货布尺和铜斛尺以及汉简常规尺寸），7里=2910.6米，3里=1247.4米，而今天的赵家磨锁阳城遗址，位于赵家磨村北200米，平面呈长方形，东西长120米，南北宽90米。墙垣皆毁，仅存后代庙址2处。城址曾出土有灰陶片和汉砖，确系汉代遗物。但从规模和形制上看，两者相差甚远，不可能是西汉之姑臧城。

第三种说法，姑臧故城始终就在今武威市城范围之内。这一说法最早见之于《西河旧事》。其后王隐《晋书》《水经注》、房玄龄等人所撰《晋书·张轨传》《元和郡县图志》《太平寰宇记》以及清人王先谦的《汉书补注》和《后汉书集解》均认为，后世姑臧城是在匈奴盖臧城"南北七里、东西三里"的基础上整修而成，尤其是《嘉庆重修一统志》，将姑臧城由匈奴始筑、后经历代整修利用、一直到元代的建置沿革叙之甚详。今人梁新民《姑臧故城地理位置初探》[3]一文认为：东汉武威郡的官署遗址，前凉张氏"大城姑臧"的一些重要遗址以及后凉吕光时修筑的罗什寺及罗什寺塔均在武威城内。隋末李轨割据武威，又在原城基础上增筑外城，直到洪武十年，都指挥濮英又将原城"增高三尺，周减三里许"。说明武威城一直是历史上的姑臧城，并未迁治，只是历代修建的范围大小不同而已。笔者赞同这一看法。

张掖

张掖县，前汉置，属武威郡，在今武威城南，后汉因之，曹魏废。由于相对于武威郡其他各县，张掖县设置时间较短，曹魏以后再未复置，因而早期史书有关张掖县的史实及沿革反映极少。后世一些史地著作中大都认为两汉时期的张掖县在武威城南，如乾隆《大清一统志》、王先谦《后汉书集解》、钱坫等《新斠注地理志集释》、汪士铎《汉志释地略》等。但问题在于在武威以南什么地方？说法不一：其一，在凉州以南200里。《旧唐书·地理志》所记河西节度使所辖军镇有"张掖守捉，在凉州南二里，管兵五百人"，校勘记曰:"《通鉴》卷215注'二里'作'二百里'"。《新唐书·地理志》"凉州武威郡"下亦曰:"南二百里有张掖守捉。"很明显《旧唐书·地理志》"一"后脱一"百"字。《通典》卷172云:"张掖郡守捉,东去理所五百里,管兵六千三百人,马千匹"恐为"五"之误。而《元和郡县图志》卷亦云:"张掖守捉,东去理所五百里,管兵六千五百人,马一千匹"。校勘记云:此"五百里",疑"五"为"二"之误,想把这两条记载与新、旧《唐书》的记载一致起来。其实,从驻防地点及管领兵马数额看,张掖守捉在唐代数百年间似有大的变动,或因后来防守吐蕃的需要而曾迁徙过。与汉代张掖县无涉。由于新、旧《唐书》的这一记载,后世一些史家都把两汉张掖县同唐代张掖守捉联系起来:清人吴卓信《汉书地理志补注》"张掖"条下曰"唐书地理志,凉州南二百里有张掖守捉,盖因旧县为名"。似乎两汉张掖县与唐代张掖守捉在一个地方。王先谦《汉书补注》、安维峻《甘肃全省新通志》卷13《古迹》"张掖废县"条也都原文因袭。其二,即今武威市张义堡。《中国历史地图集》和《中国历史地名辞典》[4]持此说。其三,在武威县以北洪祥滩。王宗维《汉代河西四郡始设年代考》以及《秦汉之际河西的民族及其分布》[5]二文认为:"今武威县西北与永昌县交界处的洪祥滩,汉代墓葬建筑遗址很多,这里有个地名叫张义,据云是因张义沟得名,大概这就是汉代张掖县的遗址。"不难看出,不论是南100里张掖守捉之说,还是今武威县张义堡之说,抑或武威以北洪祥滩之说,都是从后世地名发音上来联想,缺乏直接根据。以上诸说,李并成《河西走廊历史地理》一书辨之甚详。同时李书根据"居延里程简"中"循次到小张掖六十里"的记载,考定汉代循次县故城在今古浪县土门镇西三千米处的王家小庄附近。由此六十汉里(即今25千米)的张掖废县应为今武威王景寨故城。这一看法,把过去的研究大大推进了一步。但考之"悬泉里程简"的记述,仍不尽相合。

为了讨论的方便,我们把"居延里程简"[6]引述如下:

> 長安至茂陵七十里
>
> 茂陵至茯置卅五里
>
> 茯置至好止七十五里
>
> 好止至義置七十五里

月氏至鳥氏五十里

鳥氏至涇陽五十里

涇陽至平林置六十里

平林置至高平八十里

媼圍至居延置九十里

居延置至觻裏九十里

觻裏至媾次九十里

媾次至小张掖六十里

删丹至日勒八十里

日勒至鈞著置五十里

鈞著置至屋蘭五十里

屋蘭至坯池五十里

（EPT59·582）[7]

　　四栏简文分别记述了从长安到河西张掖郡氏池县的四段路程。其中第三栏记述的是由汉代媼围到武威郡张掖县的一段里程。看得出来，所记里程的行走路线与"悬泉里程简"第一栏所记述的路线是不一样的。前者是从今天的靖远哈思堡渡河进入今景泰县境，绕过县境寿鹿山东麓，经古浪大景、土门一线进入今武威境内。而后者则是翻越乌鞘岭，经天祝、古浪到今武威境内。两条线殊途同归，均在汉张掖县会合。从"悬泉里程简"第一栏反映的情况看，其行走路线基本为今天兰新铁路和312国道的走向。依此方向，"小张掖去姑臧六十七里"，即今28千米。因而汉张掖县城的具体位置应在今武威市南谢河乡武家寨子一带。这里地处黄羊河（汉谷水上游）东岸，土地平衍，地势辽阔，比靠近汉塞的王景寨设县条件要好。而且就交通而论，不管是靖远一线，还是乌鞘岭一线在这里会合，地理条件亦更为适中。符合"居延里程简""媾次距小张掖六十里"（25千米）和"悬泉里程简""小张掖去姑臧六十七里"（28千米）的记载。从姑臧到小张掖的里程要比小张掖到揟次的里程远。如果王景寨故城为汉张掖废县，它与姑臧县的距离反近于其与揟次县的距离。再说，从乌鞘岭一线到姑臧，如果绕道王景寨就显得迂回。相反，由靖远一带到姑臧，尤其是从揟次（即今古浪土门镇以西）到今谢河武家寨子，却比较便捷。因而笔者认为，两汉张掖县故城应在今武威市南谢河乡武家寨子一带。这里西距韩佐乡五坝山汉墓12千米，1984年在五坝山3号汉墓出木牍有云："张掖西乡定武里田升宁今归黄过所无留难也故为□□□"，[8] 说明这里是汉代张掖县的西乡。由五坝山隔杂木河西望，就是著名的磨嘴子汉墓群。1959—1972年先后四次在此清理发掘汉墓72座，出土陶器、木器、漆器、丝织品等许多珍贵文物。其中469枚"仪礼简"、王杖十简和25枚"王杖诏令简"，很可能就是汉代张掖县境的遗物。

鸾鸟

鸾鸟，《后汉书》李贤注：读曰雚爵。即"鹳雀"。前汉置县，属武威郡，后汉因，魏时废。鸾鸟县究治何处？后世史家大致亦有三种说法：一是武威西北说；二是永昌西南说；三是武威以南说。

武威西北说，最早见于唐人李吉甫的《元和郡县图志》。该书卷40"神乌县"下记曰"本汉鸾鸟县，张天锡改置武兴县，后废。武德三年，又于城内置神乌县，与姑臧分理，神乌理西，姑臧理东"。考前凉张氏武兴县，《大清一统志》"武兴故城"条下曰："晋永嘉五年，张轨以秦雍流人于姑臧西北置兴郡，统武兴、大城、焉支、襄武、晏然、新鄣、平狄、司监等县。"可见，前凉武兴县和武兴郡都在武威西北。《旧唐书·地理志》："神乌，汉鸾鸟县，属武威郡。后魏废。总章元年，复于汉武威城置武威县[9]。神龙元年改为神乌。于汉鸾鸟古城置嘉麟县"。《新唐书·地理志》："神乌，武德三年置，贞观元年省。总章元年复置，曰武威，神龙元年复故名。嘉麟，神龙二年于故汉鸾鸟县城置，景龙元年省，先天二年复置。"这里就发生了如下错误：一、从词义上讲，神乌即鸾鸟。既然唐有神乌县，自然就是汉代鸾鸟县的延续。二、唐初虽将神乌置于武威城内，与姑臧各治东西，但于神龙二年（706年）唐又在武威西北置嘉麟县，那么嘉麟县所在就成了汉代鸾鸟县之所在。可见汉鸾鸟县具体位置在唐宋人著作中就已搞混乱了，以致在一些清人的著作中也沿袭了这一错误。王先谦《汉书补注》在"鸾鸟"下注曰："宋祁曰，鸟，邵本作乌。段玉裁曰，宋有神乌县，乌是也。先谦曰，旧唐志、元和志皆作神乌县，段说未审。后书桓纪注，鸾音藿。段颎传注，乌音爵。旧唐志鸾鸟读曰鹳雀，唐于此置嘉麟县。若作乌，不能读为爵也。续志后汉因。"汪远孙《汉书地理志校本》亦曰："鸾鸟，段曰宋有神乌县，乌是也。"显然，他们已经完全把汉之鸾鸟和唐之神乌当作一回事了。注意的焦点已不是鸾鸟县治究在何处，而是"鸟"与"乌"的是与非了。其实，汉代鸾鸟县在曹魏时已废，时隔400多年后，唐置神乌县，在时间和空间上绝非汉代之鸾鸟。两者除词义上相通外，再找不出其他的必然联系，正如《嘉庆重修一统志》所言："按元和志，唐神乌本汉鸾鸟县，张天锡改置武兴县。旧唐志，鸾鸟县后魏废。神龙二年于故城置嘉麟县。今考武兴嘉麟皆在今县西北，恐皆误。"李并成《河西走廊历史地理》将汉之鸾鸟指为今永昌县水源乡北地村以北的沙城子古城，该古城俗名"古城关"，基本位于武威城北，略偏西10度左右。北靠汉塞2千米多，塞外茫茫戈壁。古城与汉塞之间隔以西沟林场用以防风固沙，20年前古城周围还是一片荒芜，近些年城外城内被农民辟为耕地，打井灌溉，城址破坏严重。笔者近些年多次去城址考察，从散布遗物看，确系汉唐故城，但从地理位置看，绝非汉代鸾鸟县城。

永昌西南说，最早发端于《读史方舆纪要》。其云："鸾鸟城在（永昌）卫西南……属凉州。"陶保廉《辛卯侍行记》因其说。乾隆、嘉庆两部《永昌县志》又加以引申，指出"依鸾鸟山故名，上房寨子即其遗址"。今编《永昌县地名资料》以及新修《永昌县志》亦载："鸾鸟县城遗址位于大河坝村上房寨子（今西大河水库西侧高地上）。距今县城约70千米。1968年修建西大河水库时发现，1981年，公布为省级文物保护单位。"旧说相沿，几成定论。实则亦为望文生义之臆说，并无确凿根据。今日西大河水库西侧遗址东距番和、骊靬遗址尚有相当距离，距今县城100多千米，正如李并成先生所说："武威郡在东，张掖郡在西，鸾鸟县属武威郡，其位置不可能在张掖郡所辖的番和县以西"[10]。

其实，对鸾鸟县具体位置最早亦最可靠的说法是武威以南说。《后汉书·段颎传》云："永康元年（167年），当煎诸种复反，合四千余人，欲攻武威，段颎追击于鸾鸟，大破之，杀其渠帅，斩首三千余级，西羌于此弭定"。李贤注曰："鸟音爵，县名，属武威郡，故城在今凉州昌松县北也。'嗣后的《大清一统志》、钱坫等的《新斠注地理志集释》、汪士铎的《汉志释地略》以及今人编写的《中国历史地名辞典》亦持此说。这一说法，基本确定了汉代鸾鸟县的大体方位，但具体位置还有待研究。

《汉书·西羌传》有一段记载："建光元年（121年）……麻奴等又败武威、张掖郡兵于令居，因协将先零、沈氏诸种四千余户，缘山西走，寇武威。（马）贤追到鸾鸟，招引之，诸种降者数千，麻奴南还湟中。"这里，羌豪麻奴等在令居大败武威、张掖郡兵，准备北寇武威，汉将马贤追击之。麻奴等人的路线是"缘山西走"，而马贤则追击之鸾鸟而"招引之"，可见，鸾鸟的具体位置在祁连山余脉乌鞘岭的北面。这是最早反映鸾鸟县具体位置的信息。

"悬泉里程简""仓松去鸾鸟六十五里，鸾鸟去小张掖六十里"，提供了这三县的相对位置。

上文我们把汉张掖县的具体位置确定在今武威市南谢河乡的武家寨子。汉鸾鸟县又当在武家寨子之南60汉里（即25千米）。这里正南偏西10度左右25千米处为武威市中路乡，属山间地带，不仅由北至南进入此地要经过黄羊河峡谷地带，交通不便且与汉代仓松县不在交通线上，因而汉之鸾鸟县在此处的可能性极小。武家寨子以南偏东30度，正是古浪县北面的小桥堡一带，这里李并成考定为汉代苍松之所在。其实，按"悬泉里程简"的记载，这里当是鸾鸟县而不应是仓松县，汉之鸾鸟县舍此再无他求。

苍松

汉代苍松县的具体位置，比较接近的说法是顾祖禹的《读史方舆纪要》和陈澧的《汉书地理志水道图说》。前者云："苍松县，在（庄浪）卫西。汉县，属武威郡。后汉作仓松，晋因之。太和二年，凉张天锡击李俨于陇西，分遣前军向金城，自将屯苍松是也。志云，张氏置昌松郡，后凉吕光因郭䴙之谶，改为东张掖郡。后魏复置昌松郡。后周郡废为昌松县，隋开皇初改县曰永世，后复曰昌松，属凉州。大业三年，李轨据河西，薛举遣将常仲兴击之，战于昌松，仲兴败没。唐亦曰昌松县，仍属凉州，乾元以后陷于吐蕃。宋时夏人置洪州于此，元废。"后者云："（苍松）今甘肃古浪县安远堡，水出县南境山，北流至于县北境，出边汇为一小池。"考诸"悬泉里程简"，鸾鸟县在今古浪以北小桥堡一带，那么，距小桥堡以南65汉里（即27千米），当在今天祝安远镇一带。《汉书·地理志》载："苍松，南山，松陕水所出也，北流揖次入海。"古松陕水即今古浪河。南有二源，一源自安远堡以南的乌鞘岭大柳树沟，一源自安远堡西南的青河；二源在安远堡西北相会，北流七千米，又有源于东南毛毛山的龙沟河在扎头村来会，再北流经古浪峡。唯安远镇一带四周多山，地势高亢，相对走廊各县，自然条件较差。1962年天祝藏族自治县设置于此，80年代迁至华藏寺。两汉苍松县，何由设置于此，尚待进一步探讨。

乾隆《甘肃通志》《嘉庆重修一统志》《辛卯侍行记》《新斠注地理志集释》《汉志释地略》以及《甘肃通志稿》《重修古浪县志》、张澍《凉州府志备考》都将汉之苍松指为古浪县西，盖相互因袭，未加细审。古浪县地处峡口地带，西翻数座大山20千米方为武威市张义、中路等山间谷地。张义、中路如上所论，交通不便，不处在中西交通线上。张义以东至古浪以西，山势陡峻，地理条件远不如安远镇一带平缓。至于《元和郡县图志》谓"昌松县，本汉苍松县，属武威郡。后凉置昌松郡，县属焉。隋开皇三年改昌松为永年县，后以重名，复为昌松。苍松故城，在县东北十里"。度之悬泉里程简，这"东北二里"之说，更是无法应证。

显美

显美，前汉属张掖郡，后汉改属武威郡，地在张掖、武威二郡之间，故可改属。《三国志·魏书·张既传》：（黄初二年，公元221年），凉州卢水胡伊健妓妾、治元多等反，河西大扰。文帝遣京兆尹张既代邹岐为凉州刺史，率军由金城渡河，潜由揖次出武威，"胡以为神，引还显美""既已据武威，遂前军显美，大破之，斩首获生以数万计，河西悉平"。从卢水胡退却路线和张既进军方向看，显美在凉州以西无疑。因此后世史家据此把显美确定在武威以西和永昌以东。《大清一统志》《新斠注地理志集释》《汉志释地略》以及乾隆《甘肃通志》和民国《甘肃通志稿》均持此说。乾隆《永昌县志》还进一步指出："显美城今名古城子，在县东北一里。"今人李并成考察了多座古城，认为地处武威市西约20千米的朵浪古城为汉显美城的可能性较大。但上述地区或距武威太近，或距永昌太近，均与"悬泉里程简"所记载的里距不合。根据该简记载，姑臧去显美75汉里（即32千米），由姑臧西北32千米处正是今天的丰乐堡一带。这里位于甘新大道必经之地，地处西营河出山口的洪积冲积带，东距朵浪古城7千米，而海拔比朵浪城低10米。《三国志·魏书·文帝纪》裴注："帝初闻胡决水灌显美，谓左右诸将曰：'昔隗嚣灌略阳，而光武因其疲弊进兵破之。今胡决水灌显美，其事正相似，破胡事今至不久。'"这里，就地势而言，引水灌显美当言之不虚。

《汉书地理志详释》云："显美，当为今宁远堡，在边外昌宁湖南水磨川东岸，直山丹东百里。后汉属武威郡。"该书虽名"详释"，实则"疏略殊甚，舛误实繁，与名不相符"。释郡县名义，就字面曲为解释，不通则假声近之字附会之，再不通，则展转通假附会之，甚而至于妄改郡县之名，加字以为训，谬误实多而不可凭信。这一点早为后人所诟詈。

总之，根据"悬泉里程简"的记述和有关文献的记载，汉之姑臧县治即今之武威县城，张掖县治当在今谢河乡武家寨子，鸾鸟县城当在今古浪县城以北之小桥堡一带，苍松县城当在今天祝藏族自治县的安远镇，显美县城当在今武威西北之丰乐堡。

注：本文在资料搜集方面，得到甘肃省文物考古研究所汉简室有关同志的帮助，谨此致谢。

参考文献：

[1] 图片和释文见《文物》2000年第5期。

[2] [10]《河西走廊历史地理》，甘肃人民出版社1995年第1版。

[3]《敦煌学辑刊》1987年第1期。

[4] 复旦大学历史地理研究所编，江西教育出版社1986年8月版。

[5] 前者见《西北史地》1986年第3期，后者见《兰州大学学报》1985年第3期。

[6] [7] 见《居延新简》，中华书局1994年12月版。

[8] 见李均明、何双全《散见汉简合辑》，文物出版社 1990 年版。

[9] 汉之武威县并不在唐之武威城，该书记述之混乱由此可见。

（原载于《敦煌研究》2000年第3期）

敦煌悬泉里程简地理考述（续）

敦煌悬泉里程简涉及汉代河西地区的若干县、置，是研究丝绸之路走向和河西地区古城遗址的珍贵资料。笔者曾就悬泉里程简所涉及的汉代武威郡的若干地名进行考证，获致了不同于以往的新结论[1] [P102—107]。现就简文所涉及的汉代张掖郡若干城址及酒泉郡表是县地望进行考证，以补续未完之前文，并期引起进一步讨论。

为讨论方便，将原简第二栏原文引述如下：

> 氐池去觻得五十四里
>
> 觻得去昭武六十二里府下
>
> 昭武去祁连置六十一里
>
> 祁连置去表是七十里

（Ⅱ90DXT0214①：130）

根据《汉书·地理志》："张掖郡，故匈奴昆邪王地，武帝太初元年开。莽曰设屏。户二万四千三百五十二，口八万八千七百三十一。"县十：觻得、昭武、删丹、氐池、屋兰、日勒、骊靬、番和、居延、显美（后属武威郡）。十县中除番和、骊靬外，其余八县均有详细的里距资料在汉简中发现。其中《居延新简》有"删丹至日勒八十里，日勒至钧耆置五十里，钧耆置至屋兰五十里，屋兰至氐池五十里。"（EPT59·582）[2] [P174]所涉及删丹、日勒、钧耆置和屋兰等县的具体位置，李并成先生已著文作了详细研究[3] [P15—21]。居延县另当别论，因居延简的发现而材料最丰富。显美一县，笔者已在前述文章中作了考证，而本文所要研究的只限于悬泉里程简第二栏中所涉及的氏池、觻得、昭武、祁连置及表是。

一、觻得

《汉书·地理志》张掖郡条下列县十，觻得为首县，说明当时的张掖郡治在觻得。《汉书·霍去病传》载元狩二年（前121年），霍去病"攻祁连山，扬武乎觻得，得单于单桓、酋涂王，及相国、都尉以众降下者二千五百人，可谓能舍服知成而止矣。"注引郑氏曰："觻，音鹿，张掖县也。"师古曰："郑说非也。此觻得，匈奴中地名，而张掖县转取其名耳。"[4] [P2479] "觻"、"䃤"为同音字，汉隶中从鱼从角之字常可混用。如"鲜"作"觧"，见"鲁峻石壁残画像"，"鰥"作"鰥"，如"北海相景君铭"、"曹全碑"等[5] [P45, 232, 43]。吴卓信《汉书地理志补注》云："元和志：今甘州郭下张掖县，本汉觻得县。《西河旧事》云：此地本匈奴觻得王所居，因以名之。《大清一统志》：觻得故城在今甘州府张掖县西北。按觻得本匈奴地，为去病所取，乃置郡县，非取其名也，颜说误。"都说明早在河西建郡设县之前，"觻得"一地早已有之。汉觻得县治的具体地望，历来有三种说法：一种认为汉代觻得县即今张掖城。清人钱坫、徐松《新斠注地理志集释》和汪士铎《汉志释地略》持此说[6] [P1140—1143, P1246]。另一种意见，吕吴调阳的《汉书地理志详释》认为，汉代觻得"在今镇夷堡边外羌谷水东"[6] [P1225—1227]。第三种意见，认为在今张掖市西北。上述三种意见中，第一种意见失之简单的比照对应，缺乏应有的根据和论证。认为汉之觻得为张掖郡治，今之张掖自然是汉之觻得，忽略了古今历史的发展演变。第二种意见出之吕吴调阳的《汉书地理志详释》，该书本身就是一部谬误百出，荒诞不经之作，不足信。如释"姑臧"云："今凉州府治武威县。战被创曰臧，臧者不洁之名也。武始泽水自郡南分为二，夹郡北流而合，象姑臧也。武作母。始，女子初接于人也。"释"张掖"云："今永昌县，或曰县东柔远驿，西接删丹。古谓手足腋皆曰掖。张掖，犹姑臧之意也。"释"休屠"云："休当作羞，羞屠亦姑臧之意。"[6][P1225]，粗俗鄙陋可见之一斑。这一点，前贤多所诟病，认为该书："释汉志地理，疏略殊甚而舛误实繁，与名不相称。"释郡县名义，始则就字面曲为诠解，继则假声近之字附会之，再则辗转通假以附会之。辗转通假而其道仍穷，或别出心裁创为奇义，或析一名之两字各别为解，或妄改郡县之名强为之解。至若妄增地名之字以就吾说，义不可通加文以为训，则尤数见不鲜[6] [P1242] 可见这种意见是完全可以不予理睬的。

第三种意见，汉觻得县治在今张掖市治西北，为古今多数学者所认同，理由最为充分。最早李贤注《后汉书·明帝纪》曰：张掖，"故城在今甘州张掖县西北。"杜佑《通典》卷174、《大清一统志》卷266、《甘肃新通志·舆地志·古迹》均持此说。那么在张掖西北何处，里距多远？《太平寰宇记》卷152记得比较具体："张掖郡城，亦在今（张掖）县西北四十里，汉为郡之所。"汉唐以来，大多以300步为1里，但1尺的长度不一，两汉时1尺等于20多厘米，如新莽铜斛尺，1尺为23.1厘米，因以6尺为步，1步为1.386米，1里300步，等于415.8米。而唐代情况有别，1尺为30厘米左右，而1步则为5尺150厘米，则唐代1里等于450米左右[1]。《太平寰宇记》记载，汉张掖郡城即汉之觻得县治在今张掖西北四十里者，约等于1800米，18千米左右。正合此数。

今张掖西北十七八千米的西城驿沙窝，即明永乡下崖村，有黑水国故城。故城有南北二城。北城呈长方形，东西长254米，南北宽228米，城中位置在东经100° 21′ 26″，北纬39° 2′ 15″。南城在北城的西南方向，距北城2.5千米。平面亦呈长方形，东西长154米，南北宽129米。中心位置在东经100° 20′ 30″，北纬39° 2′。1945年，夏鼐和阎文儒先生曾到黑水国故城作过考古调查，并在周围发掘汉墓一座。阎先生在他的《河西考古杂记（下）》中认为："以北古城及所掘汉墓言，此地即汉张掖郡治之觻得县。"又说："此城之筑，最晚应起于汉，直至唐时仍未废。"[7] [P138] 已故王北辰先生的《甘肃黑水国古城考》（《西北史地》1990年第2期）、谢继忠等《西汉张掖郡治觻得考辨》（《张掖师专学报》1990年第2期）、吴正科《汉张掖郡故城址及迁建时代考》（《西北史地》1994年第2期）、李并成[13] 以及吴礽骧[14] 等，亦一致认为今天的黑水国北古城即为汉代觻得县治之所在。

今张掖西北黑水国北古城城址，如上所说，呈长方形，东西长254米，南北宽228米，南墙辟门，宽4米。城墙黄土夯筑，基宽3.8米、顶宽3米，残高

---

①或有认为唐代为360步为一里，等于540米，但以实际距离测之往往不合，今不取。

5.5米，夯层厚0.2—0.25米。西南角有角墩，底边长9米，顶边长7.2米，残高7米。地表散见夹砂红、灰陶片及汉砖，并有明代黑釉、豆绿釉、白釉及青花瓷片等。此城现在的形制为唐城规制，最初或为汉城，后又为明代利用，时间跨度较长。

在明永乡下崖村西1千米处，即黑水国南、北城址之间，有近千座汉代墓葬，中华人民共和国成立前曾被韩起功所部大量盗掘。今天地表封土大都夷为平地。从发掘清理过的两座砖室墓看，均为前后双室墓，前室覆斗顶，后室券顶。出土随葬品有陶仓、鸡窝、屋、井、灶等模型，用具有壶、罐、鼎、豆、簋、奁、盘、盆、勺及铜莲枝灯、铜镜、铜弩机、五铢钱等。这片汉墓的位置和规模，亦可有力地佐证汉觻得城址在今北古城的判断不误。

二、氐池

氐池，汉简作"氐"，文献作"氐"，异体字。氐池县城的确切位置，清以前史无明载。《三国志·魏书·明帝纪》裴注引《汉晋春秋》曰："氐池县大柳谷口夜激波踊溢，其声如雷，晓而有苍石立水中，长一丈六尺，高八尺，白石画之，为十三马，一牛，一鸟，八卦玉玦之象，皆隆起，其文曰'大讨曹，适水中，甲寅'。帝恶其'讨'也，使凿去为'计'，以苍石室之，宿昔而白石满焉，至晋初，其文愈明，马象皆焕彻如玉焉。"[8] [P107] 此处"大柳谷口"，当为今民乐境内之扁都口。说明扁都口及其以北的地区属氐池之辖境无疑，但县城所在却无从判断。《晋书》卷129《载记·沮渠蒙逊传》云："蒙逊闻男成死，泣告众曰：'男成忠于段公，枉见屠害，诸君能为报仇乎？且州土兵乱，似非业所能济。吾所以初奉之者，以之为陈、吴耳，而信谗多忌，枉害忠良，岂可安枕卧观，使百姓离于涂炭。'男成素有恩信，众皆愤泣而从之。比至氐池，众逾一万。"[9] [P3191]《资治通鉴》将此事编入东晋安帝隆安五年（401年）条。胡三省注云："氐池县，汉属张掖郡，晋省，其地属唐甘州张掖县界。"[10] [P3522] 这是最早对氐池县具体地望的确指，但也仅此而已。清以来，史地之学大兴，对汉代氐池县的所在有了三种说法：一说在今张掖以东。清初顾祖禹《读史方舆纪要》卷63甘肃镇条载："氐池城在镇东，汉县，属张掖郡。后汉因之，晋省。"一说在山丹西南。《大清一统志》、徐松《新斠注地理志集释》、汪士铎《汉志释地略》、乾隆《甘肃通志》等记载持此说。其实这两种说法只是指出了大体方位，究在何处，并未深究。真正指出具体位置的第三种说法是乾隆《甘州府志》。该志卷四山丹古迹条下云："氐池古城，城西南一百六十里，今洪水城。汉氐池，魏晋兰池，宋金山。"[11] [P145]其后，陶保廉《辛卯侍行记》[12] [P274]、光宣间安维峻《甘肃全省新通志》和《山丹县志》因袭了上述说法。复旦大学历史地理研究所《中国历史地名词典》和谭其骧先生主编《中国历史地图集》，也将其标注在今天的民乐县城，即清人所说的洪水城。

乾隆《甘州府志》将汉之氐池确指为当时的洪水城，不知根据何在。但从紧接着下面的记载"汉氐池，魏晋兰池，宋金山"看，记述的粗疏是显而易见的。晋时置西郡于删丹，分删丹置兰池、万岁、仙提，加删丹、日勒，共五县属之，而张掖郡仍有氐池、屋兰、永平、临泽四县，并时而立，历前凉、前秦、后凉而不改，所谓"汉氐池，魏晋兰池"之说不存在。此外，沮渠北凉有金山郡，北周有金山县，均在今山丹、民乐境，所谓"宋金山"，不知所指为何。可见，如此粗疏的记载，所言汉之氐池县治即清之洪水城一说，显然是无根之谈。

居延新简出土后，今人借助新出之里程简（T59.582），对汉代氐池县城的确切位置有了新的认识。李并成提出，汉之氐池县城当在今民乐县李寨乡菊花地[13] [P70]。悬泉汉简出土后，其中的里程简又引起了人们新的注意。吴礽骧著文认为，汉之氐池"西北距觻得54里（约合今22.45千米）。其方位当在羌谷水（今张掖河）河网带以东、弱水以南、今张掖市一带。氐池与觻得当以羌谷水为界。氐池县辖境，包括今张掖市东南部和民乐县境。西晋废氐池。东晋时，后凉复置。北魏再废。隋移张掖县治于张掖河东，县城或许是在汉氐池废址上，重建而成。"[14] [P344]这些看法已基本接近事实，但仍有继续讨论的必要。

悬泉里程简中"垔池去觻得五十四里"，相当于22.45千米。居延新简中"屋兰至垔池五十里"，当今20.8千米。另外20世纪30年代在金关和地湾出土的简中还有：

> 肩水候官始安隧长公乘许宗，中功一，劳一岁十五日，能书会计治官民，颇知律令，文，年卅六，长七尺二寸，觻得千秋里，家去官六百里。

（金关：37.57）

175

肩水候官并山隧长公乘司马成，中劳二岁八月十四日，能书会计治官民，颇知律令，武，年卅二岁，长七尺五寸，觻得成汉里，家去官六百里。

（地湾：13.7）

肩水候官执胡隧长公大夫奚路人，中劳三岁一月，能书会计治官民，颇知律令，文，年卅七岁，长七尺五寸，氐池宜药里，家去官六百五十里。

（地湾：179.4）

从上引简文中，除氐池外，我们还能找到三个坐标点，即觻得、屋兰、肩水候官（今地湾）。根据三个坐标点对氐池的记载，或可找到氐池的准确位置。上已述及，汉之觻得，即今张掖市治西北黑水国北古城，东南距张掖18千米，而觻得距氐池为22.45千米，因之氐池当今张掖市东南2千米左右梁家墩镇梁家墩村一带，位置在东经100°28′，北纬38°55′的范围内。今梁家墩镇驻饮马桥。1953年分别设置过梁家墩、迎恩、清凉寺、太和、三工等乡。1955年合并为梁家墩、三工二乡，1958年合建梁家墩人民公社，1983年改公社为乡，近年又改乡为镇。梁家墩村就在该镇的西北2千米处，明清时有梁家堡，明以前旧址已毁废无考。

汉代屋兰县，意见比较一致，治今张掖碱滩乡东古城，清代仁寿驿。从东古城到梁家墩，直线距离18千米，实际路程当在20千米左右，而"屋兰至氐池五十里"，50汉里为20.8千米，正合此里距。汉代的肩水候官在今金塔县双城乡东北25千米处，东经99°56′，北纬40°35′。候官以北不到1千米处即为肩水金关。从觻得即今黑水国北古城出发，沿黑河西北行，在高台境内穿越正义峡，折而东北至肩水候官和肩水金关，约250千米，正合上引简"觻得千秋里"和"觻得成汉里"、"家去官六百里的记载"。官指肩水候官。上引地湾179.4号简所谓"氐池宜药里，家去官六百五十里"，说明宜药里当在氐池县城附近，亦与上文所判定的氐池县位置相合。

明清洪水城即今之民乐县城，西北距张掖市65千米，再到黑水国北古城18千米，共83千米，合汉里为200里，近乎原距离四倍。可见汉之氐池城绝不可能在今之民乐县城，而只能是张掖市东南郊梁家墩之地。

176

三、昭武

昭武一地，汉以前本为月氏地。月氏为匈奴所迫西迁而进入中亚，后再迁阿富汗和印度西北部建立了大夏和贵霜王国。而散落在中亚一带的部落到南北朝隋唐时有昭武九姓。《北史》《隋书》和新旧《唐书》均有记载，汉之昭武县就是在月氏昭武城的基础上修筑并沿用了原来的名称。《隋书·西域传》载："康国者，康居之后也。迁徙无常，不恒故地，然自汉以来相承不绝。其王本姓温，月氏人也。旧居祁连山北昭武城，因被匈奴所破，西逾葱岭，遂有其国。支庶各分王，故康国左右诸国并以昭武为姓，示不忘本也。"[15] [P1843] 此所谓"祁连山北昭武城"，当为汉代建县筑城之处。《后汉书·梁慬传》载，永初元年（107年），朝廷罢西域都护。二年（108年）春，都护段禧、骑都尉赵博和副校尉梁慬还至敦煌，"会众羌反叛，朝廷大发兵西击之，逆诏慬留为诸军援。慬至张掖日勒。羌诸种万余人攻亭候，杀略吏人。慬进兵击，大破之，乘胜追至昭武。"李贤注昭武曰："县名，属张掖郡，故城在今甘州张掖县西北也。"[16] [P1592] 清人的史地著作如徐松《新斠注地理志集释》、汪士铎《汉志释地略》《大清一统志》和《甘肃通志》等对昭武故城的记载，一仍章怀太子之旧，或云在甘州府西北，或云在张掖县西北，都只点明了大体方位，而未指出具体地点。唯乾隆《甘州府志》卷四抚彝厅古迹条下所记："昭武故城，城东北40里。土人云，遗址尚存，在今板桥东南，古月氏城，而汉县因之。晋避文帝讳改临泽，后魏时废。北凉有临池郡，亦其地也。按《唐书》，月氏至唐时分十余国，而其酋率自称昭武人云。"按，清抚彝厅始置于乾隆十八年（1753年），治今蓼泉乡。1913年改厅为县，曰抚彝县，1928年更名临泽县，1952年从蓼泉乡迁治沙河堡，即今县政府驻地城关镇。《府志》所言昭武故城在抚彝厅东40里，即今蓼泉乡以东40里。这是最早对昭武故城的确指。其后安维峻《甘肃全省新通志》、杨思、张维等《甘肃通志稿》也都如是说。《中国历史地名词典》指汉之昭武县"治所在今甘肃临泽县西北旧临泽县之东"。其亦未超出上述意见的范围。

那么汉之昭武县究竟在今天什么地方？ 李并成认为，临泽县鸭暖乡昭武村一带"与诸史籍所载方位皆合，汉昭武县故城位于这一带是颇有可能的"[13] [P56]。笔者赞同这一说法，不过李氏发表这一意见时，尚未看到悬泉汉简中的里程简，本文就是想利用里程简的准确记载为汉昭武城位置增添一新的论据。里程简"觻得去昭武六十二里府下"，62 汉里 = 26 千米左右，从今天张掖西北明永乡西城驿沙窝的北古城西北行，到今临泽县鸭暖乡张家寨子东南2千米处的昭武村，正好26千米左右，符合汉里62里的里距。据李先生走访，周围曾有古城一座，毁于20世纪50年代。另据考古调查，村南2千米的南板滩上，遍布汉墓，范围有360万平方米，有汉代器物和五铢钱出露。这里平畴沃野，土肥水美，气候适宜，交通便利，是置郡设县的理想之处。所谓"觻得去昭武六十二里府下"者，疑张掖郡曾有过移驻于昭武的历史。

四、祁连置与表是

悬泉里程简中有"昭武去祁连置六十一里，祁连置去表是七十里"。祁连置为张掖郡西部一处驿置机构，其功能和悬泉置相若，承担公文信件的传递和过往人员的接待。从昭武县沿羌谷水南岸西行61汉里即25千米左右，即到今蓼泉乡西部的双泉堡，以里距准确测算，此地当为汉之祁连置所在。这一见解已故吴礽骧先生已经指出[14] [P345]，此地明清有堡寨，清设双泉塘，驻有马、夫若干。从地理位置看，汉代在此设祁连置，当为张掖郡进入酒泉郡表是县的必经之地。

表是，《续汉志》作表氏。是、氏通用。两汉魏晋以及前秦五凉（除南凉外），表氏县先属酒泉郡，前凉张骏后改属建康郡，后魏废。至于具体位置，过去的记载大都过于笼统。《后汉书·灵帝纪》：光和三年（180年）秋，"表是地震，涌水出"。李贤注曰："表是县，属酒泉郡，故城在今甘州张掖县西北也。"汪士铎《汉志释地略》云："表是，高台西南。"徐松《新斠注地理志集释》《大清一统志》和《甘肃通志》均载："表是故城，在高台县西。"

研究表是县的具体城址，首先要弄清的一个问题就是两汉的表是县曾经因地震而有过搬迁。上引《后汉书·灵帝纪》云：光和三年（180年）秋，"表是地震，涌水出"。《续汉书·五行志》亦云："三年自秋至明年春，酒泉表氏地八十余动，涌水出，城中官寺民舍皆顿，县易处，更筑城郭。"[17] [P3332]说明光和三年前后，表是县城的位置不在一处。而汉简所记载的表是县与有关

178

地方的里距只是地震以前情况，至于地震以后的表氏县城只能根据别的材料加以判断。李并成《河西走廊历史地理》认为，地震前的表是县城当在今"酒泉市屯升乡沙山村北15千米处的新墩子古城"，而地震后的表氏县当为今"肃南裕固族自治县明海乡的草沟井[13] [P89]，但我们根据悬泉里程简记载的情况和其他材料判断，光和三年前的表是县城当在今高台县黑泉乡定安一带。上引里程简有"祁连置去表是七十里"的记载。同时还有一条几乎内容相同的记载是："表是去祁连置七十里"（Ⅱ90DXT0214②：412），可见这一里距的记载是相当准确的。那么，上面所说祁连置的位置只能在今临泽县蓼泉乡西边的双泉堡，而双泉堡西行70汉里，即29千米左右，其地正是黑泉乡南部的定安村。从删丹、屋兰、氐池、觻得、昭武到祁连置和表是的具体位置看，有两条基本规律，其一是县、置城址的设置基本沿着走廊腹地由东向西排列开来；其二是筑城设县基本沿着弱水和羌谷水两岸近水处。按照这两条规律和简牍所记里距材料、围绕已知的坐标，我们将地震以前的表是县城确定在高台中部的定安一带，当不会有太大误差。县治搬迁的原因是因为"地八十余动，涌水出，城中官寺民舍皆顿"。想在两千年后的今天找到遗址和故城比较困难。今酒泉市屯升乡沙山村北的新墩子城距临泽双泉堡直线距离约70千米，合160多汉里，与当时里距不符，显然是不可能的。《甘肃日报》2002年9月6日刊载高台县博物馆赵万钧同志的文章，认为光和三年地震前的表是当在骆驼城以北八九千米的黄河湾（河当为沙之讹）[18]，同样道理，此处距临泽双泉堡约有42千米，相当于100汉里以上，与汉简中记载的里距差异较大，亦不能令人信服。今日的双泉堡即我们所考定的汉代祁连置，在北纬39° 0′，东经99° 58′，即令离开羌谷水流域直线距离往西走，29千米的距离，最西也只能到东经99° 38′，西距骆驼城还有将近6千米。而黄沙湾在北纬39° 05′，东经99° 31′，超过汉简里距13千米左右，这就是我们认为黄沙湾不可能是汉代表是县的理由。

至于迁址后新筑之表氏城，即今天的骆驼城。有些史籍认为今骆驼城当为汉代之乐涫城。最早是乾隆《肃州新志》高台县古迹条下如是说："骆驼城，在县西南四十里。旧志：即汉乐涫县。晋北凉段业建康郡故基。"[19] [P337]后来《甘肃古迹名胜词典》亦沿用其说，认为后世的骆驼城即是在汉乐涫县的遗址上建立起来的。其实乾隆《肃州新志》所引旧志材料是靠不住的。按张维《陇右方志录》所载，肃州旧志四部：一部是《元肃州志》，一部是《明肃州新志》，均已亡佚；一部是《万历肃镇志》，一部就是上面所引用的乾隆《肃州新志》。高台志有两部：一是《万历高台所志》，亦佚。一部是民国《高台县志》[20] [P27, P110]。乾隆《肃州新志》所云"旧志"，只能是《万历肃镇志》或《万历高台所志》，而后者今已不可得见，至于前者有顺治重刻本，其史料价值前人早有定评。清人黄文炜在《重修肃州新志序》中云："先翻肃镇旧志，见其板刻漶漫，笔划舛讹，至不可句。"[19] 至于其内容，张维引《重修肃州新志》凡例云："旧志误谬颇多，亥豕鱼鲁，难以枚举。如酒泉太守竺曾而讹为竺会；张奂渊泉人而讹为酒泉人；大禹治水合黎而致疑龙门、积石不在于此；及慧达，沮渠蒙逊时僧而或为明初。"这样一部谬误百出的书，所谓"骆驼城即汉之乐涫城"的记载能够征信吗！

近年在骆驼城附近发现的墓葬中，多有表是县的记载。如高台县博物馆藏有一块红色铭旌，长62厘米，宽46厘米，上面以白色字体书写："元康元年十二月庚戌朔晋故凉州酒泉表是（下部残破）"的字样。元康元年为公元291年，晋惠帝司马衷的年号。说明其时的表是县尚属酒泉郡，县境当在今日骆驼城周围。该馆还藏有1997年发现的一块前凉时期的木牍，全文179字，内容如下：

> 建兴廿四年三月癸亥朔廿三日乙酉，直执凉州建康表是县显平亭部前玉门王领校周振、妻孙阿惠得用今岁月道通葬埋太父母以次入蒿里，三九入太一，下从玄入白葬，后世子孙法出二千石，宗人室家共祭送死人周振、阿惠金银钱财，五谷粮食，荔子黄远，牛羊车马，猪狗鸡雏，楼舍帷帐，梧杆槃案，彩帛脂粉。诸入冢什物，皆于方市买，贾钱九万九千九百九十九。上至仓天，下至黄泉，不令左右仞（？）名时旁人。左青龙右白虎前朱雀后玄武，沽绘各半如律令。

建兴是愍帝司马邺的年号，313—316年共四年时间。但前凉张氏割据河西，奉晋正朔，张祚之前沿用建兴年号，建兴廿四年，当为336年，值前凉张骏。从木牍内容看，前凉时张氏置建康郡，而表是隶建康而不隶酒泉。《周书·史宁传》："史宁，字永和，建康表氏人也。曾祖豫，仕沮渠氏为临松令。魏平凉州，祖灌随例迁于抚宁镇，因家焉。"[21] [P465] "表氏"原作"袁氏"，《周书》校勘记云："钱氏《考异》卷三十二云：'此凉州之建康，非扬州之建康也。袁氏当为表氏之讹。'按钱说是。表氏是汉以来的旧县，属酒泉郡。建康郡，前凉张骏置，表是县当时改属建康。"实际上自从张骏设置建康郡直到北魏被废，历前凉、后凉、西凉、北凉，表氏县都属建康郡而不属酒泉郡。民国《甘肃通志稿·舆地志》将其隶酒泉郡下不确。据此，上引骆驼城周围墓葬所出木牍证明，汉代光和三年地震后的表氏县城即在今天的骆驼城。

根据上面论证，我们的结论是：汉代的觻得县城在今张掖市西北18千米处的黑水国北古城，位置在东经100°20′30″，北纬39°2′。汉之氐池县城当在今张掖市东南2千米左右梁家墩镇梁家墩村左近，位置在东经100°28′，北纬38°55′的范围内，不在洪水城（即今民乐县城）。昭武县址在今临泽县鸭暖乡昭武村一带。祁连置的位置在临泽县蓼泉乡西部双泉堡。而汉之表是县城，光和三年（180年）地震前在高台黑泉乡之定安村一带，位置在东经99°41′，北纬39°27′左右；光和三年地震后搬迁至骆驼城。过去将骆驼城指为汉之乐涫不确。

参考文献：

[1] 郝树声.敦煌悬泉里程简地理考述 [J].敦煌研究，2000（3）。

[2] 居延新简 [M].北京：中华书局，1994。

[3] 李并成.居延汉简里程简地理调查与考释（一）[J].西北史地，1993（1）。

[4] 汉书 [M].北京：中华书局，1962。

[5] 顾蔼吉.隶辨 [M].北京：中华书局，1986。

[6] 二十五史补编：第一册 [M].北京：中华书局，1955。

[7] 阎文儒.河西考古杂记 [J]，社会科学战线，1987（1）。

[8] 三国志 [M].北京：中华书局，1959。

[9] 晋书（卷129）[M].北京：中华书局，1974。

[10] 资治通鉴（卷112）[M].北京：中华书局，1956。

[11] 甘州府志 [M].兰州甘肃文化出版社，1995。

[12] 陶保廉.辛卯侍行记（卷4）[M].刘满点校，兰州：甘肃人民出版社，2002。

[13] 李并成.河西走廊历史地理 [M].兰州：甘肃人民出版社，1995。

[14] 吴礽骧.河西汉代驿道与沿线古城小考 [A].简帛学研究 [M].桂林：广西师大出版社，2001。

[15] 西城传 [A].隋书（卷83）[M].北京：中华书局，1973。

[16] 梁慬传 [A].后汉书（卷47）[M].北京：中华书局，1965。

[17] 五行志 [A]. 后汉书志第 16[M]. 北京：中华书局，1965。

[18] 高台发现大型汉代城址 [N]. 甘肃日报，2002 年 9 月 6 日第 6 版。

[19] 重修《肃州新志》[M]. 酒泉县博物馆 1984 年翻印本。

[20] 张维 . 陇右方志录 [M].1934 年北平大北印书局，1934。

[21] 周书（卷 28）[M]. 北京：中华书局，1971。

（原载于《敦煌研究》2005 年第 6 期）

简论敦煌悬泉汉简《康居王使者册》
及西汉与康居的关系

　　两汉时期，康居是中亚地区最早与汉王朝发生交往与贡使关系的古代国家。但是正如美国著名中亚史专家麦高文所说："古代的波斯记载和希腊史家都忽略了他们。"[1]唯一留下来的史料就是中国的《史记·大宛列传》和《汉书·西域传》等，其中记载康居的材料虽极其珍贵，但又十分简略，不足以反映康居的全貌。在考古方面，2004年7月，哈萨克斯坦考古人员曾在南哈萨克斯坦州首府希姆肯特市以西25千米处，发现一处保存完好的康居国将军墓。这是哈学者在对康居古国20多年的考古调查中首次发现的未经盗掘破坏的康居古墓[2]。2006年10月，又在南哈萨克斯坦州奥尔达巴辛区库尔托别遗址发现了刻在黏土砖上的古康居国文献，仅6行44字，主要信息是：古代康居国时期布拉哈绿洲的首府是诺沃阿克梅坦，意即"新居处"。文献中提到一些古老的城市，如恰奇、纳赫沙布、撒马尔罕和克什，都位于今天的乌兹别克斯坦境内[3]。其他的一些墓葬因被盗掘破坏而基本失去了研究价值。但是悬泉汉简和敦煌汉简中，则有近20条关于康居的记载，而且还有一册完整的《康居王使者册》，就显得弥足珍贵。下面结合文献和汉简的记载，对康居的基本情况和康居与汉王朝的交往关系做一些考察，以补史料之缺，并求得对康居认识的进一步深化。

一

　　《汉书·西域传》载："康居国，王冬治乐匿地。到卑阗城。去长安万二千三百里。不属都护。至越匿地马行七日，至王夏所居蕃内九千一百四十里。户十二万，口六十万，胜兵十二万人。东至都护治所五千五百五十里。与大月氏同俗。东羁事匈奴。"

关于卑阗城的位置，新近出版的《西域地名考录》认为，其具体地望应在泽拉夫尚河，即那密水南岸[4]，可实际上它应该在更北的地方。郭沫若主编的《中国史稿地图集》、张芝联等主编的《世界历史地图集》都将之标在锡尔河北岸，余太山《两汉魏晋南北朝正史西域传要注》亦认为卑阗城应在此范围[5]。这是目前所能接受的观点。下面还要结合对五小王都城的考证进行讨论。

"去长安万二千三百里"，这是就汉里而言。根据汉代尺度，每汉里415.8米。"万二千三百里"等于5114千米，这是从长安到卑阗城的里距。我们今天从长安出发，沿312国道西进新疆，然后沿314国道到喀什，其里程是3835千米。再从喀什到吐尔尕特口岸165千米，总计4000千米。境外，从吐尔尕特口岸进入吉尔吉斯斯坦，经费尔干纳盆地北转，到锡尔河北岸的广阔草原，当还有1000多千米的路程，全程与《汉书·西域传》所记从长安到卑阗城的距离基本是吻合的。当然，我们只是求得一个基本的参考。古今道里不同，即使是同一个地方，路程的坎坷迂曲也不可同日而语，古代的里距记载和今天的道路长短自然不可能完全相符。

康居是中亚大国，其地域和人口在西域诸国中举足轻重。《汉书·西域传》所记户口胜兵，最少的三个国家：单桓，户27，口194，胜兵45人；乌贪訾离，户41，口231，胜兵57人；车师都尉国，户40，口333，胜兵84人。而最多的三个国家：乌孙，户120000，口630000，胜兵188800人；康居，户120000，口600000，胜兵120000人；大月氏，户100000，口400000，胜兵100000人。可见，除乌孙外，康居是西域的第二号大国。而且同乌孙不相上下。还可看出，大国与小国之间，天壤之别，几乎不可相提并论。《史记·张骞列传》所载："康居在大宛西北可二千里，行国，与月氏人同俗。控弦者八九万人。与大宛邻国。国小，南羁事月氏，东羁事匈奴。"这是张骞在西域时看到的公元前2世纪的康居。有人以此为根据，认为康居开始极其弱小，后来才壮大起来。显然，和月氏、匈奴相比，康居当时可能处在弱势，所以才"南羁事月氏，东羁事匈奴"。但"控弦者八九万人"，仍不失为西域大国。按前面的记载，康居户出1兵，而每户平均5口。如此，"控弦者八九万人"，其总人口至少在40万到45万之间，这在当时的西域，仍为位居一二的大国。

《汉书·西域传》载："康居有小王五：一曰苏薤王，治苏薤城，去都护五千七百七十六里，去阳关八千二十五里；二曰附墨王，治附墨城，去都护五千七百六十七里，去阳关八千二十五里；三曰窳匿王，治窳匿城，去都护五千二百六十六里，去阳关七千五百二十五里；四曰罽王，治罽城，去都护六千二百九十六里，去阳关八千五百五十五里；五曰奥鞬王，治奥鞬城，去都护六千九百六里，去阳关八千三百五十五里。凡五王，属康居。"这段记载里，分别以都护治地和阳关为坐标，给出两个里程数据，以确定五小王都城分别与上述两地的远近。但五小王治地究竟何在，历来语焉不详。只有《新唐书·西域传》有一些记载，可以辗转考得其今天的位置。

苏薤城，《新唐书·西域传》载："史，或曰怯沙，曰羯霜那，居独莫水南，康居小王苏薤城故地。"即唐朝西域的史国就在康居苏薤王的地域之内。史国都城乞史城，地望在今乌兹别克斯坦卡什卡达里亚省的萨赫里萨布兹。

附墨城，《新唐书·西域传》载："何，或曰屈霜你迦，曰贵霜匿，即康居小王附墨城故地。城左有重楼，北绘中华古帝，东突厥、婆罗门、西波斯、拂菻等诸王。"唐朝的何国在今天乌兹别克斯坦纳沃伊东部，居撒马尔罕和布哈拉中间，汉代康居小王附墨王在此范围内。

窳匿城，《新唐书·西域传》载："石，或曰柘支，曰柘折，曰赭时，汉大宛北鄙也。去京师九千里。东北距西突厥，西北波腊，南二百里所抵俱战提，西南五百里康也。圆千余里，右涯素叶河。王姓石，治柘折城，故康居小王窳匿城地。西南有药杀水，入中国谓之真珠河，亦曰质河。东南有大山，生瑟瑟。俗善战，多良马。"唐朝石国，即今乌兹别克斯坦首都塔什干。就是说，康居小王窳匿城即在今天的塔什干附近。

罽城，《新唐书·西域传》载："安者，一曰布豁，又曰捕喝，元魏谓忸蜜者。东北至东安，西南至毕，皆百里所。西瀕乌浒河，治阿滥谧城，即康居小君长罽王故地。大城四十，小堡千余。"唐朝安国都城阿滥谧城，即今天乌兹别克斯坦的布哈拉。

奥鞬城，《新唐书·西域传》载："火寻，或曰货利习弥，曰过利，居乌浒水之阳。东南六百里距戊地，西南与波斯接，抵突厥曷萨，乃康居小王奥鞬城故地。"唐朝的火寻国，都城急多飓遮城，具体地望在今乌兹别克斯坦西部阿姆河下游乌尔根奇附近。余太山认为，奥鞬即喝汗，即东安[5]。其地在那密水之阳。备一说。

上述五小王均在今乌兹别克斯坦境内。而康居都城究竟为乐越匿地或越匿地，还是卑阗城？文字有歧义，颇为费解。乐越匿地今在何处，已不得其详。传文中"至越匿地马行七日，至王夏所居蕃内九千一百四里"，应指都护治所到此两地的距离，而非卑阗城到此两地的距离。尽管它"不属都护"，但汉人记载道路里距，习惯上应从自己的出发点算起。看得出来，当时的康居虽属游牧行国，但已有定居城市。上属五小王自有都城，说明他们已有定居农业。五小王如此，康居国王当更应有比较固定的、较大规模的都城和行宫。当然，他们的主要生活方式还是游牧为主。所谓"至王夏所居蕃内九千一百四里"，说明他们占据着辽阔的中亚草原，拥有广袤的地域，是仅次于匈奴和乌孙的游牧大国。

二

康居的人种和族源至今不甚清楚，他们最早何时到达此地也没有确切的文献和考古材料。中国中古时期的史籍如《魏书》《北史》《隋书》和新旧《唐书》，凡记载康国者，都认为是康居之后，而且出自月氏。"康国者，康居之后也。迁徙无常，不恒故地，自汉以来，相承不绝。其王本姓温，月氏人也。旧居祁连山北昭武城，因被匈奴所破，西逾葱岭，遂有其国。"[6]也有人认为，康居本是塞人或者突厥种。日本学者羽田亨《西域文明史概论》指出：

> 谢米列契（七河）省南部一带从汉代起就住有称做康居的部族，其势力及于粟特地方。依其生活状态和语言，也认为是属突厥种。关于此族没有像乌孙和黠戛斯那样有关于容貌特征的记载。把它说成是属突厥族，于记录上没有什么不合适的。但语言、风格、生活情态的相同或近似，并不是说人种也完全相同。时代越往后，人种混合的程度越厉害，一般已不存在纯粹的种族类型，也不能以今日世界人种知识来细致区分古代民族。康居何时据有该地也不清楚。再有，是否当这一带住有康居族时发生了亚利安系种族的入侵，反之，或当亚利安种族扩张时发生了康居的突厥种族的

侵入，这些都属于史前的范围，现在难以判定。总之，当此地有记录之初，从天山北路到谢米列契一带，就住有可认为是属于亚利安系和突厥系的游牧种族。

不管康居的人种和族源如何，但至少在公元前2世纪，它已作为一个中亚大国登上了历史舞台，而且同汉王朝发生了一系列来往关系，构成了中西文化交流的重要内容，这都是不争的事实。

在中国文献中，最早提到康居的材料是司马相如告巴蜀太守檄："康居西域，重译请朝。"时当武帝元光五年（前130年）。其时，张骞出使西域尚未回返，如同张骞在大夏时见到蜀布和邛竹杖一样，说明早在张骞之前，中原与西域的一些信息交流和商品往来就已存在，康居国的名字也已传到了汉朝。张骞使西域，先到大宛，再由大宛"为发导驿，抵康居。康居传致大月氏"，得到了热情接待，算是中原王朝与中亚国家的第一次友好交往。太初三年（前102年），李广利伐大宛，康居曾是大宛的后援。

在公元前1世纪，康居和汉朝的关系如何？《汉书·西域传》只记载了两件事：一是元帝建昭三年（前36年），西域都护甘延寿、西域副校尉陈汤消灭北匈奴郅支单于时，康居曾是郅支的盟国；一是"至成帝时康居遣子侍汉，贡献，然自以绝远，独骄嫚，不肯与诸国相望"，"讫不旨拜使者"。除此之外，只能借助于悬泉汉简的材料，来丰富我们对康居与汉王朝两国关系的认识。

悬泉汉简中的《康居王使者册》有简7枚，两道编绳犹在，字迹清晰，内容完整。长度均在23厘米左右，前4枚宽度在1厘米左右，后3枚中间削成脊形，成两行，两种不同形状的简编为一册，木质柽柳。简文内容，学界已有研究，[7]现录之于下，以便讨论。

康居王使者杨伯刀、副扁阗；苏䍠王使者姑墨、副沙囷即贵人为匿等，皆叩头自言：前数为王奉献橐佗，入敦煌（1简）关，县次购食至酒泉，昆□官大守与杨伯刀等杂平直肥瘦。今杨伯刀等复为王奉献橐佗入关，行道不得（2简）食，至酒泉，酒泉大守独与小吏直畜，杨伯刀等不得见所献橐佗。姑墨为王献白牡橐佗一匹，牝二匹，以为黄。及杨伯刀（3简）等献橐佗，皆肥，以为瘦。不如实，冤。（4简）

永光五年六月癸酉朔癸酉，使主客谏大夫汉侍郎当，移敦煌大守，书到验问言状。事当奏闻，毋留如律令。（5简）

七月庚申，敦煌大守弘、长史章、守部候脩仁行丞事，谓县：写移书到，具移康居苏䑃王使者杨伯刀等献橐佗食用谷数，会月廿五日，如律令。/掾登、属建、书佐政光。（6 简）

七月壬戌，效谷守长合宗、守丞敦煌左尉忠谓置：写移书到，具写传马止不食谷，诏书报，会月廿三日，如律令。/掾宗、啬夫辅。（7 简）

（Ⅱ90DXT0216②：877—883）

全文四个部分，293字。主要讲康居王使者和苏䑃王使者及贵人前来贡献，在酒泉评价贡物时发生了纠纷，朝廷责令敦煌郡和效谷县调查上报。

前4简为第一部分，143字，叙述康居使者及贵人到敦煌入关后，一般要对贡品即奉献的骆驼进行评估，评估内容涉及牝牡、毛色、肥瘦、年齿、价值，等等。对方当事人5人：康居王使者杨伯刀、副使扁阗；苏䑃王使者姑墨、副使沙困、贵人为匿；他们此次来奉献骆驼不是第一次，此前曾有过多次；他们每次从敦煌入关东往酒泉，沿途食宿要有人解决；到酒泉后，太守及下属官员要会同朝贡者一起对贡物进行评估（至于评估后交由郡县上转，抑或继续由朝贡者带往京师，尚不得而知）。此次的情况不同了。首先是他们入关后，从敦煌到酒泉，一路缺乏食物供应。其次是到酒泉后，酒泉太守和手下人对其奉献的骆驼进行评估，没有让当事人杨伯刀等人现场参加，单方面作出了评价。最后是评价的结果有问题，杨伯刀带来的骆驼本来是膘肥体壮的，可酒泉太守及其下属却定为羸瘦；姑墨奉献三匹白骆驼，一牡二牝，可酒泉方面却定为"黄"，"不如实，冤"，因而上告到有关衙门。

第二部分1简41字，乃永光五年六月初一日（前39年7月21日），朝廷主管对外交往和蛮夷事务的使主客谏大夫行文敦煌，要求敦煌太守接到文件后对此进行查询并按时上报中央，不得留迟。

第三部分1简62字，永光五年七月庚申（七月十八日，前39年9月6日），敦煌大守弘、长史章以及兼行丞事的守部候脩仁联署文件，下发效谷县，要求县廷接到文件后，将康居王使者路过县境时为之提供的谷物数量在七天之内，于本月二十五日上报太守府。后面有发文时掾、属、书佐的具名。从京师行文到敦煌，中间相隔48天时间。

第四部分1简47字，永光五年七月壬戌（七月二十日，前39年9月8日），效谷守长合宗、守丞忠（时为敦煌左尉）联署文件，下发悬泉置，要求在三天之内，于本月二十三日将传马食谷情况上报县廷。最后是掾、啬夫的具名。

此案的最后审理结果不得而知。从内容看，康居王、苏薤王使者为评估奉献的骆驼发生纠纷是在酒泉，而非敦煌。所以朝廷为调查此事很可能同时移书酒泉和敦煌，要求前者调查对骆驼的评估，后者调查沿途食谷数量。我们现在所看到的就是发往敦煌的文件，所以文件中只查询食谷情况，未涉及对骆驼的评估，针对的是"行道不得食"。而发往酒泉的文件，才真正要调查当时对骆驼的评估。只是这份文件没有留下来或者我们至今还没有发现。否则，二王使者同酒泉太守发生纠纷，何以要移书敦煌并全文留在了悬泉置就不好解释。

前文已对康居五小王的地理位置作了考证。其具体范围正如苏联中亚学者巴尔托里德在其《中亚简史》中所说："乌孙和康居的族源尚不能确定，中国人说他们是游牧民，但又提到似为游牧民征服的农业区的五小王康居领地。这些农业区应位于塔什干附近、花剌子模、扎拉夫尚（卡塔—库尔干和布哈拉附近）及卡什卡河流域（沙赫里萨卜孜附近）。"[8]

《康居王使者册》中的苏王即苏薤王，五小王之一，臣属于康居王的一个部落联盟。从简牍文献看，康居王使者和苏薤王使者同时出使汉朝，五小王与康居王之间似乎既有隶属关系，又可以有自己的使节和外交，有一定的独立性。同样，既然苏薤王拥有独立的外交权利，可以直接和汉帝国使节往来，那么同为五小王的附墨王、窳匿王、罽王和奥鞬王自然也应该享有同等的地位和权利，他们同汉帝国的直接交往应该不成问题。如此，上面提到的今天中亚哈萨克斯坦、乌兹别克斯坦的塔什干附近、花剌子模、泽拉夫尚河及卡什卡河流域，在两千多年前就已与汉王朝有了友好交往。此《康居王使者册》就是一份生动的文献和实物见证。

三

《汉书·西域传》载："宣帝时，匈奴乖乱，五单于并争，汉拥立呼韩邪单于，而郅支单于怨望，杀汉使者，西阻康居。"记载过于简略，看不到康居与汉的关系。而实际上，从出土的悬泉汉简看，宣帝时期是汉朝与康居关系的一个重要时期。对康居的政策成为汉朝对待北方匈奴和西域乌孙整体外交格局的重要组成部分。五凤元年（前57年），匈奴内乱，五单于争立，"呼韩邪单于与郅支单于俱遣子入侍，汉两受之"。[9]这在汉匈关系史上可谓千载一遇，整个周边关系及周邻国家的态度发生了很大变化。后来呼韩邪入朝称臣，得到汉朝的帮助而逐步强大起来。郅支单于西走，先占据右地，本打算结盟乌孙而被拒绝后，"遂西破呼偈、坚昆、丁令，兼三国而都之"。丁令游牧于匈奴以北贝加尔湖周围的辽阔地区，呼偈在斋桑泊和阿尔泰山一带，坚昆在今俄罗斯境内叶尼塞河和鄂毕河之间。所谓"兼三国而都之"，只是笼统的表述。确切说，是占据了坚昆之地。"坚昆东去单于庭七千里，南去车师五千里，郅支留都之。"[10]这时北匈奴尚未与康居结盟，汉朝对南、北匈奴，对乌孙，对康居，都采取了羁縻不绝的政策。郅支西徙都赖水同康居联为一气，那是初元五年（前44年）之事。在那之前，康居和汉朝始终保持着贡使往来。

悬泉汉简中有一木牍长15.2厘米，宽2.8厘米，简文如下：

甘露二年正月庚戌敦煌大守千秋库令贺兼行丞事敢告酒泉大

罢军候丞赵千秋上书送康居王使者二人贵人十人从者

九匹驴卅一匹橐他廿五匹牛一戊申入玉门关已阁口

（Ⅱ90DXT0213③：6）[11]

三行字墨色如新。由于下部残断，原本一个完整的文件断成了三个半句，但意思是清楚的。第1行，留26字，包括发文时间，"甘露二年正月庚戌"，公元前52年3月8日。发文主体和发文对象：由敦煌太守致达酒泉太守。平行公文，后面有客套语"敢告某太守卒人"或者"敢告某太守部都尉卒人"之类。第2行，留23字，发文事由。"罢军候丞赵千秋"，当为戍边结束后回返的西域驻屯军官。他所送的康居客人是从西域来内地，而非从汉地离境回国。所送的客人中，除康居王使者二人、贵人十人外，当有从者若干人，只是"从者"后面断残，难知其详。第3行，留22字，贡献物品，入关时间及其他。贡献的物品："（马）九匹，驴卅一匹，橐他廿五匹，牛一"。"九匹"之前当有"马"字，在上一行末尾。入关时间"戊申"，在"庚戌"，发文之日前两天。"已阁"，似有"评估收纳"之意。

另有一简，内容基本相似，只是时间稍晚：

传送康居诸国客。卫侯臣弘、副口池阳令臣忠上书一封。黄龙元年。

（Ⅱ90DXT0214③：109）[11]

此简乃"黄龙元年"，公元前49年之物。所谓"康居诸国客"，说明除康居外还有其他国家。同上一简不同的是，上一简所谓"送"，实际上是"迎"，此简却是真正的"送"，即由朝廷派官员，将使命结束后的各国使者护送回国。

这些简文都生动真实地记述了宣帝时期，地处今日哈萨克斯坦和乌兹别克斯坦的康居同古代中国的汉朝一直保持着友好往来。

四

初元五年（前44年），北匈奴郅支单于再度西迁，由叶尼塞河流域西迁江布尔，定都都赖水（今塔拉斯河），《汉书·陈汤传》载："（郅支单于）自知负汉，又闻呼韩邪益强，遂西奔康居。康居王以女妻郅支，郅支亦以女予康居王。康居甚尊敬郅支，欲倚其威以胁诸国。郅支数借兵击乌孙，深入至赤谷城，杀略民人，驱畜产，乌孙不敢追，西边空虚，不居者且千里。"[9] 标志着康居与郅支单于的正式结盟。不过好景不长，从初元五年到建昭三年（前36年）陈汤灭郅支，只有八年时间。而八年时间里，康居王自以为聪明，实则吃尽了苦头。"郅支单于自以大国，威名尊重，又乘胜骄，不为康居王礼，怒杀康居王女及贵人、人民数百，或支解投都赖水中。发民作城，日作五百人，二岁乃已。又遣使责阖苏、大宛诸国岁遗，不敢不予。"[9] 可谓劳民伤财，赔了夫人又折兵。建昭三年，甘延寿、陈汤一举消灭北匈奴，康居王与汉朝重归于好，再度恢复了外交关系。近年敦煌博物馆在玉门关附近掘得汉简数百枚，其中就有关于康居与汉朝在此之后使节往来的记录。如：

阳朔二年四月辛丑朔甲子，京兆尹信、丞义下左将军、使送康居校尉，承书从事下当用者如诏书。四月丙寅，左将军丹下大鸿胪、敦煌太守，承书从事下当用者如诏书。

这是成帝阳朔二年（前23年）朝廷下发文件的记录。其中的"左将军丹"

即史丹，河平四年（前25年）"三月辛卯，左将军千秋卒，右将军史丹为左将军"。[12]《汉书》有传。"使送康居校尉"，是一临时加官，使命结束就取消了。可以看出，康居和汉朝的关系在消灭北匈奴以后一段时间又恢复如前，直到汉末，"终羁縻而未绝"。[13]所以从张骞出使西域受到康居友好接待以来，在西汉后期的一个世纪里，基本上保持了使节往来和朝贡羁縻。

从今天看，哈萨克斯坦和乌兹别克斯坦同古代康居的民族或部落有着不可割断的渊源关系。这里是最早与古代中国发生外交关系的地区和国家。悬泉汉简中有关康居的简牍，不仅为研究历史上中国和中亚地区友好往来提供了第一手资料，也是见证中西关系的重要实物。当时，汉朝与康居的关系，既不同于汉朝与匈奴的关系，也不同于汉朝与天山以南城廓诸国的关系。一方面它不同汉朝紧邻，鞭长莫及，一般不会兵戎相见。李广利伐大宛，陈汤灭郅支，令康居有唇亡齿寒之感，所以康居支持了前二者。其他时间里，康居贡使献纳，使节不断，而汉朝亦羁縻安抚、不计前嫌，两国关系在大多情况下是友好的。另一方面，康居虽使节朝贡，遣子入侍，但它地域遥远，"不属都护"，在匈奴、乌孙已经称臣的情况下，对汉朝的态度反而满不在乎。汉朝第十三任西域都护郭舜（前15—前12年在任）曾上书说："康居骄黠，讫不肯拜使者。都护吏至其国，坐之乌孙诸使下，王及贵人先饮食已，乃饮啖都护吏，故为无所省以夸旁国。"[13]

就政治关系而言，康居对汉朝的朝贡与汉朝对康居的赏赐是对等的甚至是超价值的，所以这种朝贡关系在政治上只有象征意义，实际意义却在经济上。《康居王使者册》中那种斤斤计较的评估就很能说明问题。所谓"欲贾市为好"，才是真实目的。不管怎么说，这种政治上的朝贡和侍子关系，经济上"贾市为好"和其他商贸往来，文化上的碰撞、交流、影响，就是我们从文献和汉简中看到的康居和汉朝两国关系的基本内容。

参考文献：

[1] 麦高文．中亚古国历史 [M]．章巽译．北京：中华书局，2004：43.

[2] 陈俊锋．哈考古学家发现古康居国将军墓 [EB/OL]．http://ges.xinhuanet.com/newscenter/2002—07/19/content—489835.htm.

[3] 魏良磊．哈萨克斯坦发现刻在黏土砖上的古康居国文献 [EB/OL]．http://ges.xinhuanet.com/

tech/2006—10/13/content—5197426.htm.

[4] 钟兴麒 . 西域地名考录 [M]. 北京：国家图书馆出版社，2008：113.

[5] 余太山 . 两汉魏晋南北朝正史西域研究 [M]. 北京：中华书局，2003：125.

[6] 西域传 [M]. 魏书：卷 102. 北京：中华书局，1974：2281.

[7] 胡平生，张德芳 . 敦煌悬泉汉简释粹 [M]. 上海：上海古籍出版社，2001：118.

[8] 巴尔托里德 . 中亚简史 [M]. 耿世民译 . 北京：中华书局，2005：5.

[9] 陈汤传 [M]. 汉书：卷 70. 北京：中华书局，1965：3008.

[10] 匈奴传 [M]. 汉书：卷 94. 北京：中华书局，1965：3800.

[11] 张德芳 . 悬泉汉简中若干西域资料考论 [C]. 荣新江，李孝聪 . 中外关系史：新史料与新
问题 . 北京：科学出版社，2004：146.

[12] 天文志 [M]. 汉书：卷 26. 北京：中华书局，1965：1310.

[13] 西域传 [M]. 汉书：卷 96. 北京：中华书局，1965：3893.

（原载于《敦煌研究》2009年第1期）

汉简中的大宛和康居

张骞通西域，开创了中西官方外交和丝绸之路的先河。[①]张骞最先所到之地大宛、康居、大月氏、大夏，传闻其旁大国五六。这些地区包括今天的中亚五国和西亚地区的阿富汗、伊朗以及南亚次大陆。这里在公元前6—前4世纪，曾被强盛一时的波斯帝国统治长达200年之久，后又被亚力山大希腊化，是重要的文化交汇之地。20世纪90年代，在敦煌悬泉置汉晋遗址出土了近20000枚汉代简牍。作为当时中西交通要道上的一处邮驿接待机构，悬泉置留下了大量西域（主要指今天的新疆）以及中亚、西亚、南亚等各国国王、质子、使者、商客等东来朝拜、受封、纳贡、通使、经商、学习和中原王朝派往上述各国的使节、商贩经过此地记录，为研究中西文化交流和丝绸之路的状况提供了新资料。下面就汉简中关于大宛和康居的材料做一些分析研究。

一、汉简中的大宛

大宛是两汉时期的中亚古国，所处费而干纳盆地为大陆性气候，适宜农业耕作。大宛东北至西南约为370千米，南北宽约200千米，总面积约7800平方千米。如果把山口以外的苦盏（Khujand）和乌拉秋别（Wulaqiubie）包括在其中，它的疆土会更大。现在分属于乌兹别克斯坦和塔吉克斯坦。

在费而干纳盆地发现的时代在公元前9—前7世纪的楚斯特（Chust）文

---

①在此之前，丝绸之路上的民间来往和转手贸易早已存在。

化，调查发掘过80多处遗址，其中发现有原始的灌溉系统和发达的手工业，显示了当时绿洲城邦国家的逐渐形成。其后公元前6—前4世纪的埃拉坦（Eylatan）①遗址是该时期费而干纳盆地的最大的城堡遗址。公元前3-公元4世纪，有明特佩（Mingtepa）②和阿赫斯克特（Akhsiket）遗址③，以其具有坚固城防的古代城市成为大宛绿洲国家城市遗址的代表。④

关于公元前2世纪下半叶张骞到来之前大宛的基本状况，雅诺什·哈尔马塔主编的《中亚文明史》第二卷有这样的描述：

在公元前最后一个世纪和公元第一个世纪内，咸海和锡尔河地区的农业主要在花剌子模和大宛（费尔干纳）这样的独立政权境内发展，尽管它们在短期内部分地属于亚力山大帝国、塞琉古王朝、希腊—巴克特利亚人和贵霜人。公元前290—160年期间，苏对萨那与俱战提似乎成了希腊-巴克特利亚王国的一部分。这些政治变化影响了它们的物质文化。考古发掘显示了苏对萨那、俱战提和费尔干纳西部的希腊成分，俱战提的发掘物清楚地揭示出中亚文化形成中的希腊影响。

公元前160年前后，苏对萨那与俱战提（即乌拉秋别和苦盏）独立于希腊-巴克特里亚人，而费而干纳似乎从未隶属于他们，希腊人的控制权似乎从未超越亚历山大曾经征服的范围。然而，斯特拉波的一个注释却导致许多学者认为费而干纳曾经归入希腊-巴克特里亚王国。诚然，在此发现了希腊-巴克特里亚君主的钱币，但是这可能只是贸易交往的结果。公元前二世纪中叶，月氏部落经过费而干纳和苏对萨那南下，随后征服了巴克特里亚。十分可能的是，幅员辽阔，经济富庶和人口众多的大宛政权便在此同时兴起。⑤

张骞眼中的大宛，中国史籍中如此记载：

---

①该遗址位于安集延北部的哈库拉巴德（Hakkulabad）东部埃拉坦村附近。

②位于安集延省马哈马特东郊。

③位于纳曼干西南25千米。

④[中国]郭物《费尔干纳的考古发现与研究》，中国考古网：http://www.kaogu.cn/html/cn/xueshuyanjiu/yanjiuxinlun/bianjiangjizhongwai/2013/1025/33499.html

⑤[匈牙利]雅诺什·哈尔马塔主编《中亚文明史》第二卷，徐文堪等译，北京，中国对外翻译出版公司，2002年，第365-366页。

大宛在匈奴西南，在汉正西，去汉可万里。其俗土著，耕田，田稻麦。有蒲陶酒。多善马，马汗血，其先天马子也。有城郭屋室。其属邑大小七十余城，众可数十万。其兵弓矛骑射。其北则康居，西则大月氏，西南则大夏，东北则乌孙，东则扞窣（拘弥）、于窴。[①]

从考古资料和文献的记载看，张骞所看到的大宛，同当时周边的匈奴、康居、大月氏不同，虽受到北方游牧文化的影响，但主体还是农业定居之国，水利灌溉和农业比较发达，除适宜稻麦外，葡萄和葡萄酒是其特产。苜蓿是天然的马嗜之物。畜牧业中的汗血马，曾是汉天子出兵大宛的攫取目标。境内大小城邑七十余座。到后来班固写《汉书》时，这里已有"户六万，口三十万，胜兵六万人。"[②]从人口规模看，仅次于乌孙、康居和大月氏。基层社会以五口之家为单位，老百姓过着定居农耕的生活。家出一兵，拥有大约六万人的军队。大宛人的最早祖先应该属于塞人的一支，所谓"自宛以西至安息国，虽颇异言，然大同，自相晓知也。"说明他们统属于印欧语系的伊兰语族；其相貌特征是"皆深目，多须髯"，亦即塞人的特点；"善贾市，争分铢"，说明商业较发达，生活中的日常需要得靠商贸交换来满足；"贵女子。女子所言，丈夫乃决正。"这是希腊文化的影响。

张骞到大宛，沟通了中西经济文化的大规模交往，但汉王朝与大宛关系进入实质性交往阶段则在李广利伐大宛之后。本来，得知大宛有汗血马汉武帝已在惦记之中，他派使者以财帛金马来换取。可大宛以为汉廷遥远，路途艰险，不仅不答应使者的要求，还杀了汉使，掠了财物。被激怒的汉武帝立即派贰师将军李广利远征大宛，历四年之久，捐十几万将士之躯，最后借大宛贵族之手杀了国王毋寡，订了城下之盟。获天马数十匹，中马三千余。随后，又跟即任国王蝉封订立盟约，质子来汉，岁献天马二匹。

大宛之战，威震西域，确立了汉帝国在西域各国人民心目中的大国地位。"而汉发使十余辈至宛西诸外国，求奇物，因风览以伐宛之威德。"再加上在此之前张骞出使乌孙时派往大宛、康居、大月氏、大夏、安息、身毒、于窴、扞

①（汉）司马迁《史记·大宛列传》，北京，中华书局，1959年9月，第3160页。
②（汉）班固《汉书·西域传》，北京，中华书局，1962年6月，第3894页。

罙（拘弥）及诸旁国的副使亦同出使国的使者一同回到汉朝，从而开始了两汉时期中西交通的繁盛局面。史书记载：

因益发使抵安息、奄蔡、黎轩、条枝、身毒国。而天子好宛马，使者相望于道。诸使外国一辈大者数百，少者百余人，人所赍操大放博望侯时。……汉率一岁中使多者十余，少者五六辈，远者八九岁，近者数岁而反。

…………

汉使至安息，安息王令将二万骑迎于东界。东界去王都数千里。行比至，过数十城，人民相属甚多。汉使还，而后发使随汉使来观汉广大，以大鸟卵及黎轩善眩人献于汉。及宛西小国欢潜、大益，宛东姑师、扜罙、苏髷之属，皆随汉使献见天子。天子大悦。[1]

自此以后，即公元前一世纪的一百年中，汉与大宛一直保持着良好的交往关系。甚至在神爵二年（前60年）设立西域都护府后所辖西域诸国中，大宛也是其中之一。敦煌悬泉置出土的关于大宛来汉的汉简就是在这种背景下汉王朝与大宛关系的档案记录。

简一：

元平元年十一月己酉，□□□使户籍民迎天马敦煌郡，为驾一乘传，载奴一人。御史大夫广明下右扶风，以次为驾，当舍传舍，如律令。

（Ⅱ 90DXT0115④：37）

木简，长23、宽1.3公分，柽柳。存字52。这是御史大夫田广明下发给朝廷使者的传信，持信人路过悬泉置的抄件。元平元年十一月己酉为公元前74年12月28日。从右扶风到敦煌，“以次为驾，当舍传舍”。简上年月日是开具传信的时间，至于何时路过悬泉置，不得而知。乘传为驾四马的传车，朝廷官员出使，都要坐这种规格的车子。

按《汉书·百官公卿表》记载，田广明任御史大夫在元平元年至本始二年（前74—前72年），其上任是蔡义，下任是魏相。元平元年（前74年），昭帝驾崩，先立昌邑王贺，后立武帝曾孙病已，是为宣帝。当时虽霍光秉政，朝政动荡，但汉与西域尤其是同大宛的关系尚在正常状态。

---

①（汉）司马迁《史记·大宛列传》，北京，中华书局，1959年，第3170、3172页。

天马，先指渥洼水中所得神马，后指乌孙马。李广利伐大宛后专指大宛汗血马。《汉书·张骞李广利传》："贰师既斩宛王，更立贵人素遇汉善者名昧蔡为宛王。后岁余，宛贵人以为昧蔡谄，使我国遇屠，相与共杀昧蔡，立毋寡弟蝉封为王。遣子入侍，质于汉，汉因使使赂赐镇抚之。又发使十余辈，抵宛西诸国求奇物，因风谕以伐宛之威。宛王蝉封与汉约，岁献天马二匹。汉使采蒲陶、目宿种归。天子以天马多，又外国使来众，益种蒲陶、目宿离宫馆旁，极望焉。"①

此简有纪年，时在元平元年（前74年），距李广利伐大宛，已过26年。在这20多年中，大宛"岁献天马二匹"的约定在一直践行中，简文内容与此有关，说明李广利伐大宛以后的相当一段时间里，汉与大宛始终保持了贡使来往关系。另外，简中所记内容说明，每年迎取天马，朝廷要派人赶到敦煌郡，从敦煌郡迎接贡使和天马再到京师长安，沿途所过，要提供车驾和食宿安排，表明汉朝廷对此事的高度重视。

简二：

以食使大宛车骑将军长史

（Ⅰ90DXT0112③:30）

柿片，长5、宽0.6公分。存字11。出土该柿片的探方层位中，有15枚纪年简，其中14枚是宣帝时期的。从本始二年（前72）到甘露二年（前52），本始、地节、元康、神爵、五凤、甘露六个年号连续出现，所以该简内容反映的史实当为宣帝时期。

这是一份悬泉置接待过往官员和使者的记录，内容是朝廷派车骑将军长史出使大宛，路过悬泉置时悬泉置为之提供了膳食。至于长史姓名、留餐几顿、吃了些什么，停留了多长时间，从者几人，车驾如何？都没有记载下来，因为这只是一片刮掉的木片。

车骑将军不常置。宣帝时任车骑将军者有张安世、韩增、许延寿和乐陵侯史高。据《汉书·百官公卿表》记载：元平元年（前74年），右将军张安世为车骑将军、光禄勋。地节三年（前67年）四月戊申，车骑将军、光禄勋张

---

① [汉]班固《汉书·西域传》，北京，中华书局，1962年6月，第3895页。

安世为大司马车骑将军。七月戊申更为大司马卫将军。神爵元年（前61年），前将军韩增为大司马车骑将军。五凤二年（前56年），韩增薨，强弩将军许延寿为大司马车骑将军，甘露元年（前53年），延寿薨。黄龙元年（前49年）十二月，侍中乐陵侯史高为大司马车骑将军。可见，从前74年至前67年的七年中，车骑将军为张安世；前67年至前62年的六年中，空缺；前61年至前53年的八年中，先后是韩增和许延寿，前53年至前49年近四年中，空缺；前49年后是刘史高。除张安世之外，其他三位都是以大司马兼领车骑将军。张安世在最后一年亦如此。所以简中只记车骑将军而未冠"大司马"字样，说明简文所记车骑将军，当指张安世。

《汉书·冯奉世传》记载："先是时，汉数出使西域，多辱命不称，或贪污，为外国所苦。是时乌孙大有击匈奴之功，而西域诸国新辑，汉方善遇，欲以安之，选可使外国者。前将军增举奉世以卫候使持节送大宛诸国客。至伊修城，都尉宋将言莎车与旁国共攻杀汉所置莎车王万年，并杀汉使者奚充国。……奉世与其副严昌……以节谕告诸国王，因发其兵，南北道合万五千人进击莎车，攻拔其城。莎车王自杀，传其首诣长安。诸国悉平，威振西域。奉世乃罢兵以闻。宣帝召见韩增，曰：'贺将军所举得其人。'奉世遂西至大宛。大宛闻其斩莎车王，敬之异于它使，得其名马象龙而还。"此事，《资治通鉴》系之于元康元年（前65年）。从上述记载中可以看出，在冯奉世出使大宛之前，汉朝曾多次派使节出使西域及大宛各国，只是"多辱命不称"或"为外国所苦"。上述简文印证了这一事实。

简三：

　　使大宛车骑将军长史尊使□候张□

　　行在所以令为驾一乘传□

（Ⅱ90DXT0314②:121）

木牍，残，长9.8、宽1.8公分，柽柳，下部和左侧残，可释者只有两段残文，24字。是一份使大宛车骑将军长史尊和□候张某等人所持传信，字迹比较潦草，显为路过悬泉置时抄录登记的内容，而非原件。第二行"行在所"之前当有"诣"字，可见出使已经结束，这是返回朝廷途经悬泉置的记录。"为驾一乘传"之后，按此类文件格式，当有"当舍传舍，如律令"的套语。

出土该简的地层中共出纪年简主要为宣、元、成三朝的年号，最早为宣帝元康二年（前64年），最晚为成帝元延四年（前9年），时间跨度达半个多世纪。但是前文说过，自张安世之后，车骑将军一职均由大司马兼任，位居三公。该简只提车骑将军而未冠"大司马"者，亦当在张安世任车骑将军时期，即元平元年（前74年）到地节三年（前67年）之间。

此两简都是汉朝使者出使大宛的记载。说明当时汉朝对与大宛的外交关系极为重视，使节来往频繁，关注度极高。

简四：

客大月氏大宛疎勒于阗莎车渠勒精绝扜弥王使者十八人贵人口人

（Ⅰ 91DXT0309 ③ :97）

木简，长23.2、宽0.8公分，柽柳，完整。存字28，有一字不清。内容为接待西域诸国使者的记录。同层所出纪年简61枚，除昭帝元平元年1枚外，其余都属宣帝时期。其中元康8枚，神爵47枚，五凤5枚。所以此简当为宣帝时期之物。简中有西域八国使者18人，贵人若干人。而八国之中，大月氏和大宛远在中亚，其余六国均为南道城郭诸国。六国中，15000 — 20000 人口者有疏勒、于阗、莎车、扜弥，而渠勒和精绝只有二、三千人。从东到西，有精绝、扜弥、渠勒、于阗、莎车、疏勒。再加上大月氏和大宛这两个葱岭以西大国，路途更加遥远。八国使者从不同的地方不期而遇，同时路过悬泉置，不仅说明上述各国同中原汉朝关系友好，而且也说明当时丝绸之路盛况空前。"驰命走驿，不绝于时月；商胡贩客，日款于塞下，"[①]言之不虚。

简五：

大宛贵人乌莫塞献橐他一匹黄乘须两耳絜一丈，死县泉置。

（Ⅱ 90DXT0214 ② :53）

木简，长20.3、宽0.9公分，柽柳，下部残断，但文字完整，存字24。从正规的隶书字体和内容看，此简当为悬泉置向上级的一份正式报告。大宛贵人向朝廷贡献的骆驼死在了悬泉置，当是一件重大的事件，死因如何，责任在

---

① （宋）范晔《后汉书》，北京，中华书局，1965年5月，第2931页。

谁？要逐级上报。简文上下当有其它内容，此简只是其中之一。同层所出纪年简97枚，最早者为神爵年间（前61－前58年）简，自神爵后到西汉末年的年号，几乎是连续的。所以此简的年代最早在神爵年间，下限不可知，自然可判为宣帝以后之物。此简说明，自宣帝以后，大宛给汉朝的贡献不仅有天马，还有骆驼。这一峰死在悬泉置的骆驼随贵人而来，当然不是一般的商贸行为和交换之物。

简六：

　　□西使送大宛□□

　　□□收责过所趣遣□

（Ⅱ90DXT0113②:88）

木简，长4.5、宽1.1公分，松木，上下部残断，存字两行，左行存字5，右行存字6。第一行当为年月日干支，"使送大宛"使者某人到某地，乘何等车，"以次为驾，当舍传舍"之类，第二行文意不明。但从仅有的文字信息看，仍可判定为朝廷派人送大宛使者路过悬泉置的记录，与大宛和汉朝的来往有关。出土此简的地层，最早的纪年简是宣帝五凤四年（前54年），此后至西汉末年的纪年简都有，只能说此简内容是宣帝以后之物，同样反映的是宣帝以后大宛与汉朝的关系，至于下限则难以判断。

简七：

　　大宛贵人食七十一

　　·凡三百一十八人

（Ⅴ92DXT1311③:216）

木牍，长10、宽1.2公分，松木，左、右两侧和下半部分均残缺，存字两行，15字。左、右两侧应当还有文字，不得而知。其内容仍然是西域贵人、使者路过悬泉置时为之提供膳食的记录。大宛贵人之外，当有其它西域各国的贵人和使者，惜已残缺。悬泉汉简记载人数，往往以人次相加。如果是106人三食，亦可作食318人；如果是53人食六食，亦可作食318人。所以简中三百一十八人，不能直接理解为一次就接待了如此之多的客人。当然，据《汉书·张骞李广利传》记载：自汉武帝伐大宛后，"而天子好宛马，使者相望于道，一辈大者数百，少者百余人，所赍操大放博望侯时。"如此看来，西域诸国一次来数百人，也是正常的。出土该简的地层中共出纪年简45枚，主要是宣、元时期的。其中甘露3枚，黄龙2枚，初元35枚，永光5枚，所以该简当为宣、元时期之物，内容反映该时期大宛及其西域诸国同汉朝的关系。

简八：

    使大宛卫候建叩头叩头□

（Ⅱ90DXT0216②：193)

木牍，长12.2、宽1.1公分，松木。左右两侧和下部残，存字10，而前5字仅存右半，释文是根据字形判读的。木牍两侧和下半部分当有其它内容。书体用规整的八分隶写成。从内容和语气看，当是出使大宛的卫候给朝廷的上书。

出土该木牍的地层共出纪年简147枚，除有宣帝甘露年间（前53－前50年）的2枚外，都是元、成时期的。其中永光、建昭（前43－前34年）10年间共125枚，最晚有鸿嘉五年（即永始元年，前16年）的1枚。所以该木牍的时代当在元、成时期，其反映的内容当为元、成时期大宛与汉朝的来往关系。

《汉书》记载，以卫候出使大宛者只有冯奉世，时在元康元年（前65年）。简中的"卫候建"可能是冯奉世之后又一次以"卫候"身份出使大宛的汉朝使节。建昭三年（前36），西域副校尉陈汤矫诏发戊己校尉屯田吏士和城郭诸国兵四万余人，分两路西进康居，消灭北匈奴郅支单于，成为汉匈关系史上的大事，也是西域史上的大事。当时能够调发西域诸国兵四万余人（戊己校尉屯田吏士不过二千多），说明汉朝对西域诸国的管理已相当有效。当时三校军队西越葱岭经大宛到康居，三校军队经温宿（即今阿克苏）越天山，从北道入赤谷城过乌孙，涉康居界，至滇池（伊塞克湖）西。前者过大宛，似应得到大宛的欢迎和支持。从该简的记载看，永光、建昭年间，大宛和汉朝的关系是友好的。

简九：

    □居大宛北道　城□

    □伏地　□

（Ⅵ92DXT1122③：9)

木牍，长10.4、宽3.7公分，松木，上下残甚，能释者不过数字。从语气和行文看，当为一封书信的内容，与出使大宛有关。与该木牍同层共出的纪年简11枚，都是元帝时期的，其中初元7枚，永光4枚。所以该木牍内容当为元帝（前48－前33年在位）及其前后的记载。虽内容残缺，详情不可得知，但仍可作为汉与大宛关系的实物例证。

简十：

　　建平五年十一月庚申，遣卒史赵平送自来大菀使者侯陵奉献，诣行在所以□

（Ⅱ90DXT0114④:57）

木简，长18.8、宽1.3公分，松木，下部残断，存字29。悬泉置过往接待记录。有明确纪年。建平五年即元寿元年（公元前2年），十一月丙申朔，庚申为二十五日。公元前2年12月21日。卒史是太守府的文职官员，受过正规教育，至少通一经，秩百石。三辅各郡卒史有秩二百石者。简中卒史赵平，是敦煌太守下属的官员，因为所谓"送"，乃送往京师，"诣行在所"。菀、宛相通。全文意思是：大宛使者侯陵，要到京师朝贡，是大宛自己所派，非汉朝邀请。路过悬泉置的时间是公元前2年12月21日。

此时汉室衰微，董贤用事，哀帝昏弱，外戚专权，朝政一片黑暗。但是周边关系包括匈奴、乌孙以及西域诸国由于长期的经营管理，此时正处于效益期和收获期，"思汉威德，咸乐内属"，说明对汉朝的向心力和内聚力并未减弱。"匈奴单于及乌孙大昆弥伊秩靡皆来朝，汉以为荣。是时西域凡五十国，自译长至将、相、侯、王皆佩汉印绶，凡三百七十六人；而康居、大月氏、安息、罽宾、乌弋之属，皆以绝远，不在数中，其来贡献，则相与报，不督录总领也。"①大宛是西域都护府管辖的国家，当在佩带汉印之列。简文所见，就是大宛自来朝贡的事例。

上引十条汉简，并非汉与大宛关系的全部，以斑窥豹非全豹也。但是，它从出土文献的角度足可证明，李广利伐大宛后的一百年里，汉帝国与远在中

---

① （宋）司马光《资治通鉴》元寿二年条，北京，中华书局，1959年6月，第1123页。

亚的费而干纳盆地始终保持着频繁而亲密的来往关系。

二、汉简中的康居

康居是紧邻大宛西北、分布在锡尔河北岸、哈萨克斯坦南部草原的游牧民族，其势力繁盛时可能达到泽拉夫善河流域（今布哈拉河）。至于其族源，至今尚不清楚。"古代的波斯记载和希腊史家都忽略了他们。"[①]唯一留下来的史料就是中国的《史记·大宛列传》和《汉书·西域传》。2004年7月，哈萨克斯坦考古人员曾在南哈萨克斯坦州首府希姆肯特市以西25公里处，发现一处保存完好的康居国将军墓。这是哈学者在对康居古国20多年的考古调查中首次发现的未经盗掘破坏的康居古墓[②]。2006年10月，又在南哈萨克斯坦州奥尔达巴辛区库尔托别遗址发现了刻在黏土砖上的古康居国文献，仅6行44字，主要信息是：古代康居国时期布拉哈绿洲的首府是诺沃阿克梅坦，意即"新居处"。文献中提到一些古老的城市，如恰奇、纳赫沙布、撒马尔罕和克什，都位于今天的乌兹别克斯坦境内[③]。其他的一些墓葬因被盗掘破坏而基本失去了研究价值。张骞在公元前2世纪到来时，这里已俨然大国。后来班固的《汉书》记载，有"户十二万，口六十万，胜兵十二万人。"其人口、户数、胜兵正好相当于大宛的两倍。

康居与汉朝的关系有一个发展的过程。张骞初次来此，曾得到康居的友好接待。"康居传致大月氏。"就是派车把张骞送到大月氏。其后太初年间（前104－前101年）李广利伐大宛，康居怕唇亡而齿寒，曾为大宛后援。北匈奴郅支单于西逃塔拉斯河（今江布尔州），康居曾与之结盟，互为翁婿。建昭三年（前36年）陈汤伐郅支，康居又暗地里支持郅支。成帝时，西域都护郭舜有一个上奏：

---

① [美]麦高文着，章巽译：《中亚古国史》，北京：中华书局，2004年，第43页。
②陈俊锋：《哈考古学家发现古康居国将军墓》，http://news.xinhuanet.com/newscenter/2002-07/19/content_489835.htm.
③魏良磊：《哈萨克斯坦发现刻在黏土砖上的古康居国文献》，http://news.xinhuanet.com/tech/2006-10/13/content_5197426.htm.

康居骄黠，讫不肯拜使者。都护吏至其国，坐之乌孙诸使下，王及贵人先饮食已，乃饮啖都护吏，故为无所省以夸旁国。以此度之，何故遣子入侍？其欲贾市为好，辞之诈也。匈奴百蛮大国，今事汉甚备，闻康居不拜，且使单于有自下之意，宜归其侍子，绝勿复使，以章汉家不通无礼之国。[①]

但是，朝廷并未采纳郭舜的意见。"汉为其新通，重致远人，终羁縻而未绝。"敦煌悬泉置出土的汉简，主要是公元前半个世纪汉与康居关系的记录，反映的就是这种"羁縻而未绝"的情况：

简一：

甘露二年正月庚戌，敦煌大守千秋、库令贺兼行丞事，敢告酒泉大守府卒人：安远侯遣比胥犍罢军候丞赵千秋上书，送康居王使者二人、贵人十人、从者六十四人。献马二匹、橐他十匹。私马九匹、驴卌一匹、橐他廿五匹、牛一。戊申入玉门关，已阅（名）籍、畜财、财物。

（Ⅱ 90DXT0213 ③ :6+T0214 ③ :83）

这是一件完整的木牍，长23、宽2.8公分。松木。存字100。背面还有49字，其内容与正面不同，不赘引。这块木牍出土时断成两片，散落在不同的探方里。后来整理时才发现两者可以缀合在一起。这是敦煌太守府发往酒泉太守府的平行文书，是悬泉汉简中记载汉朝与康居来往较早的纪年简。甘露二年为公元前52年，正月辛卯朔，庚戌为二十日，公元前52年3月8日。"戊申入玉门关"，戊申是十八日，即是年3月6日，"戊申入玉门关"者，是说上述人等是前两天入关的。这次康居王所派使团从使者、贵人到从者，一共76人，随行大牲畜78头。这在当时中西交通的大道上不能不是一支浩大的队伍。要接待这样一支庞大的使团，沿途如敦煌、酒泉等地的地方官员必须认真办理，否则要受到朝廷的追责。因此敦煌太守提前移书酒泉太守，要其做好接待准备。同样，按照常规，酒泉太守也要移书张掖，以次类推。只是我们所看到的出土文献仅此一份，其他的或者已不存在，或者还未发现。从简文记载看，除了沿途地方官必须出面接待外，西域都护府的最高长官还要派专人把他们陪护到京师。此时的西域都护是第一任西域都护郑吉。军候丞赵千秋，就是奉都护之命

---

① （汉）班固《汉书》，北京，中华书局，1964 年 11 月，第 3893 页。

陪同康居客人的。军候相当于比六百石官员，同驻扎在河西边防的候官同秩。丞是军候的属吏，官阶不高，而且是"罢军候丞"。"罢"者，更尽回返。按照西汉的兵役制度，戍边的戍卒一年一更，官员三年一更。赵千秋属于军官戍边，可能早在五凤三年就到了西域的戍所。此次更尽回返，顺便受都护指派，陪同康居使团到京师长安。再有，康居使团所带78头大牲畜中，有贡献的马匹和骆驼若干，有私马、驴、驼、牛若干，前者是给朝廷的贡献之物，后者可能是使团人员自己的乘驾。至于牛，或可为沿途遇到困难时，以供宰杀食用。这里特别提到的是给朝廷的贡献。《汉书·西域传》载："至成帝时（前32-前7年），康居遣子侍汉，贡献。"显然不准确。从这条简文看，至迟在宣帝甘露年间（前53-前50年），康居与汉朝就有了贡使关系。如果我们编写丝绸之路编年史或者汉朝与康居的交往史，公元前53年3月6日，有76人的康居使团带着78头牛马、骆驼等贡物浩浩荡荡开进玉门关并得到沿途官员的热情接待。这不能不是一件需要特别记述的事。

简二：

　　□送康居诸国客卫候臣弘副□池阳令臣忠上书一封　黄龙元年

（Ⅱ90DXT0214③:109）

简三：

　　黄龙元年六月壬申使主客给事中侍谒者臣□□

　　制诏侍御史曰使送康居诸国客卫候盖与副□□

　　为驾二封轺传二人共载

（Ⅱ90DXT0114④:277）

简二残长18.7、宽1.3公分，柽柳，存字26，可释者24字。有纪年。简三残长8.5、宽1公分，柽柳。按正常尺寸，下半部尚有大约14.5公分缺失。存字三行，可释者46字。虽属残简，但内容尚可研读，亦有准确纪年。

以上两简，都有纪年。黄龙元年，汉宣帝最后一个年号，只用过一年，即公元前49年。前简未记日月干支，不知具体时日。简中使送康居诸国客的卫候，卫尉的属吏，大概为六百石或者比六百石秩级的官员。《汉书·百官公卿表》卫尉条下有："又诸屯卫候、司马二十二官皆属焉。"《元帝纪》师古注曰："卫尉有八屯，卫候、司马主卫士徼巡宿卫。"冯奉世在元康元年（前65年）出使大宛时，就是以卫候身份奉使的。池阳，汉县，治今陕西泾阳县北。池阳令在此上书，可能是临时奉使。卫候臣弘和池阳令臣忠一起上书，不知在护送康居诸国客的过程中发生了何事？至于护送了多少人，除康居客人外还有哪些国家的？简文残断，尚不得而知。但仅从残断的文字中，我们能感受到康居与汉朝在当时的来往情况。

简三有月日干支，六月壬申，初二日，公元前49年7月12日。简文是一封以制诏形式传达的诏书内容。简中"主客给事中侍谒者"尚不知是一个官衔还是两个官衔？《汉旧仪》有"主客尚书主外国事"，顾名思义，"主客给事中"亦即主办外交事务的给事中。《汉书·百官公卿表》："给事中亦加官，所加或大夫、博士、议郎，掌顾问应对，位次中常侍。""侍谒者"亦皇帝身边近臣。《史记·滑稽列传》："（东方）朔任其子为郎，又为侍谒者，常持节出使。"《汉书·韩延寿传》："延寿代萧望之为左冯翊，而望之迁御史大夫。侍谒者福为望之道，延寿在东郡时放散官钱千余万。"综合起来看，简中"主客给事中侍谒者"当解作一个职衔为合适。上两简中，朝廷派出护送康居等外国客人的官员都是卫候，前者是卫候弘，后者是卫候盖，可见两简所记之事虽都发生在同一年，但分别是两件事，而非一事。后简第三栏的内容，类似常规的传信，即要求各地为之提供车马住宿。

以上两简分别记载了黄龙元年（前49年）朝廷派官员护送康居王使者路过敦煌悬泉置的史实，是汉朝与中亚以及康居诸国关系的原始记录。

简四至简十：

康居王使者杨伯刀、副扁阗；苏䩅王使者姑墨、副沙囷即贵人为匿等，皆叩头自言：前数为王奉献橐佗，入敦煌 [简四] 关，县次购食至酒泉，昆□官大守与杨伯刀等杂平直肥瘦。今杨伯刀等复为王奉献橐佗入关，行道不得 [简五] 食，至酒泉，酒泉大守独与小吏直畜，杨伯刀等不得见所献橐佗。姑墨为王献白牡橐佗一匹，牝二匹，以为黄。及杨伯刀 [简六] 等献橐佗，皆肥，以为瘦。不如实，冤。[简七]

永光五年六月癸酉朔癸酉，使主客谏大夫汉侍郎当，移敦煌大守，书到验问言状。事当奏闻，毋留如律令。[简八]

七月庚申，敦煌大守弘、长史章、守部候修仁行丞事，谓县：写移书

到，具移康居苏𤩈王使者杨伯刀等献橐佗食用谷数，会月廿五日，如律令。／掾登、属建、书佐政光。[简九]

七月壬戌，效谷守长合宗、守丞敦煌左尉忠谓置：写移书到，具写传马止不食谷，诏书报，会月廿三日，如律令。／掾宗、啬夫辅。[简十]

（Ⅱ90DXT0216②877-883）

总共7简，连缀为一个册子，出土时编绳尚存。长度均在23公分左右，前4简各宽1公分，后3简统宽1.5公分，中间成脊形，俗称两行。两种不同形状的简编为一册。木质为柽柳。

全简293字，内容可分为四部分，主要记录康居王使者和苏𤩈王使者及贵人前来贡献，在酒泉评价贡物时发生了纠纷，朝庭责令敦煌郡和效谷县调查上报的事情。

前4简为第一部分，143字，叙述康居使者及贵人到敦煌入关后，一般要对贡品即奉献的骆驼进行评估，评估内容涉及牝牡、毛色、肥瘦、口齿、价值等等。对方当事人5人：康居王使者杨伯刀、副使扁阗；苏𤩈王使者姑墨、副使沙困、贵人为匿；他们此次来奉献骆驼不是第一次，而此前曾有过多次；他们每次从敦煌入关东往酒泉，沿途食宿要有人解决；到酒泉后，太守及下属官员要会同朝贡者一起对贡物进行评估。（至于评估后交由郡县上转，抑或继续由朝贡者带往京师，尚不得而知。）而此次的情况不同了。首先是他们入关后，从敦煌到酒泉，一路缺乏食物供应；其次是到酒泉后，酒泉太守和手下人对其奉献的骆驼进行评估时没有让当事人杨伯刀等人现场参加，单方面作出了评价；第三，评价的结果有问题，杨伯刀带来的骆驼本来是膘肥体壮，可酒泉太守及其下属却定为羸瘦；姑墨奉献三匹白骆驼，一牡二牝，可酒泉方面却定为"黄"，"不如实，冤。"因而上告到朝廷的有关衙门。

第二部分1简41字，乃永光五年六月初一日（前39年7月21日），朝廷主管对外交往和蛮夷事务的使主客谏大夫行文敦煌，要求敦煌太守接到文件后对此进行查询并按时上报中央，不得留迟。

第三部分1简62字，永光五年七月庚申（七月十八日，前39年9月6日），敦煌大守弘、长史章以及兼行丞事的守部候修仁联署文件，下发效谷县，要求县廷接到文件后，将康居王使者路过县境时为之提供的谷物数量在七天之内，

208

于本月二十五日上报太守府。后面有发文时掾、属、书佐的具名。从京师行文到敦煌，中间相隔48天。

第四部分1简47字，永光五年七月壬戌（七月二十日，前39年9月8日），效谷守长合宗、守丞忠（时为敦煌左尉）联署文件，下发悬泉置，要求在三天之内，于本月二十三日将传马食谷情况上报县廷。最后是掾、啬夫的具名。

简文中的当事人除康居使者外，还有苏薤王使者。苏薤王地在何处，牵扯到康居五小王的具体位置。《汉书·西域传》载："康居有小王五：一曰苏薤王，治苏薤城，去都护五千七百七十六里，去阳关八千二十五里；二曰附墨王，治附墨城，去都护五千七百六十七里，去阳关八千二十五里；三曰窳匿王，治窳匿城，去都护五千二百六十六里，去阳关七千五百二十五里；四曰罽王，治罽城，去都护六千二百九十六里，去阳关八千五百五十五里；五曰奥鞬王，治奥鞬城，去都护六千九百六里，去阳关八千三百五十五里。凡五王，属康居。"迄今为止，确指康居五小王具体位置者，唯《新唐书·西域传》，具体记载如下：

苏薤城："史，或曰佉沙，曰羯霜那，居独莫水南，康居小王苏薤城故地。"①地望在今乌兹别克斯坦东南部卡什卡塔尔里亚省的沙赫里夏波兹（Shahrisabz）。中心在北纬39°03′，东经66°49′左右。

附墨城："何，或曰屈霜你迦，曰贵霜匿，即康居小王附墨城故地。"唐朝的何国在今天乌兹别克斯坦纳沃伊，中心在北纬40°5′,东经65°22′。西南距布哈拉100千米，东南距撒马尔汗80千米。

窳匿城："石，或曰柘支，曰柘折，曰赭时，汉大宛北鄙也。去京师九千里。东北距西突厥，西北波腊，南二百里所抵俱战提，西南五百里康也。圆千余里，右涯素叶河。王姓石，治柘折城，故康居小王窳匿城地。西南有药杀水，入中国谓之真珠河，亦曰质河。东南有大山，生瑟瑟。俗善战，多良马。"唐朝石国，即今乌兹别克斯坦首都塔什干。就是说，康居小王窳匿城即在今天的塔什干附近。

罽城："安者，一曰布豁，又曰捕喝，元魏谓忸蜜者。东北至东安，西南

---

① （宋）欧阳修等《新唐书·西域传》，北京，中华书局，1975年2月，第6247页。下引五小王故地同此。

209

至毕，皆百里所。西濒乌浒河，治阿滥谧城，即康居小君长阗王故地。大城四十，小堡千余。"唐朝安国都城阿滥谧城，即今天乌兹别克斯坦的布哈拉。

奥鞬城："火寻，或曰货利习弥，曰过利，居乌浒水之阳。东南六百里距戊地，西南与波斯接，抵突厥曷萨，乃康居小王奥鞬城故地。"唐朝的火寻国，都城急多飓遮城，具体地望在今乌兹别克斯坦西部阿姆河下游花拉子模州首府乌尔根奇（Urgench）附近。余太山认为，奥鞬即喝汗，即东安[1]。其地在那密水之阳。备一说。

康居是游牧行国，"与大月氏同俗"，活动范围主要在锡尔河以北今哈萨克斯坦南部草原。但上述五小王的位置除阗匿王在塔什干一带外，其余四地均在乌兹别克斯坦泽拉夫善河（今布哈拉河）流域索格底亚那（Sogdiana），这里是粟特人的发祥地，属于农耕定居之地。因此之故，有人认为《新唐书·西域传》中关于康居五小王的具体位置靠不住，理由是"由汉迄于唐代，其间相距过长，故对于该地种种情形所报告之来源，殊难信任。吾人亦只能断定若辈之确认显为杜撰及幻想耳"[2]但平心而论，唐人去汉四、五百年，固然"相距过长"，但我们今天去唐一千多年，较之唐人，远之又甚。再说在中国历史上，巴尔喀什湖以西到咸海地区，再沿阿姆河上溯南到阿富汗北部，曾经是唐朝安西都护府的统治范围。当时在这块土地上留下的遗迹遗物以及文物典籍必定比我们今天所能看到的多得多。当时的文人学者来此观光游历，也比我们今天所能看到的多得多。所以宋人欧阳修等人修《新唐书》必定参照了上述材料和见闻，他们比定的这些地点，在没有发现新的确凿证据之前，不能指为无稽之谈。合理的解释应该是，当时的康居虽然主体上属于游牧行国，但在一度繁盛之时，曾经征服了泽拉夫善河流域的城郭定居部落。上述五小王就是类似情况。他们虽然自己有国王，并能独立地对外交往，正如汉简中康居王与苏𧀄王使者同时来汉朝贡。但他们又附属于康居大国。在康居这个以游牧为主的政权之内，包纳了索格底亚那的定居部落。所以五小王分布在上述地区，并不难理解。

---

[1]余太山：《两汉魏晋南北朝正史西域传研究》，北京，中华书局，2003年，第134页。
[2][日本]白鸟库吉《康居粟特考》，北京，商务印书馆，1936年3月，第20页。

此外，简文记载的是永光五年（前39年）之事，其中有两个值得特别关注的地方，一是说康居王、苏䍠王使者"前数为王奉献橐佗"，二是说"今杨伯刀等复为王奉献橐佗"。至少说明不光汉宣帝时期，正如简一至简三所说那样，康居和汉帝国保持了大规模交流交往的关系，而且到元帝永光年间，仍然也保持着频繁来往。这就是简四至简十这份2000多年之前的完整简册给我们提供的主要信息。

简十一：

　　　　阳朔二年四月辛丑朔甲子，京兆尹信、丞义下左将军、使送康居校尉，承书从事下当用者如诏书。四月丙寅，左将军丹下大鸿胪、敦煌大守，承书从事下当用者如诏书。[1]

简形两行。长23.5、宽2.4公分，存字66。内容是一份逐级下达公文的批转文字。"承书从事下当用者，如诏书。"是当时公文传达的惯用语。阳朔二年为公元前23年，四月辛丑朔，甲子为二十四日，阳历6月18日。丙寅为后两日，四月二十六日，6月20日。具体内容是：公元前23年6月18日，有一封朝廷公文，先由京兆尹信、丞义下达左将军和使送康居校尉。6月20日，又由左将军下达给大鸿胪和敦煌太守。公文什么内容，不得而知。此件只是一个下达文件的运行过程。

简文中京兆尹信指逢信。此人在阳朔元年（前24年）由弘农太守调任京兆尹，任期三年后升任太仆，在太仆任上六年，转任卫尉。由于跟翟方进争夺御史大夫一职，被得手后的翟方进劾罢免官。时在永始三年（前14年）。能查到的为官履历有十一年。在担任弘农太守及其以前的情况不得而知。

左将军丹，即史丹。此人的渊源可以追溯到武帝时期的史良娣，宣帝的生母。史丹的祖父史恭就是史良娣之兄。史丹之父史高即史良娣之甥。宣帝驾崩时史高以大司马车骑将军领尚书事，后又在元帝即位后辅政五年。由于这种特殊的渊源关系，史丹早在元帝作太子时（地节三年，前67年）就以中庶子，侍从多年。元帝即位（前48年），又改任驸马都尉，"出常骖乘，甚有宠。"成

---

[1]原简藏敦煌市博物馆，简影见杨永生主编《酒泉宝鉴》，兰州，甘肃文化出版社，2012年4月，第73页。

帝即位（前32年），又为长乐卫尉。建始四年（前29年）为右将军，河平三年（前26年）迁左将军，在左将军任上十三年而薨（前14年），前后在朝半个多世纪。阳朔二年（前23年），正是史丹在左将军任上。简中提到的大鸿胪，叫勋，阳朔二年至四年（前23-前21年）在位。敦煌太守为贤，河平元年至阳朔二年（前28-前23年）在任。简文中明言，文件在下达给左将军的同时也下达给了"使送康居校尉"。那么此时的"使送康居校尉"究在路途抑或在京师，不得而知。但不言自明的是，这条简文留下了成帝时期（前32-前7年）汉朝与康居关系的真实记录。

上引11条汉简，是公元前半个世纪里宣、元、成三朝间汉王朝与西域康居等国来往关系的记录。为研究丝绸之路和中西交通提供了具体生动的原始资料。

结语

公元前后几个世纪的大宛、康居，包括了今天阿姆河、锡尔河之间、费而干纳盆地以及哈萨克斯坦南部草原的辽阔土地，是丝绸之路贸易往来与中西文化交流的重要地区。此外，汉简中记载的大月氏，主要反映两千多年前今天的土库曼斯坦南部以及阿富汗一带与汉朝的来往关系；汉简中记载的罽宾等地，主要反映印度西北以及克什米尔等南亚次大陆同汉王朝的来往关系；汉简中记载的乌弋山离，主要反映阿富汗西部和伊朗东部地区同汉王朝的来往关系。当时的这些地区，是民族、人种、文化碰撞、交流和融合的历史舞台。波斯文化、希腊文化、本地的农耕定居文化以及北方塞人的游牧文化，都曾在这里发生过深刻影响。丝绸之路的开通，把东西方连接在一起，为人类文明的进步和世界历史的发展作出了重要贡献。敦煌悬泉置出土的这些汉简，对研究上述历史，弥足珍贵。

（原载于《中原文化研究》2015年第2期）

从西北汉简和朝鲜半岛出土《论语》简
看汉代儒家文化的流布

西北汉简中关于儒家文化典籍的简文同朝鲜半岛发现的同类内容的简文相辉映，昭示了汉武帝以后用武力开拓边疆的同时，儒家的大一统文化，也随着政权的建立而流布边疆，政治、文化与军事三位一体，成为汉王朝开拓疆域、维持统一政权的主要形态。本文拟通过近年来国内外地下出土的汉简材料，考证和论述这一问题。

一

悬泉汉简中有《论语》残文两则，其一是：

□□子张曰执德不弘信道不笃焉能为有焉能为亡·子夏之门人问交于子こ张こ曰

（V 92DXT1812②:215）

其二是：

乎张也难与并而为仁矣·曾子曰吾闻诸子人未有自致也者必也亲丧乎·曾子曰吾闻诸子孟庄子之孝其他可能也其不改父之臣与父之

（V 92DXT1812②:119）[1]

此两简应是编连在一起的一份册书。其内容是《论语·子张》篇的部分内容。简长23厘米，宽0.8厘米。简文中间两道编绳处空白，显系先将木简编联成册后，再将书籍内容抄录其上。木简均为松木，形状大小一致，字体出自一人之手。可惜前一简已残缺，残长12.9厘米，存字33个。后一简完整，有字57个（包括分章符）。每章之间连续抄录，章与章之间用墨点隔开。今本《十三经注疏》中的《论语·子张》篇总共25章842字，按此字数再加25个分章符，应有867个字符。如每简按57字计算，全部《子张》篇的内容大约需要15支简才能抄录完毕。也就是说，《子张》篇的内容我们所能见到的只是上述两简，而其另外13简已经散佚不知去向。当然由于版本的不同，字数多少会有出入，阮刻《十三经注疏》中的《论语》并不完全与汉简《论语》本相同，这一点后面还要讲到。所以上面的计算只是大致而已。

如果我们把上两段简文标点，再与今本《十三经注疏》中的《论语》相比较，就会发现两者在文字上有相同也有不同。其一：

……子张曰："执德不弘，信道不笃，焉能为有，焉能为亡？"子夏之门人问交于子张，子张曰：……

而今本《论语·子张》第二、三章文字分别是：

子张曰："执德不弘，信道不笃，焉能为有，焉能为亡？"

子夏之门人问交于子张。子张曰："子夏云何？"对曰："子夏曰：'可者与之，其不可者拒之。'"子张曰："异乎吾所闻。君子尊贤而容众，嘉善而矜不能。我之大贤与，于人何所不容；我之不贤与，人将拒我，如之何其拒人也？"

简文与今本《论语》无异。其二：

……乎张也，难与并而为仁矣。

曾子曰："吾闻诸子，人未有自致也者，必也亲丧乎。"

曾子曰："吾闻诸子，孟庄子之孝，其他可能也，其不改父之臣与父之……

今本《子张》第十六、十七、十八章分别是：

曾子曰："堂堂乎张也，难与并为仁矣。"

曾子曰："吾闻诸夫子：人未有自致者也，必也亲丧乎？"

曾子曰："吾闻诸夫子：孟庄子之孝也，其他可能也，其不改父之臣与父之政，是难能也。"

简文与今本相比，有五处不同："难与并而为仁矣"，今本作"难与并为仁矣"，无"而"字。简文两处"吾闻诸子"，今本均作"吾闻诸夫子"。简文"人未有自致也者"，今本作"人未有自致者也"。"者"、"也"顺序不同。简文"孟庄子之孝"，今本作"孟庄子之孝也"，多一"也"字。

崔述《洙泗考信录》以为《论语》后五篇即《季氏》《阳货》《微子》《子张》《尧曰》多可疑者。"《季氏》篇文多俳偶，全与他篇不伦，而颛臾一章至与经传抵牾。《微子》篇杂记古今轶事，有与圣门绝无涉者，而楚狂三章语意乃类庄周，皆不似孔氏遗书。且'孔子'者对君大夫之称，自言与门人言则但称'子'，此《论语》体例也。而《季氏》篇章首皆称'孔子'，《微子》篇亦往往称'孔子'，尤其显然而可见者。《阳货》篇纯驳互见，文亦错出不均。问仁、六言、三疾等章文体略与《季氏》篇同。而武城、佛肸二章于孔子前称'夫子'，乃战国之言，非春秋时语。盖杂辑成之者，非一人之笔也。《子张》篇记门弟子之言，较前后篇文体独为少粹。惟称孔子为'仲尼'，亦与他篇小异。至《尧曰》篇，古《论语》本两篇，篇或一章，或二章，其文尤不类。"[2]

可是，从悬泉汉简的《论语》简看，称"子"还是称"夫子"，并不能作为《论语》后五篇真伪的是非标准。以上两处今本作"吾闻诸夫子"的地方，而在汉简中均作"吾闻诸子"，只能说明版本有所不同或者抄写时有所节缩，而不是《论语》后五篇乃后人续作之证据。

根据《汉书·艺文志》记载，汉初有《鲁论语》20篇，有《齐论语》22篇，后者除比前者多出《问王》①和《知道》两篇外，其他内容大致相同。后来又有《古论语》21篇，是景帝时鲁恭王刘余在孔子壁中发现的。将《尧曰》篇"子张问"处再分为一篇，故有两《子张》篇。篇次也与鲁、齐二论不一样，文字不同者有400多处。鲁论和齐论最初各有师传，到西汉末年，安昌侯张禹以鲁论为基础，吸纳齐论，"采获所安，最后出而尊贵"，号为《张侯论》。"由是学者多从张氏，余家寝微"[3]。东汉灵帝时所刻熹平石经，就是用的《张侯论》，而我们今天所看到的通行本也是《张侯论》。

张禹其人，"从沛郡施雠受《易》，琅邪王阳、胶东庸生问《论语》，既皆

---

① 《问王》实为《问玉》之讹，小篆字形王、玉相近，故讹玉为王。许慎《说文》玉部有孔子论玉语，正出《齐论语》。清人马国翰《玉函山房辑佚书》有《齐论语》辑佚一卷。

明习，有徒众，举为郡文学"。宣帝甘露年间崭露头角，受太子太傅萧望之赏识。元帝时拜光禄大夫，为太子授《论语》。成帝河平四年（前25年）代王商为丞相，封安昌侯。建平二年（前5年）卒。历仕宣、元、成、哀四朝，是西汉中后期历任丞相中少有的善终者之一。不过此人阿附王氏，官声不佳，当时就被指为"奸人之雄"[4]和"佞臣"[5]。张禹以帝师贵显乃在成帝时期（前32—前7年），故《张侯论》的流布当在此时及其后。

与悬泉汉简《子张》篇同层出土的汉简有464枚，明确纪年者36枚，从宣帝五凤四年（前54年）到东汉永平二年（59年），前后跨越113年。分布情况是宣帝五凤1枚，甘露1枚；元帝初元1枚，永光2枚，建昭10枚；成帝建始12枚，河平2枚，阳朔2枚，元延3枚；哀帝建平1枚；东汉明帝永平1枚。其中建始以前27枚，占该层全部纪年简的75%，河平以后9枚，占25%。从概率学的角度分析，悬泉简《子张》篇的年代当在建始（前32—前29年）以前。如此，其版本内容要比《张侯论》早，比刘向在成帝时校阅典籍的时间要早，尽管断句残编，但在《论语》流传史上的价值是不容忽视的。至于我们现在在敦煌遗书和吐鲁番文书中看到的唐写本《论语郑氏注》残篇，那又是远在200年之后东汉末年的事。

二

汉武帝对匈奴的战争取得决定性胜利后，对新开辟的地域不仅采取了修筑边塞、驻兵屯守、移民设郡、发展生产等一系列军事、政治和经济措施，还跟进了思想文化方面的统治。而且在武帝以后的若干时间里都一直延续了这一传统。"废黜百家，独尊儒术"后，儒家思想成了当时的主流意识形态。随着边疆的开拓，适应大一统格局的儒家思想便如影随形地随着政治经济措施的不断强化而被推行到了边疆各地，塑造了官员和军民的核心价值取向。儒家典籍在西北汉简中的陆续发现，就是其中的例证。除了上述悬泉汉简中的《论语》外，西北汉简中的儒家典籍还有20世纪30年代的中瑞西北科学考察团中，中方队员黄文弼和瑞方队员贝格曼分别发现的罗布淖尔汉简和居延汉简中都有《论语》残简片断[6]。罗布淖尔汉简中有《论语·公冶长》第12章的断简：

亦欲毋加诸人子曰赐非……

　　今本作"子贡曰：'我不欲人之加诸我也，吾亦欲无加诸人。'子曰：'赐也，非尔所及也。'"

　　简文"无"作"毋"。"赐"后面多一"也"字。黄文弼先生指出："此简出罗布淖尔古烽隧南兵房中。在北兵房中同时出土者，有黄龙、河平、元延诸年号，则此简书写当亦在斯时……此简所书《论语》，不惟在郑玄之前，且在刘向之前矣，甚可贵也。"

　　在居延甲渠候官遗址所出汉简中，有《论语·为政》第10章残简：

　　　　□所由观之所安人焉叟哉人焉叟……　　　　　　　　（4.6A）

　　今本作："子曰：'视其所以，观其所由，察其所安，人焉叟哉！人焉叟哉！'"

　　简文"察其"作"观之"。

　　20世纪70年代出土的金关汉简中，有《论语·泰伯》第一章的残简：

　　　　子曰大伯其可□

　　　　　　　　　　　　　　　　　　　　　　　　（73EJT15:20）

　　今本全文作："子曰：'泰伯，其可谓至德也已矣。三以天下让，民无得而称焉。'"

　　还有《论语·阳货》19章和21章的残文：

　　　　□曰天何言哉四时行焉万物生焉□

　　　　□年之丧其已久矣君子三□

　　　　　　　　　　　　　　　　　　　　　　　　（73EJT24:833）

　　今本作：子曰："予欲无言。"子贡曰："子如不言，则小子何述焉？"子曰："天何言哉？四时行焉，百物生焉，天何言哉？"①

　　宰我问："三年之丧，期已久矣。君子三年不为礼，礼必坏；三年不为乐，乐必崩。旧谷既没，新谷既升，钻燧改火，期可已矣。"子曰："食夫稻，衣夫锦，于女安乎？"曰："安。"

---

　　①《经典释文》："鲁读天为夫。"上海古籍出版社1985年10月，第1386页。

"百物生焉"简本作"万物生焉";"期已久矣"简本作"其已久矣"。

卅井次东隧有一简似为臣民上书皇帝的奏章,引用了《尚书·洪范》和《论语·季氏》:

> 无扁无党王道汤匚无党无扁王道□

> 匚论语曰不患寡患不均圣朝至仁哀闵□□□□□□□

（ESC106A）

今本《尚书·洪范》作:"无偏无党,王道荡荡;无党无偏,王道平平。"而简文"偏"作"扁";"荡"作"汤"。另外,"王道平平",简文后二字未释,今细审原简,似应释为"王道辩辩"。《论语·季氏》有"不患寡而患不均,不患贫而患不安",简文作"不患寡患不均",少一"而"字。可能引征时将连词节缩。杨伯峻《论语译注》根据俞樾《群经平议》认为:"不患寡而患不均,不患贫而患不安"应作"不患贫而患不均,不患寡而患不安",因为"贫"和"均"是从财富着眼,"寡"和"安"是从人民着眼[7]。但从简文看,并非如此。

20世纪70年代出土的金关简中,还有若干《孝经》的篇章,比如《开宗明义章第一》:

> □中尼居曾子寺子曰先□

（73EJC:37）

今本作:"仲尼居,曾子侍。子曰:'先王有至德要道,以训天下,民用和睦,上下无怨,汝知之乎？'"①

简本"仲"作"中","侍"作"寺",同音假借。

《庶人章第六》和《三才章第七》:

> 不及者未之有也曾子曰甚哉□

（73EJC:179）

此简连续抄录了《庶人章》的末尾几字和《三才章》的开头几字。而今本《庶人章》的全句是:"用天之道,分地之利,谨身节用,以养父母,此庶人之孝也。故自天子至于庶人,孝无终始,而患不及者,未之有也。"《三才

---

① 均以中华书局影印阮刻《十三经注疏》本为据。

章》的全句是："曾子曰：'甚哉！孝之大也。'子曰：'夫孝，天之经也，地之义也，民之行也。天地之经，而民是则之，则天之明，因地之利，以顺天下。是以其教不肃而成，其政不严而治……'"

《圣治章第九》：

　　曾子曰敢问圣人之德无以加于孝乎子曰天地之间莫贵于人㇐之行莫大于孝㇐莫大于严㇐父㇐

（73EJC:176）

今本《圣治章》全句是："曾子曰：'敢问圣人之德，无以加于孝乎？'子曰：'天地之性，唯人为贵。人之行，莫大于孝。孝莫大于严父，严父莫大于配天，则周公其人也……'"其中"天地之间，唯人为贵"，简文作"天地之间，莫贵于人"。

《广要道章第十二》：

　　□□其父则子说敬其兄则弟说敬其君则□

（73EJC:180）

今本全句为："安上治民，莫善于礼。礼者，敬而已矣。故敬其父，则子悦。敬其兄，则弟悦。敬其君，则臣悦。敬一人而千万人悦。所敬者寡而悦者众，此谓之要道也。"今本"悦"简文作"说"，二字通。

上述《孝经》残简，是1973年发掘时采集的散简，其中30多枚纪年简中从元凤六年（前75年）到元始四年（4年）前后跨越近80年时间。虽然难以再缩范围，确切年代不得而知，但是仅从出土地而言，说明它的出现与边疆的军事活动密切相关，是边防将士一边驻守边关一边学习文化知识和进行思想教育的产物。汉代以孝治天下，《论语》和《孝经》在边远地区的流布和发现，说明在军队内部，除了习武操练等军事科目外，还要进行思想教育，所谓始于孝悌而终于忠君报国，与凝聚陶铸军人的精神和士气有直接关系，也与巩固边疆有直接关系。

三

汉武帝时国力强盛，武功赫赫，"遣大将军、骠骑、伏波、楼船之属，南灭百粤，起七郡。北攘匈奴，降昆邪十万之众，置五属国，起朔方，以夺其肥饶之地。东伐朝鲜，起玄菟、乐浪，以断匈奴之左臂。西伐大宛，并三十六国，结乌孙，起敦煌、酒泉、张掖，以鬲婼羌，裂匈奴之右肩。"①但是武功之后需要文治。马上得天下者并不能马上治天下，这是早在汉初时汉高祖刘邦就得出的结论。开拓疆土之后，思想教化就成了重要的统治步骤。西北如此，东北亦然。就在元封三年（前108年）汉军攻打楼兰的同时，就派了左将军荀彘和楼船将军杨仆率军攻打朝鲜，"故遂定朝鲜为真番、临屯、乐浪、玄菟四郡"[8]。同河西四郡和西域的情况类似，武帝之后的各代统治者尤其是宣元时期即把儒家思想和伦理教化推行到了朝鲜半岛，至今影响深远。

20世纪90年代初，朝鲜在平壤贞柏洞调查了3000多座汉代古墓，其中364号墓出土了一批《论语》简，估计总数在120多枚。全部材料朝鲜社会科学院一直未曾公布，部分照片辗转传到日本再传到韩国，引起学界广泛关注。现在我们能看到的39枚《论语》简中有31枚的内容属于《论语·先进》，存字557个。8枚属于《论语·颜渊》，存字144个[9]。由于同墓出土有《乐浪郡初元四年县别户口簿》，所以其年代，至少在此之前，即公元前45年以前。所以它是除河北《定州汉墓竹简〈论语〉》以外较早的论语版本。《定州汉墓竹简〈论语〉》出自中山怀王刘修之墓，而刘修死于五凤三年（前55年）[10]。前后相差十年。定州本《论语》存字7576个，将近传世本一半的文字，但差异之处有700多处，近1/10。平壤本《论语》的39简中，有10简内容完全与今本相同，其余29简有差异。而此29简与定州本相比，内容相同者10简，文字差异者19简。不过未曾寓目的平壤《论语》简可能还有70多枚，内容不得而知。所以日、韩学者认为："平壤贞柏洞364号墓中出土的《论语》竹简，与1973年中国河北省定州汉墓中发现的《论语》竹简几乎是同时代的，作为目前已知的《论语》原典，可能是现存最古老的资料。"

目前从地下发现的上述材料看，《论语》等儒家典籍从朝鲜半岛的北部而

---

① 《汉书·韦玄成传》引王舜、刘歆语，中华书局标点本第3126页。

陆续传到南部，再传向日本，形成了东亚地区汉文化圈亦即儒家文化圈，对东亚地区产生了深远影响。2003 年在韩国南部的金海市凤凰洞和 2005 年在西部仁川市桂阳山发现的《论语·公冶长》的木觚①以及在日本发现的《论语》原文，为上述结论提供了最好的支持②。

朝鲜半岛民风淳朴，自古而然。孔子当年悼道之不行，就曾萌发过泛海东去传道说教的念头。《汉书·地理志》有载："殷道衰，箕子去之朝鲜，教其民以礼义，田蚕织作……相盗者男没入为其家奴，女子为婢，欲自赎者，人五十万。虽免为民，俗犹羞之，嫁取无所雠，是以其民终不相盗，无门户之闭，妇人贞信不淫辟……可贵哉，仁贤之化也……故孔子悼道不行，设浮于海，欲居九夷，有以也夫。"颜师古注曰："《论语》称孔子曰：'道不行，乘桴浮于海，从我者其由也欤？'言欲乘桴筏而适东夷，以其国有仁贤之化可以行道也"[11]。四五百年后，汉王朝先之以军事，继之以儒教，使孔子的言论著述流布其间，当年夙愿得以实现，孔老夫子地下有知亦当有以释怀矣。

儒家思想之所以在新开地区迅速流行，不仅显示了"废黜百家，独尊儒术"后，作为主流意识形态向社会各方面各领域的自然渗透，还由于其高度吻合了对新开地区人民宣扬大一统政治理念的客观需要。对汉王朝开拓疆域过程中所采取的一系列军事的、政治的、经济的、外交的各种方略和重大活动，史书都有明确记载。但在思想文化上对巩固边疆、维系人心、建立大一统的政治理念和统一的价值观方面所采取的措施，尚属阙如。敦煌、居延、西域以及朝鲜和韩国发现的简牍《论语》及其他儒家经典，填补了这方面的空白，弥足珍贵。

①金海市凤凰洞低湿地遗址出土四面木觚一枚，上下残断，四段残文是："□不欲人之加诸我也吾亦欲无加诸人子□"、"□文也子谓子产有君子之道四焉其行□"、"□三已之无 [愠] 色旧令尹之政必以告新□"、"□违之何如子曰清矣仁矣乎曰未知□"，与传世本《论语》对照，分别为《论语·公冶长》第十二、十五、十六、十九章残文。为新罗时代之物。仁川市桂阳山城集水井所出五面木觚一枚，五段残文是："□贱君子□□人□□□"、"□吾斯之未能信子□"、"□也不知其仁也赤也□"、"□□□□□十□□□□"、"□□□□□子曰吾□□"，与今本对照，分别是《论语·公冶长》第三、六、八、九、十一章的残文。为百济时代之物。上述资料承韩国学者尹在硕先生提供，在此致谢。
②说见前引日、韩学者的文章。

参考文献：

[1] 胡平生，张德芳．敦煌悬泉汉简释粹 [M]．上海：上海古籍出版社，2001:175.

[2] 崔述．崔东壁遗书 [M]．上海：上海古籍出版社，1983:321.

[3] 班固．汉书·张禹传 [M]．北京：中华书局，1962: 3352.

[4] 班固．汉书·杜周附杜业传 [M]．北京：中华书局，1962.

[5] 班固．汉书·朱云传 [M]．北京：中华书局，1962:2915.

[6] 黄烈编．黄文弼历史考古论集 [M]．北京：文物出版社，1989: 394— 395.

[7] 杨伯峻．论语译注 [M]．北京：中华书局，1984: 174.

[8] 班固．汉书·朝鲜传 [M]．北京：中华书局，1962:3867.

[9]李成市，尹龙九，金庆浩．平壤贞柏洞 364 号墓出竹简《论语》[M]／／中国文化遗产研究院，编．出土文献研究：第 10 辑．北京：中华书局，2011: 174— 206.

[10] 定州汉墓竹简整理小组．定州汉墓竹简《论语》[M]．北京：文物出版社，1997.

[11] 班固．汉书·地理志 [M]．北京：中华书局，1962:1658.

（原载于《敦煌研究》2012年第3期）

辑三

读史随笔和师友往来

略论秦汉时期盐铁钱专营与中央集权的巩固

　　盐铁钱专营是秦汉时期的一项重要国策。早在商鞅变法时期，地处西方的秦国就对盐铁实行了国营专卖，所谓"外设百倍之利，收山泽之税。国富民强，器械完饰，蓄积有余，是以征敌伐国，攘地斥境，不赋百姓而师以赡，故利用不竭而民不知，地尽西河而民不苦。"[1]至于铸钱，秦国也是最早的。《说文·贝部》言："古者货贝而宝龟，周而有泉，至秦废贝行钱。"段玉裁注曰："秦始废贝，专用钱，变泉言钱者，周曰泉，秦曰钱，在周秦为古今字。"据史籍记载，秦国"初行钱"[2]，时在惠文王二年（前336年）。正是由于秦国在商鞅变法后就把盐铁钱经营操纵在国家手中，所以才逐步繁荣强大，最终消灭了六国而统一了天下。

　　到了汉代，煮盐、冶铁、铸钱的国营与私营就成了中央与地方、官府与民间争夺利源的关键所在。就拿铸钱而言，汉承秦制，货币实行金铜本位制。黄金主要在上层贵族中流通，民间主要流通的是铜钱，谁手中有铜，谁就可以自己铸钱而拥有大量货币。汉初"听民放铸"，后来收归国营，虽盗铸之风盛行，但武帝实行五铢钱后，终两汉之世，铸钱的权力基本上控制在中央政府手中。盐铁也是同样，武帝以前，盐铁之利被郡国和地方豪强所把持。武帝时由于内兴功作，外事四夷，国家财政发生困难，后经孔仅、东郭咸阳和桑弘羊等言利之臣的鼓动，于元狩四年（前119年）实行盐铁专卖，各地设盐官36个，分布在27郡；铁官48个，分布在40郡，专管盐铁官营事业。昭帝时，御史大夫桑弘羊和贤良文学就盐铁官营进行过一次大辩论，迫于贤良文学的攻击，罢关内铁官5处，其余一仍旧制。直到西汉末年，盐铁收入一直是西汉政府的财政支柱。东汉时期，25年至88年，继续西汉的专卖政策，88年至103年一度停止专卖，103年至190年再度收归国营，190年至210年放弃专卖。可见，东汉之世，虽曾两度放弃盐铁国营，但大多时间还控制在国家手中。

秦汉时期的盐、铁、钱国营对强化中央集权，削弱分裂割据势力，加强在经济领域的宏观调控，增强中央政府的控制力具有重要意义。

一、盐、铁、钱国营，增加了国家的财政收入，扩大了中央政府的经济实力

古代中国，以农为本，自给自足的自然经济延续了数千年。这种以农为本的社会里，煮盐冶铁等手工业联系千家万户，是国民经济的支柱性产业。盐铁生产归国家专营，首先在财政上就是一笔大宗收入。大理财家管子曾算过一笔账，十口之家就是十人吃盐，百口之家就是百人吃盐。一个月，成年男子吃盐近五升半，成年女子近三升半，小男小女近二升半。这是大概数字。盐一百升为一釜。使盐的价格每升增加半钱，一釜可收入五十钱。每增加一钱，一釜可收入百钱。每升增加二钱，一釜可收入二百钱。一钟（十釜）就是两千，十钟就是二万，百钟二十万，千钟二百万，一个万乘大国，人口数千万人，合而算之，约计每日可得二百万，十日二千万，一月可得六千万钱。而一个万乘大国，当征人口税的人数为一百万，每月每人征税三十钱，总数也才不过三千万。而盐税一项相当于两个大国的人口税。相反，如果直接征收人口税，势必引起全国反对。现在取给于盐的政策，即使百倍归于国家，人们也无法规避。一个妇女须有一针一剪才能做活；一个农人须有一犁一铧才能耕种；一个工匠须有一斧一锯一锥一凿才能制作。如果使针的价格每根增加一钱，三十根针的加价收入就等于一个人所纳的人口税。使剪刀每把加价六钱，五把剪刀的加价收入就等于一个人所纳的人口税。使铁铧每个加价十钱，三张铁铧的加价收入就等于一个人所纳的人口税。其他铁器的价格高低，均可准此而行。只要人们动手干活，就没有不负担这种税收的[3]。管子的这两笔账算得十分精细。不难看出，盐铁收入在当时国家财政中占有很大比重，春秋时期的齐国社会如此，后来的秦汉社会更是如此。上已明言，西方的秦国就是靠盐铁专营得以富强的。两汉之时，尤其是汉武帝时，盐铁专卖更是汉武帝文治武功的经济基础，"当此之时，四方征暴乱，车甲之费，克获之赏，以亿万计"[4]。"赋税既竭，犹不足

以奉战士"[5]。汉武帝面对如此情景，听取桑弘羊等人的意见，总一盐铁，将山林川泽收归国有，才基本解决了当时的财政问题。铸钱也是同样，汉初到武帝时，仅钱币改革就进行过九次，直到元鼎四年（前113年），将铜币铸造权收归中央，专令上林三官铸造五铢钱，至汉末平帝时，"成钱二百八十亿万余"[6]。不仅解决了钱荒，国库还常有余裕。

二、盐、铁、钱专营，从经济上削弱了地方割据势力，增强了中央政府宏观调控的能力，有利于中央集权的巩固

盐铁钱是国家的三大事业。当时全国的情形是"铜、铁则千里往往山出棋置"，盐则是"山东食海盐，山西食盐卤，岭南沙北固往往出盐"[7]。中央实行盐铁钱专营，调控经济的主动权就掌握在国家手中。而中央一旦放弃盐铁专营和钱币鼓铸权，利权落在地方割据势力和豪强手中，他们凭借经济上的实力，轻则称孤道寡，与中央分庭抗礼，不听调遣，重则觊觎神器，发动叛乱，威胁中央。这方面的例子，春秋战国时有齐国，汉初景帝时有吴楚七国之乱。

齐国是东方的强国，在太公望初封时期，"地泻卤，人民寡，于是太公劝其女工，极技巧，通渔盐，则人物归之，襁至而辐凑，故齐冠带衣履天下，海岱之间，敛袂而往朝焉"[8]。前7世纪中叶，管仲相齐，他曾向桓公建议，利用齐国渠展（地名）所产之盐。每升提价一钱，每釜就是百钱；每升提价十钱，每釜就是千钱，下令老百姓砍柴煮盐，囤积三万钟，阳春一到，就可在"时价"上大获其利。具体做法是，阳春农事开始时，命令北海居民一律不准雇人煮盐。其时盐价必然上涨四十倍，用这涨价四十倍的食盐，沿着黄河、济水流域，南运梁、赵、宋、卫和濮阳等地销售。人无盐吃则浮肿，各诸侯国要使国家富强，就要使人民吃到足够的盐分，如此，齐国就可大获其利[9]。当时齐国首都临淄"车毂击，人肩摩，连衽成帷，举袂成幕，挥汗如雨"[10]，一派繁荣景象。桓公九合诸侯，一匡天下，终成霸主，在经济上靠的就是渔盐之利。相反，到战国初期，齐国衰弱，最终被田氏所取代，其原因之一，就是国家失去了对渔盐之利的控制而落到了田氏手中。汉人在总结这一经验时说："越之具区（今之太湖），楚之云梦，宋之钜野，齐之孟诸（大泽名），有国之

富而霸王之资也。人君统而守之则强，不禁则亡，齐以其肠胃予人，家强而不制，枝大而折干，以专巨海而擅渔盐之利也。势足以使众，恩足以恤下。是以齐国内信而外附，权移于臣，政坠于家，公室卑而田宗强，转毂游海者盖三千乘，失之于本而末不可救。"[11]最终，齐国祀绝而国归田氏。

秦汉，与春秋战国不同，天下一统而建立了中央集权的封建国家。但道理是相同的。汉代惩秦之弊，大封功臣和同姓子弟，为后来诸侯反叛埋下了祸根。吴王刘濞是汉高祖的侄子，高祖十年（前200年）封，王三郡五十三城，东南肥饶之地尽有之。"吴有豫章郡铜山，濞则招致天下亡命者盗铸钱，煮海水为盐，以故无赋，国用富饶。然其居国以铜盐故，百姓无赋，卒践更辄与平贾，岁时存问茂材，赏赐闾里。……如此者四十余年，以故能使其众"[12]。史籍还载："文帝之时，纵民得铸钱、冶铁、煮盐。吴王擅鄣海泽，邓通专西山严道铜山（四川荥经北）。山东奸猾咸聚吴国，秦、雍、汉、蜀因邓氏，吴、邓钱布天下。"[13]

吴王濞之所以敢于发动吴楚七国之乱，仗的就是盐铁之富，正所谓"专山泽之饶，薄赋其民，赈穷小，以成私威，私威积而逆节之心作"[14]。孝景三年（前154年），吴王发动楚、赵、济南、淄川、胶东、胶西诸国，扬言"清君侧"，而实则想君临天下，取代朝廷。财大才能气粗，进兵前，他向国人发布一篇檄文，字里行间洋溢着他手中有钱，拥钱自重的气息。"敝国虽狭，地方三千里，人虽少，精兵可具五十万。寡人素事南越三十余年，其王君皆不辞，分其卒以随寡人，又可得三十余万。寡人虽不肖，愿以身从诸王。敝国虽贫，寡人节衣食之用，积金钱，修兵革，聚谷食，夜以继日，三十余年矣。凡为此，愿诸王勉用之。能斩捕大将者，赐金五千斤，封万户；列将，三千斤，封五千户；裨将，二千斤，封二千户；二千石，千斤，封千户；千石，五百斤，封五百户；皆为列侯。其以军若城邑降者，卒万人，邑万户，如得大将；人户五千，如得列将，人户三千，如得裨将，人千户，如得二千石，其小吏皆以差次受爵金。佗封赐皆倍军法。其有故爵者，更益勿因。寡人金钱在天下者往往而有，非必取于吴，诸王日夜用之弗能尽。有当赐者告寡人，寡人且往遗之。敬以闻"[15]。

正因为盐铁钱放散，山林川泽之利落入地方割据势力，久而久之，他们经济上膨胀，遂生问鼎之心，中央政权受到威胁。所以汉武帝笼一盐铁，统一铸币，其目的不仅出于经济上的考虑，同时也是巩固全国政权的需要。武帝以后，盐铁钱的经营收归中央，在经济上削弱了诸侯王的割据势力，同时配合其他措施（如推恩令与酎金失侯等），诸侯王坐大的隐患才被逐步消除。

三、盐、铁、钱专营，加强了国防的巩固和边疆的开发

本来，汉初经过70年的休养生息，国家财力已十分富足。"至武帝之初七十年间，国家亡事，非遇水旱，则民人给家足，都鄙廪庾尽满，而府库余财。京师之钱累百钜万，贯朽而不可校。太仓之粟陈陈相因，充溢露积于外，腐败不可食。众庶街巷有马，阡陌之间成群，乘牸牝者摈而不得会聚。守闾阎者食粱肉；为吏者长子孙；居官者以为姓号"[16]。一幅升平景象。但是汉武帝初期的二十年，也即盐铁专卖之前的二十年里，内兴功作，外事四夷，很快就天下虚耗，财政枯竭。从建元三年到元朔元年（前138年至前128年）的十年中，东招东瓯，南事两越，西开西南夷，东北在朝鲜半岛置沧海郡，使得江淮、巴蜀、齐燕（今山东河北一带）之间"萧然烦费矣"。尤其是元光二年（前133年）武帝在马邑（今山西朔县一带）设谋击匈奴。从此"匈奴绝和亲，侵扰北边，兵连而不解，天下苦其劳，而甘戈日滋。行者赍，居者送，中外骚扰而相奉，……财赂衰耗而不赡"[17]。这且不说，其后的十年，更是用度浩繁，每年以数十百万计，国民经济濒于崩溃。从元朔元年至元狩四年（前128年至前119年）几乎每年都有大规模征伐兴作之事。比如：①元朔二年（前127年），卫青北逐匈奴而取河南地（今鄂尔多斯一带），"兴十余万人筑卫朔方，转漕甚辽远，自山东咸被其劳，费数十百万，府库益虚"[18]。②元朔五六年间，卫青率六将军连击匈奴，仅赏赐斩捕首虏之士就用去黄金二十余万斤。③元狩元年（前122年），武帝听取张骞意见，希图开西南夷以通大夏，"作者数万人，千里负担馈粮，率十余钟致一石"[19]，所费不赀。④元狩二年（前121年），霍去病三出河西，匈奴浑邪王率四万余人降汉，"是岁费凡百余巨万"[20]。⑤元狩三年，"山东被水灾，民饥乏，于是天子遣使者虚郡国仓廪以振贫民，犹不足，募豪富人相贷假。尚不能相救，乃徙贫民于关西，及充朔方以南新秦中，七十余万口，衣食皆仰给县官。数岁，假予产业，使者分部护

之，冠盖相望。其费以亿计，不可胜数"[21]。⑥元狩四年（前119年），卫青、霍去病发动漠北之战，仅赏赐就达五十万金，其他"汉军马死者十余万匹，转漕车甲之费不与焉"。⑦汉武帝为北击匈奴，在长安养马数万匹，管理马匹的士卒长安不够就从附近郡县调来，人马所食就是一笔庞大的开支。⑧水利建设方面，本来，元光三年（前132年）黄河决堤，沿河人民修堤塞河，旋塞旋决，数年中"费不可胜计"。其后："番系欲省底柱之漕，穿汾、河渠以溉田，作者数万人；郑当时为渭漕渠回远，凿直渠自长安至华阴，作者数万人；朔方亦穿渠，作者数万人。各历二三期，功未就，费亦各巨万十数"[22]。⑨元狩四年（前119年），张骞二通西域联络乌孙。出发前将三百人，马各二匹，牛羊以万数，"赍金币帛直数千巨万"。

从上列事实看，不管是前十年还是后十年，汉武帝的主要精力都放在开发边疆和抗击匈奴上。招徕东瓯，用兵两越，西通西南夷，不仅基本奠定了我国东、西、南三面的疆域，把周边少数民族纳入中华民族的大家庭，而且在边疆地区设郡置县，开始了最初的经济开发。对北方匈奴的用兵，最终把匈奴逐出大漠以南，保卫了北方地区的安全。正是这些文治武功，后人才把秦皇汉武并列，同唐宗宋祖一起被认为是中国历史上有重大作为的少数几个君主之一。但是汉武帝的文治武功并没有到此为止，面临着连年用兵带来的财政问题，要巩固这些胜利成果，必须在财政金融上有所作为。在这方面，汉武帝曾采取过很多措施，但最终起根本作用的还是盐铁钱的专营。正如当时人所说："盐铁之利，所以佐百姓之急，足军旅之费，务蓄积以备乏绝，所给甚众"[23]，"不赋百姓而师以赡"。"边民百战而中国恬卧者，以边郡为蔽捍也。"盐铁专营的意义就在于"散中国肥饶之余以调边境。边境强则中国安，国安则安然无事"[24]。正是由于汉武帝实行盐铁钱专营，奠定了后世经营边疆的财政基础，也奠定了其后"昭宣中兴"的财政基础。匈奴西徙，"北边自宣帝以来，数世不见烟火之警，人民炽盛，牛马布野"[25]。这一派安宁景象都是由汉朝实力渐强而匈奴力量渐弱而造成的。

另外，在巩固国防的同时，还注意对边疆的开发。"孝武皇帝平百越以为园圃，却羌胡以为苑囿。是以珍怪异物充裕后宫，騕褭实于外厩，匹夫莫不乘坚良，而民间厌桔柚。由此观之，边郡之利亦饶矣"[26]。再者，盐铁专营，在对外贸易、互通有无方面，也由于雄厚的财力而操作自如。史载："今山泽之财，均输之藏，所以御轻重而役诸侯也。……夫中国一端之缦，得匈奴累金之物，而损敌国之用。是以骡驴馲驼衔尾入塞，驒騱、騵马尽为我畜，狐貉、采旃文充于内府，而璧玉珊瑚琉璃咸为国之宝。是则外国之物内流，而利不外泄也。异物内流则国用饶，利不外泄则民用给矣"[27]。

四、盐、铁、钱专营，有利于招徕流民，使国家掌握更多的编户，避免豪强势力网罗流民，啸聚山林，谋为不轨

御史大夫桑弘羊在昭帝始元六年（前81年）的盐铁会议上就曾尖锐指出："夫权利之处，必在深山穷泽之中，非豪民不能通其利。"如果"放民于权利，罢盐铁以资暴强，遂其贪心，众邪群聚，则强御日以不制，而兼并之徒奸形成也"[28]。"往往豪强大家得管山海之利，采铁石鼓铸、煮盐，一家聚众或至千人，大抵尽收放流人民也。远去乡里，弃坟墓，依倚大家，聚深山穷泽之众，成奸伪之业。遂朋党之权，其轻为非亦大矣"[29]。这就说明，盐铁未笼时，不仅大部分流民逃亡深山大泽之中，受豪强大户庇护，摆脱国家的赋税徭役，使国家在经济上蒙受损失，更重要的是这些豪强势力聚众滋伪，轻则社会不得安定，重则国家政权受威胁。前举吴王濞拥众反叛就是例子。当时吴王濞和邓通之钱遍天下，由此而"山东奸猾咸聚吴国，秦、雍、汉、蜀因邓氏"。相反，如果国家有了雄厚的财力，即使遇到天灾人祸，流民也能得到较好的安置。前举元狩三年（前120年）山东大水，国家就及时采取措施，除开仓赈济，发动富户借贷外，迁七十二万余口于新秦中，朝廷提供衣食，借予产业，"其费以亿计"，都是由国家财政支持的。另外，东汉末年"献帝建安初，关中百姓流入荆州者十余万户，及闻本土安宁，皆企愿思归，而无以自业，于是卫觊议以为，盐者国之大宝，自丧乱以来放散，今宜依旧置使者监卖，以其直益市犁牛，百姓归者以供给之，劝耕积粟以丰殖关中，远者闻之必多还境。魏武于是遣谒者仆射监盐官，移司隶校尉居弘农，流人果还，关中丰实"[30]。这都是盐铁国营，以其财力招徕流民的例子。

总之，秦汉时期，盐铁钱专营还是放散，即盐铁钱国营还是私营，实际上存在着一个中央政府与地方郡国贵族、豪强、工商巨富之间的利益冲突。盐

铁钱专营，巨大的利源就归国家所有；盐铁钱私营，其中的利益就落入地方豪强手中。由此也就引出一个国家经济与中央政权能否得以巩固的问题。地方豪强和一些工商巨富掌握了冶铁、煮盐、铸钱等事业，他们虽然积财巨万，"却不佐国家之急"，更有甚者，还凭借地方经济实力对抗中央。在这种背景下，冶铁、煮盐、铸钱三大事业就成了中央与地方争夺的重要方面。盐铁钱专营，实际上是对地方豪强和工商巨富的削弱，同时解决了国家的财政问题，收到"民不益赋而国家用饶"的巨大成效，又转而促进了经济的发展，增强了综合国力，以致使国家能在各个经济领域实施有效的宏观调控，有益于中央集权的巩固、社会的安定和国防力量的增强。

参考文献：

[1]《盐铁论·非鞅篇》，见《诸子集成》第 8 册，第 8 页，1986 年上海书店影印本（以下凡引《盐铁论》和《管子》者，版本同此）。

[2] 孙楷：《秦会要订补》，中华书局 1959 年版第 283 页。

[3]《管子·海王篇》，见《诸子集成》第 5 册第 358 页。

[4]《盐铁论·轻重篇》，见《诸子集成》第 8 册第 16 页。

[5]《史记·平准书》，中华书局标点本第 4 册第 1422 页。

[6]《汉书·食货志》，中华书局标点本第 4 册第 1177 页。

[7]《史记·货殖列传》，中华书局标点本第 10 册第 3254、3267 页。

[8]《史记·货殖列传》，中华书局标点本第 10 册第 3255 页。

[9]《管子·地数篇》，见《诸子集成》第 5 册第 383 页。

[10]《战国策·齐策一》，上海古籍出版社 1985 年版第 337 页。

[11]《盐铁论·刺权篇》，见《诸子集成》第 8 册第 10 页。

[12]《史记·吴王濞列传》，中华书局标点本第 9 册第 2822—2823 页。

[13]《盐铁论·错币篇》，见《诸子集成》第 8 册第 5 页。

[14]《盐铁论·禁耕篇》，见《诸子集成》第 8 册第 6 页。

[15]《史记·吴王濞列传》，中华书局标点本第 9 册第 2828—2829 页。

[16]《汉书·食货志》，中华书局标点本第 4 册第 1135 页。

[17][18][19][20][21][22]《史记·平准书》，中华书局标点本第 4 册第 1421、1422、1424、1428 页。

[23]《盐铁论·非鞅篇》，见《诸子集成》第 8 册第 8 页。

[24]《盐铁论·地广篇》，见《诸子集成》第 8 册第 18 页。

[25]《汉书·匈奴传下》，中华书局标点本第 11 册第 3832 页。

[26]《盐铁论·未通篇》，见《诸子集成》第 8 册第 16 页。

[27]《盐铁论·力耕篇》，见《诸子集成》第 8 册第 3 页。

[28]《盐铁论·禁耕篇》，见《诸子集成》第 8 册第 6 页。

[29]《盐铁论·复古篇》，见《诸子集成》第 8 册第 7 页。

[30]《通典·食货·盐铁》，中华书局 1984 年版第 59 页。

（原载于《甘肃社会科学》1998年第3期）

今古文经学之争及其在意识形态方面的导向

从汉武帝罢黜百家、独尊儒术，一直到清末两千年间，儒家思想一直居于意识形态的正统地位。汉代设五经博士，把上古流传下来并经孔子整理删定的《诗》《书》《礼》《易》《春秋》尊为五经，设于学官，召博士弟子诵读，通一经者可以为郎，明经成为士人的进身之阶。汉代以孝治天下，东汉后，又增加了《孝经》和《论语》，是为"七经"。唐代兴科举，以九经取士，除《诗》《书》《易》外，另加《仪礼》《周礼》《礼记》和《春秋左氏传》《春秋公羊传》《春秋谷梁传》合为九经。唐太宗太和年间（827—835年）复刻十二经，立石国学。十二经中，除上述九经外，又有《论语》《孝经》和《尔雅》。宋代理学发展，把《孟子》抬得高，使《孟子》进入"经"的行列。合唐代十二经，就成为今人所看到的"十三经"。儒家的思想观点集中保留在"十三经"之中，而研究这些经典的学问就叫作"经学"。

经学又分为今文经学和古文经学。秦始皇焚书后，一些老儒凭记忆，靠背诵，口耳相传，到汉代又用当时通行的隶书把这些内容记录下来作为传本，称为今文经;西汉时，陆续从地下或墙壁里挖掘出来的经书，因用先秦六国文字写成，称为古文经。这两种传本，原只是记录文字的不同，间或有字意互不相符之处，但后来却形成了两个相互对立的学术派别，各立师法，标榜门户，成为延续两千年之久的今古文经学之争的源由。今古文经学之争的焦点是如何看待孔子和"六经"（因《乐》经未能保存下来，故当时只设"五经"博士）。今文经学认为，六经皆孔子手定，是孔子政治思想的体现。六经乃致治之道，经典中关于远古时期盛德大业和灿烂文化的描述，完全是孔子"托古改制"的宣传手段，所以今文经学偏重于"微言大义"，从六经中寻求、阐发治国安邦的大道理。古文经学认为，所谓六经不过是古代的史料，并非始于孔子。孔子不过是将前代史料加以整理，以传授给后人。中国文化之所以连绵不绝，就在于有详密的史籍留存，这种继往开来之功，首推孔子。从学统方面看，今文经学尊孔子，以《公羊传》为主；古文经学尊周公，以《周礼》为主。

今文经学盛行于西汉，古文经学直到西汉末年才被立于学官，东汉中叶以后，才取代今文经学而盛行一时。这种今古文经学彼消此长的局面是同当时的社会政治状态紧密相连的。西汉前期尊黄老之术，无为而治。但到汉武帝时罢黜百家，独尊儒术，希图在对内对外各方面都有一番大的作为。今文经学正适合了他的这种需要。《公羊传》第一句就讲大一统。《春秋·隐公元年》："元年春王正月"，《公羊传》："何言王正月？大一统也。""王正月"本来意思只是说按照周历以十一月为岁首来统一历法，汉武帝则利用这句话作为政治统一的依据。《公羊传·庄公三十二年》："君亲无将，将而诛焉。"意思是说：臣子对君父不能有弑逆的念头，如果一旦有这种念头（即使还未付诸行动）就可以把他杀掉。这种君臣大义的思想也很适合汉武帝维护皇权的需要，另外《公羊传》所谓"复父之仇"、"复九世之仇"的思想，也很适合汉武帝借口替高祖复仇而攻打匈奴（汉高祖刘邦曾在公元前200年被匈奴在山西北部围困七日，从此后汉朝一直卑事匈奴，岁送子女玉帛以求安）。所以汉武帝独尊儒术，表面上看是采纳了董仲舒的意见，而实质上则是当时政治上的需要。他的"独尊儒术"，归根到底是尊《公羊》。董仲舒在《尚书·洪范》五行说的基础上把阴阳五行同《公羊传》所宣扬的思想结合起来，提出了一套"天人合一"、"君权神授"的神学说教。认为，天与人是相通的，君主是受天之命统治人民的。国家如有失道之处，上天就要出示灾害加以警告，如不改悔，则出示怪异来加以恐吓，如还不改悔，最后就会受到上天的惩罚。所以董仲舒的"天人感应"说讲灾异，讲阴阳五行，讲谶纬（借助神的口气，编成隐语来预示未来的一种迷信）。因而在西汉上层士大夫的思想中充满了神学迷信。无论皇帝的诏书，还是大臣的奏章以至民间的歌谣都充满了对当时灾异休咎的说教。政治的兴革，人事的安排，几乎无不以此为依据。所以今文经学阴阳五行化，在思想领域导致的直接结果就是神学迷信。

到西汉末年，王莽的国师刘歆建议把古文经也列入学官，结果遭到今文经学博士的极力反对。但是古文经学的《周礼》，正适应王莽托古改制的政治需要，因而刘歆的建议得到王莽的支持。王莽想以《周礼》中的井田制来解决当时日益严重的土地问题。王莽篡汉后，进行了一系列政治、经济上的改革，主要的蓝图和理论依据就是《周礼》。东汉初年，一度曾为废除古文经学，但到东汉中叶以后，古文经学就压倒了今文经学而独霸学坛。所以西汉是今文经学的天下，东汉则是古文经学的天下。到东汉末年，出了一位叫郑玄的大学问家，杂糅古文经学的各种经解，"遍注群经"，成一家之言，才使持续三百多年的今古文经学之争始告平息，出现了一个小小的统一局面。

汉魏之际，学经者皆从郑氏（郑玄），尊崇郑学，郑学党徒遍天下。曹魏文帝之后，不再以经术取士，而代之以九品中正制，做官的必须是门阀世族，所以再讲古文、今文，在政治上已毫无意义，学术上的色彩就显得更浓。魏晋时，正当郑学一统天下之时，后学王肃公然站出来与之挑战，凡郑学主古文说者，王肃则从今文说攻之，凡郑学从今文说者，王肃则从古文说驳之。王肃甚至伪造了《孔子家语》和《孔丛子》两书借以批驳郑玄。王肃是晋武帝司马炎的外祖父，有政治后盾，所以一度时期王学抬头而郑学受贬。到了东晋，郑学又压倒了王学，所以魏晋时期，经学纠缠于王、郑之是非，成为王学和郑学之争。后来玄学大师王弼和何晏参以老庄玄理重新注解儒家经典，今古文经学家的注解被捆之不用。到南北朝时期，南方继承魏晋学风，北方继承东汉学风；南朝重文辞，不重经术，学风比较虚浮；北朝则拒斥老庄之玄学，而崇尚儒道，学风比较朴实，形成"南学"和"北学"的区别。隋唐科举取士，唐太宗有感于儒学多门，章句繁杂，加之南北经学之不同对科举取士有诸多不便，欲将异说纷纭的经义统一起来，于是诏国子监祭酒孔颖达撰定五经义疏，名曰《五经正义》，于高宗永徽年间（653年）颁行全国，使士子习经学有所宗，科举取士有一个统一的依据。从此后，士子习经应试有了统一的教材，必须墨守《正义》之定论，因此不敢另立新说。经学的发展也就陷入了停顿。

宋明的官方哲学是理学，也称为宋学，理学完全撇开今古文经学（即汉学）说教，直接从经义中挖掘他们所宣扬的三纲五常等义理，对经文作出解释，不属于今古文之争的范围。

直到清代，今古文经学又再度兴盛。明末清初，宋学和八股取士的流弊越来越明显，一些有识之士对宋学的空疏和八股文的危害，对宋明理学家所宣扬的那一套明心见性、明道穷性、主敬主静等唯心主义理论深恶痛绝。他们反对宋学的空谈，而提倡经世致用，讲求实学。另外雍正乾隆时期大兴文字狱，残酷迫害文人学士，于是文人们不敢谈论政治，寄志于古书的辑录、整理和考证。他们提倡"引古筹今"，经世致用，企图使经学回复到"国家治乱之原，生民根本之计"的所谓实学中来。这方面的代表先有明末清初杰出的思想家顾炎武、黄宗羲、王夫之。后有称盛一时的"乾嘉学派"。即以惠栋为首的吴派和以戴震为首的皖派。吴派的学风博而尊闻，不讲义理，信古尊汉，述而不作；皖派的学风是通人性、致实用，断制谨严，条理密察。戴震是清代唯物主义思想家，他肯定世界是"气"的运行过程，即"气化流行，生生不息"。这就否定了理学家所谓"理在气先"的唯心主义命题。并用"理存于欲"的观点反击理学家"存天理、灭人欲"的说教，斥责"后儒以理杀人"，从哲学上把宋学彻底驳倒。古文经学的最后一个代表是章太炎，他曾是同盟会机关刊物《民报》的主笔，前期是坚定的革命党人，学术上也有巨大贡献。清代的古文经学在学术上有很大成就，但他们重学术考据且又流于烦琐，这是其严重缺点。

清代道光、咸丰之后，情势发生了变化，内有太平天国的革命，动摇了清王朝的统治基础，外则鸦片战争后，帝国主义的侵略和压迫与日俱增。当时的士大夫们一方面对乾嘉学派专研名物训诂感到不满，另一方面又拿起《公羊传》"张三世"、"通三统"（三世：据乱世、升平世、太平世；三统：夏、商、周）的理论，企图借托经学以倡言救世。这就使今文经学再度抬头。清代今文经学的开创者是庄存与，接着是刘逢禄和宋翔凤。魏源、龚自珍就是刘逢禄的学生。近代以来，从龚自珍和魏源开始，出现了一种利用《公羊传》讥切时政，主张变革改制的思想倾向，龚自珍著《六经正名》等多部著作，以《公羊传》义例批评朝政，排诋专制。魏源从《公羊》说出发，认为世分三等，即"治世、乱世、衰世"，他所谓"衰世"就是用来影射他所处的那个腐败时代，因而提倡"通经致用"，"以经术为治术"，主张"更法改图"，改革弊政。清末今文经学的代表人物是康有为，他代表今文学派与古文学派的代表章太炎是死对头。康有为继承龚自珍、魏源以《公羊》义例评议社会政治的传统，写了《新学伪经考》和《孔子改制考》，为变法维新制造舆论。他从变法维新的政治需要出发，利用《公羊》学鼓吹"三世"进化，变法改制，宣传西方的民主平等思想。康有为认为孔子的学问在《六经》，而《六经》的中心内容是创法改制。康有为心目中的"孔子"实际上是出于他托古改制的需要而塑造出来的;他的变法维新的理论，实际上是借孔子的名义宣传自己的政治主张，所以梁启超说："有为在政治上变法维新之主张，实本于此。"

　　总之，今古文经学之争延续两千年之久，兴盛之时出现在两汉和清代，两头繁荣而中间衰歇。今文经学的特点是依据政治需要为人所用;古文经学特点是拘泥于文字的训诂，唯经是从。大体说来，今文经学侧重于政治，古文经学侧重于学问。当然也不尽然，今文经学实现自己的主张还要借助学理，古文经学阐明经义的目的也在于"经世致用"。从思想导向上看，今文经学较重主观能动性，对客观事物穿凿成分较大，唯心主义色彩比较浓厚;古文经学较重客观依据，但往往陷入形而上学而忽视事物的发展。

（原载于《发展》1998年第3期）

简论孙中山以民为本的思想实践与中华民族精神

　　孙中山，作为20世纪的历史巨人，作为民主革命的先行者，作为民主共和国的一面永不褪色的旗帜，他的政治主张，他的革命实践，他的精神风貌以及他一生为之奋斗的革命理想，无一不浸透着中华民族的伟大精神，无一不践行、弘扬和丰富了中华民族的伟大精神。本文仅就孙中山以民为本的思想实践和中华民族精神作一些探讨，求证于时贤和方家。

　　中国古老的"民本"思想，尽管源远流长，内容丰富，但发展到近代社会，却没有自然地发展为近代的民主思想，中国人民在半封建半殖民地的漫漫长夜中，为了摆脱帝国主义的侵略和封建专制的压迫，需要有新的思想光辉来照亮他们的前程。正是在这个时候，孙中山承前启后，推陈出新，将中国古老的"民本"思想注入西方天赋人权、自由平等、主权在民的新内容，形成了较为完整意义上的反帝反封建纲领，成为近代中国民主主义的光辉代表。

　　孙中山受过20年正规的学校教育，除四年村塾外，初中、高中以至大学学医，都是受的西方教育。他不仅深通西方文化，"于泰西之语言文字，政治礼俗，与夫天算地舆之学，格物化学之理，皆略有所窥；而尤留心于其富国强兵之道，化民成俗之规；至于时局变迁之故，睦邻交际之宜，辄能洞其阃奥"[1]；而且从小受中国文化的熏陶，对中国文化的优劣也有超乎常人的见解。四年的村塾，《三字经》《千字文》《幼学琼林故事》《古文评注》以及四书五经可谓烂熟于心。他厌恶的是那种死记硬背的教学方法，对博大精深的中国文化，却是嗜之如命。孙中山从小以"洪秀全第二"自居，以天下为己任。五年学医，不忘加深国学的功底，曾专门请过两位国文老师为他辅导国学。正如他所说："文早岁志窥远大，性慕新奇，故所学多博杂不纯，于中学则独好三代两汉之文，于西学则雅癖达文之道，而格知政事亦常浏览。"[2]走上革命道路后，更是手不释卷，把"革命"和"读书"作为相辅相成，不可分割的整体。他认为"革命的基础在高深的学问"。他的"知难行易"学说同列宁的"没有革命的理论，便没有革命的行动"可谓英雄所见略同。革命的理论从何而来？无非就是要来自于人类以往的全部文明成果和革命的具体实践。所以他曾告诫同志："一般人读书不认真还不要紧，我们革命党人却千万不可不认真。因为一般人读书，或是为个人的前途，或是为一家的生活，他读书不认真，成败得失，只他个人或其一家，革命党人则不然，一身负国家社会之重责，如果自己读书不认真，事情做错了一点，就不但害了我们的党，连整个国家社会也被害了。"[3] 一个具有如此伟大抱负的人，他对知识的渴求是可以想象的。老同盟会员吴稚晖在回忆孙中山的治学精神时说："孙总理于古今中外有用之书，可算无书不读，甚至十三经、二十四史，甚至《民约论》《资本论》，只要有关政术治道，有益民生国用的书，一有空隙，就马上把卷展玩，心就领，神就会。他不是希望精博，是出于自然，他是天生一个新主义的创造者。"[4] 正因为孙中山学贯中西，博通古今，中国古老的"民本"思想不仅浸透在他的思想理论中，而且也体现在他的人生品格和革命实践中。

孙中山一生思想和实践的灵魂就是一个"民"字。他深切同情下层人民，把拯救人民作为一生革命的职志；他制定的革命纲领，"民本"思想是一以贯之的精髓；他四次组织政府，留下的是"平民总统"的伟人风范。

首先，孙中山的一生，是为灾难深重的中国人民不懈奋斗的一生，他深切同情受苦受难的下层人民可谓一生的性格特征。他是一个"性善论"者，认为人的本性是相互帮助而不是相互竞争。孙中山出生在一个贫苦农民家庭。兄妹四人，排行老三。他的父亲曾在澳门当过鞋匠，后来在村子里靠租种土地和打更维持生活。童年和少年的孙中山，常常连鞋子都穿不起，赤着脚跟着姐姐上山砍柴，到塘边捞塘飘，下田插秧、除草、排水、打禾、放牛。家中以番薯为主要食粮，很难吃到米饭，过着半饥半寒的穷苦生活。"农家子"的生活使他"早知稼穑之艰难"。正如宋庆龄所说："就在这早年还是贫农家里的贫儿的时候，他变成为一个革命的人。他下了决心，认为中国农民的生活不该长此这样困苦下去。中国的儿童应该有鞋穿，有米饭吃。"[5] 就是这个目标，孙中山为此而奋斗了一生。他深知，中国是一个农民的国度，要使人民富裕，就必须关注和解决农民问题。1924年7月28日，他在广州农民联欢会上讲："我们革命党是建立民国的人，实行三民主义，今日第一件事便留心到农民，便是要救济这种农民的痛苦，要把农民的地位提高，并且要把农民在从前所受官吏和商人的痛苦，都要消除。"[6]对于农民的处境，孙中山可谓感同身受，有着极深的体验。他讲："你们农民所受的艰难痛苦是什么情形呢？大家想想，一年辛苦到晚，该是担了多少水旱天灾的忧，受了多少风雨寒热，费了多少的血汗劳动，才收获若干谷米。或者在谷米没有收成之前，当青黄不接的时候，急于要借钱度日；或者是已经收成之后，急于要钱完粮纳租都不能不卖谷米，用极平的价出卖。商人用极平的价买得谷米之后，一转手之劳，便用极高的价再行发卖；中间一买一卖，赚很多的钱，都不关你们农民的事。而且你们所耕着的田，大多数都是租来的，租钱又贵。所以你们每年辛辛苦苦得来的钱，都是为商人和田主空劳动的。至于你们所用的衣服器具，更要用很高的价，花很多的钱，才能够买到手。你们这种生活，凡是买进的衣服器具，都要用很高的价，花很多的钱；卖出的谷米，只照很低的价，得很少的钱。这就是受经济的压迫。因为受了很大的经济压迫，所以你们农民是很穷，所处的地位亦是很低。原来全国人民都是靠农民吃饭的，农民一日不卖谷米，全国人便一日没有饭吃，所以你们的地位实在是很重要的。不过因为大家没有团体，自己固有的利益都没力量保守住，无形之中都是被人抢去了，所以自己便吃亏，要受种种痛苦。"[7]他历数农民的疾苦，希望农民自己觉醒起来，响应革命而推翻封建地主的压迫。"大家都知道，中国向来把社会上的人分成为士农工商四种。这四种人比较起来，最辛苦的是农民，享利益最少的是农民，担负国家义务最重的也是农民。在农民自己想起来，以为受这种辛苦、尽这种义务，这是分内应该有的事；这种应该有的事，是天经地义、子子孙孙不能改变的；祖宗业农受了这种辛苦，子孙也应该承继来受这种辛苦，要世世代代都是一样。这种思想，是从前的旧思想。我们现在用政治力量来提倡农民，就是要用国家的力量来打破这种思想，就是要一般农民不要有从前的旧思想，要有国家的新思想；有了国家的新思想，才可以脱离旧痛苦。要一般农民都有新思想，都能够自己来救自己的痛苦，还是要农民自己先有觉悟。"[8]传统的民本思想大多只是站在统治阶级的角度，希望统治者施以恩惠，通过对下层老百姓的稳定而巩固已有的统治秩序。而孙中山不同，他是希望下层人民团结起来，奋起革命，推翻统治者，自己当家作主。这就把传统的民本思想提升到了一个新的境界。

其次，孙中山制定的革命纲领和理论学说，既是近代民主思想的集中体现，又是古代民本思想的全面张扬。他的三民主义理论，他的"民有、民治、民享"的政治主张，他的"五权宪法"，他的《建国方略》，无一不是以"民"为灵魂，无一不是以"民"为目的。他的民族主义，就是要使四万万同胞脱离苦海，在消除异族压迫的同时，反抗帝国主义侵略，争得民族独立；他的民权主义，就是要使受压迫的劳苦大众争得政治上解放，自己当家作主，管理国家和各项事务；他的民生主义，就是要使贫苦人民摆脱经济上的剥削，走向富裕的道路。

孙中山在解释他的三民主义时说："何谓三民主义呢？简单地说，便是民有、民治、民享。详细地说，便是民族主义、民权主义和民生主义。这三项主义的意思，是要把全国的主权，都放在本族人民手内；一国的政令，都是由人民所出；所得的国家利益，由人民共享。这三项意思，便可用民有、民治、民享六个字包括起来。五权宪法是根据三民主义的思想，用来组织国家的。"[9]可见主权在民是他一以贯之的思想。孙中山一生致力革命，不仅是要彻底推翻清王朝的封建专制，从而结束中国两千多年的封建帝制，而且要建立一个使人民充分当家作主的民主共和政体。三民主义的实质是民权主义，而民权主义的实质就是民主共和政体的思想。

按照孙中山的设想，革命成功后建立的中华民国应该是以人民为基础的国家，也就是主权在民。因为中国"自秦灭六国，废封建而为郡县，焚书坑儒，务愚黔首，以行专制。历代因之，视国家为一人之产业，制度立法，多在防范人民，以保全此私产；而民生庶务，与一姓之存亡无关者，政府置而不问，人民亦从无监督政府之措施者。故国自为国，民自为民，国政庶事，俨分两途，在有风马牛不相及之别"[10]。所以他指出："革命以民权为目的。""革命之志在获民权。"不仅革命的目的在民权，而且建立国家的目的也在民权，因为"不秉政权，不能伸民权"[11]。

他把专制独裁称为官治，而把民主共和称为民治。按照他的解释，所谓民治，就是"政治主权，在于人民，或直接以行使之，或间接以行使之；其在间接行使之时，为人民之代表者，或受人民之委托者，只尽其能，不窃其权，予夺之自由，仍在于人民，是以人民为主体，人民为主动者，此其所以与官治截然不同也"[12]。作为民主政治的国家形态，国民皆一切平等，"国民之权利义务无有贵贱之差、贫富之别，轻重厚薄，无稍不均"。"国家为人民之公产，凡人民之事，人民公理之，由人民选举议员，以开国会……国会代表人民之公意，而政府执行之。"[13]

他在三民主义和"五权宪法"的基础上，又提出了"权能分立"的学说。就是把国家的政治权或统治权区分为人民权和政府权，人民权简称民权、政权或"权"，而政府权则简称为治权或"能"。把"权"完全交给人民，由人民去充分行使；把"能"完全交给政府，让政府去充分发挥。当"权"能让人民充分行使之后，政治便能充分的民主；而当"能"能让政府去充分发挥之后，政府的办事效率才能充分提高。按照"权能分立"的理论组织国家政体，中央政府由行政、司法、立法、考试和监察等五院组成，相对独立，互相监督，统一对国民大会负责；而国民大会则由国民代表组成，代表全体国民实行选举、罢免、创制和复决等四权。如此建构的实质，归根结底，还是让人民有充分的权力来管理监督政府。

辛亥革命后，孙中山主持制定的《中华民国临时约法》，许多方面都反映了他主权在民的思想。约法共7章56条，第一章"总纲"，开宗明义地规定，"中华民国由中华人民组成之"，"中华民国之主权属于国民全体"，明确宣布中华民国是属于主权在民的民主共和国。第二章"人民"，明确规定，"中华民国人民一律平等，无种族、阶级、宗教之区别"；人民享有言论、著作、刊行及集会、结社、书信秘密，居住、迁徙、信教等各种自由，以及享有请愿、陈诉、诉讼、考试、选举及被选举等各种权利。[14]

孙中山认为，"人民自治是政治的极则"，共和主义"是我国治世的神髓，先哲的遗业"[15]。他在吸收近代日本和欧美民主思想的基础上，把我国古老的民本思想不仅用之于革命理论，而且用之于国家学说和治国实践，作为革命和建国的终极目标，把中国几千年来的民本思想发展推进到了最高峰，是前无古人的，是对中华文明和民族精神的卓越贡献。

第三，"平民总统"的风范是对"民本"思想的充分体现。孙中山四次组织政府，两任大总统，两任大元帅。在全国人民心目中，他是革命的领袖，是民主主义的旗帜，是中华民国之父，是四万万同胞的希望。他当时的威望可谓如日中天，万民仰戴。可孙中山从来不像那些军阀、官僚和政客那样，把自己凌驾于百姓之上。相反却总是以一介平民的身份出现。他认为，真正的民主共和，一切权利归平民所有，人民是国家的主人，各级官吏以至总统都是人民的公仆。"国中之百官，上而总统，下而巡差，皆人民之公仆也。"[16] "民国如公司，国民如股东，官吏如公司之办事者，故总统、官吏皆国民之公仆也。"[17] "公仆"意识，不是停留在孙中山口头上的说教，而是时时处处都要全力践行的行为准则。

  不论是隆重典礼还是一般的会议仪式，孙中山都一扫旧官僚讲排场摆架子和一些繁文缛节的陈规陋习。各种会议中，不在台上为自己单独设座，只坐在会场的前排。在任临时大总统期间，他的办公室就设在总统府西花园后面的一幢平房里，一张办公桌，两把木椅，一个小书橱和一套沙发。他的卧室就设在旁边的一所老式瓦房里，一张中国旧式的棕床，一张三屉办公桌，卧室旁边是餐厅和浴室。在这样的简陋条件下，孙中山签署了无数个新生共和国的政策法令，丝毫没有影响他开创历史新纪元的伟大事业。春秋两季经常是一套灰色的中山装，冬天在外面加一件呢大衣。吃饭也很简单，当时的总统府内，一般人每顿的菜金在3元以上，而孙中山只吃4角钱左右的豆芽之类的素菜。有一次南北议和代表伍廷芳和唐绍仪到总统府谒见，纵谈至深夜，孙中山留其用膳，结果端上桌的只是几碟普通的菜。面对这样的粗茶淡饭，唐绍仪竟无法下箸，又不好意思退席，只好应付着吃。孙中山随吃随谈，并不强让。唐是旧官僚，生活奢侈惯了，每日烟酒费就得二三十元，哪里想到共和国总统的生活竟是如此简朴。平时出行，友人所送一辆黑色小轿车，13匹马，24辆自行车，就是他的全部仪仗。跟随的侍卫都骑自行车。1924年国民党"一大"后，孙中山到广东高等师范学校（今中山大学）系统演讲三民主义，听课者有党、政、军各界人士和学校师生。从总统府到学校有五华里的路程，开始同随行人员乘3部汽车前往，后来得知每次的往返车费要15元左右，他嫌太贵，索性率副官和卫士徒步前往，衣食住行如此，牵涉到一些公与私的关系处理上也无不如此。孙中山的大哥孙眉，从小漂洋过海，到檀香山去谋生。开始当雇工，后来办实业，苦心经营，到1885年前后，已经在夏威夷五大岛之一的茂宜岛经营了一个6000英亩土地的大牧场，雇用工人1000多人，有牛马数万头，成为该岛的首富，被人称为茂宜王。为了支持孙中山的革命事业，他毁家纾难，倾其所有，一次又一次地为孙中山提供革命经费，一直到最后破产回国为止，为革命贡献了一切。1912年2月间，广东都督陈炯明提出辞职，党、政、军和社会各界给孙中山发来上百封电报，连蔡元培先生也积极提议，要求任孙眉为广东都督，孙眉自己也有此意。可是孙中山坚持拒绝，闹得孙眉老大不愉快。孙中山没有像封建社会那样一人得道，鸡犬升天，而是平常事、平常心，奉劝大哥发挥所长，搞点实业，自食其力。这样的高风亮节，这样的伟人风范，能不让国人为之深深景仰吗！中国几千年来，"民为贵，社稷次之，君为轻"的古训被历代人士所讴歌，真正把它付诸实践的却是孙中山。

综上所述，中国古老的民本思想是中华文明的辉煌成果，是中国思想史上一颗璀璨明珠，是中华民族精神的重要组成部分，但是进入近代社会后，古老的民本思想并没有自然地发展成近代的民主思想。近代以来的改良派、维新派虽然也为之注入了时代的新内容，但融贯中西，汇通古今，在糅合西方先进思想文化的基础上，把古代民本思想推向最高峰的却是孙中山。他为我们留下了宝贵的精神和文化遗产，为中华民族精神注入了新内容。中国共产党是孙中山革命事业的继承者和发展者，在大力弘扬中华民族精神，提倡"执政为民"的今天，继承和弘扬孙中山先生为我们留下的这一精神遗产，无疑具有十分重要的意义。

参考文献

[1][2][16][17] 孟庆鹏编：《孙中山文集》下卷，团结出版社，1997 年 12 月版，第 590、936~940/835/768 页。

[3][4] 尚明轩主编：《一代天骄孙中山的历程》，解放军文艺出版社，2002 年 1 月第 3 版，第 69、72 页。

[5] 宋庆龄：《我对孙中山的回忆》，《宋庆龄选集》上卷，人民出版社，1992 年版，第 45~46 页。

[6][7]《在广州农民联欢会的演说》，岭南文库编辑委员会：《孙中山文萃》，广东人民出版社，1966 年 10 月版，第 1061、1060 页。

[8]《在农民运动讲习所第一届毕业典礼的演说》，孟庆鹏编：《孙中山文集》上卷，团结出版社，1997 年 12 月版，第 317 页。

[9]《宣传造成群力》，《孙中山选集》，人民出版社，1981 年版。

[10]《支那保全分割合论》，《孙中山全集》第 1 卷，中华书局，1981 年版，第 220 页。

[11]《与汪精卫的谈话》，孟庆鹏编：《孙中山文集》上卷，团结出版社，1997 年 12 月版，第 475~476 页。

[12]《中华民国建设之基础》，陈旭麓、郝盛潮编：《孙中山集外集》，上海人民出版社，

1990 年版，第 33~35 页。

[13]《中国同盟会革命方略》，《孙中山全集》第 1 卷，中华书局，1981 年版，第 296 页。

[14] 中国史学会主编：中国近代史资料丛刊《辛亥革命》（8），上海人民出版社，1959 年 7 月版，第 30~36 页。

[15] 陈锡祺：《孙中山年谱长编》，中华书局，1999 年版，第 147 页。

（原载于《甘肃社会科学》2005年第4期）

我们心中的赵俪生

　　2007年11月20日下午，兰州的初冬，日影斜照，落叶飘散，晚秋的景象还残留在黄河两岸。我当时正在家里写东西，一阵电话铃响，是兰州大学汪受宽教授。汪先生是我们的学长，平时在省政协开会，还有其他一些学术活动，时常见面，时有过从，但这个电话却让人终身难忘。

　　电话里，他低沉的声音告诉我：

　　"赵先生住院了，在省人民医院干部病房，已经几天了。情况不太好，他想见见你们，如果方便的话，尽快来看看……"

　　放下电话，心情一片沉重。先生已九十高龄，病中的他想见见某人，我深深明白这意味着什么！前年，师母高昭一先生以九十二岁高龄不幸辞世，无疑给先生的晚年带来了致命的一击。他们共同经历了68年风雨人生，到了晚年，更是相依为命。半年前，2007年3月4日，我们去看望先生。当时，他双腿已不能站立，但大脑清醒，谈锋尚健。半个多小时，谈到了他的一生，他的天赋、勤奋、机遇。他像平时谈话一样幽默风趣，形象生动，而且用语之准确不减当年。他告诉我们，他的个人秉赋不是很高，只能说在中上之间；他的机遇有好有坏，不能完全说不好。并一一列举了在他人生道路上曾经对他伸出过援手或对他有过影响的人。有前辈，有领导，有师友……大都在以往谈论中听到过。最后谈到他的勤奋，先生语重心长地说："如果要用'一生勤奋'来评价我，那是不过分的。我这一辈子，别的称号不敢当，但从年轻到年老，一辈子都十分勤奋。我的一些成绩主要是靠勤奋得来的。"谈话中，我们几次因别的事把话题岔了出去，但不管岔得多远，他都能自如地收回话题继续接着讲，犹如当年给我们讲课，思路之清晰，让我们晚辈自愧弗如。告别时，他希望我们常去坐坐，他说高先生在的时候，哪怕在一起发发脾气也都行，自从高先生

247

走后，尽管有儿女们尽孝，也无法排遣对高先生的思念和寂寞。看得出来，过去是对高先生的依赖，现在是对高先生的思念。时间越久，思之弥笃。临走时，他把一篇文章打印稿送给我们，题目是《忆我妻》，是他口授而由外孙代笔的。文章的前半部分气象如旧，如同先生亲笔，而后半部分则有点气力不支，很明显到后来是精力不济了。

同高先生走过了漫长的人生历程，共同跨越了好几个时代，大到历史事件，小到生活琐事，只要一提起来，就是一个说不完的话题。即使两位老人一句话不说，百年人生的经历也在他们抬手投足之间或者一个眼神、一个微笑之中。高先生走了，对赵先生的打击实在太大了。赵先生能挺多久呢？这个问题让人不愿意细想可又总是挥之不去。

接到汪先生的电话，我们两个随后赶到医院。推门一看，先生躺在床上，身子下面垫了厚厚的被子，银白色的头发有点散乱，面色略显憔悴，可面孔的棱角却依然如旧。嘴里、鼻孔里插了管子。病房里，除了赵綑姐和家人外，还有汪受宽先生守候在那里。见我们出现在门口，先生略微转过脸来慢慢地挣扎着对我们说："我不行了，我不行了……"嘴里含着管子，吐字有点含混但声音却很高。他晚年耳朵失聪，生怕别人听不到，说话的声音总是提得很高。当时他肺上发现了问题，呼吸极度困难，鼻子里的氧气管24小时不能拔出。嘴里还要间隔一段时间插一个管子，痛苦之状可想而知。但先生生性好说，至老不改，不管多么痛苦，只要一有机会，他都会把自己的痛苦感受用准确的语言表达给医生和告诉周围的人。我们静静地坐在床边，看着这位曾经传奇一生、有着鲜明个性、用他广博的知识和崇高的精神品格影响过很多人的老人最后与病魔搏斗的情景，不禁潸然。

整整一个下午，一阵一阵痛苦过后，他总是断断续续同我们说："我这一生，虽然坎坷，但能到今天，回想起来，也并没有什么遗憾……"显然先生已经听到了自己生命的最后脚步，他在回想和总结过去。尽管大家一再告诉他，他只是肺部感染，很快就会康复出院。但他心里比谁都清楚。他是个彻底的唯物主义者，他知道自己走到了人生的哪个点上。

一个下午的时间，说了不少话。后来大家把他扶下床，半躺在沙发上，他心情高兴，说有饿的感觉，想吃点东西。我们快要告别时，他问赵綑："今晚你们谁值班？一定要注意，今晚可能要出事。"听了这话，让人又难过又好笑。面对着生死，他居然那样坦然，那样平静，又是那样的清醒，如同跟家人谈点与己无关的事，又像给孩子们交代一件平常的家事。告别时，我们紧紧地握着先生的手，提高声音宽慰他："您很快就会康复的，过几天我们会再来看您，大家都在为您祈祷，为您祝福，盼望您早日康复。……"可是，先生是何等样人，他心里明明白白，这是我们的最后见面，也是我们的最后握别。当我们走出房门回首一望的瞬间，看到了先生眼里沁满了泪花。真是"昔年移柳，依依汉南，今看摇落，凄怆江潭，树犹如此，人何以堪。"同先生相识，拜先生门下，受先生教泽，屈指已三十个春秋。往事历历，宛然目前。

先生在"文革"中历尽磨难，先后13年被剥夺了教课的权利。"文革"后复出，第一次走上讲台是给我们讲授《中国土地制度史概要》。那是1978年5月15日上午10点。这件事，我保存了30年已经发黄的日记本里记得清清楚楚。也就是从这个时候起，我们同先生结下了30年的师生情谊。30年来，我们奔走于先生门下，耳濡目染，咳唾成教，沾溉实多，终身难忘。

1976年10月，随着粉碎"四人帮"的鞭炮，我们作为最后一届工农兵学员走进了兰州大学。入学的第一件事就是扛着横幅标语、举着大旗加入浩浩荡荡的游行队伍庆祝粉碎"四人帮"的伟大胜利。十年"文革"，受摧残最严重的莫过于教育，受打击最残酷的莫过于知识分子。粉碎"四人帮"，学校那种人心激奋的场面，至今令人难忘。我们历史系76级全班同学70人，大都来自西北五省区，一方面为自己成长在这样一个动乱的年代而深感不幸，一方面又为粉碎"四人帮"，排除了"上、管、改"和"下乡进厂"的干扰，能在拨乱反正的特殊时期专心致志地学习而感到幸运。我们热切地希望学校能尽快进入正轨，热切地希望系上为我们安排满负荷的课程。

当时，有一个强烈愿望，谁都想听听那些被批倒批臭了的"反动学术权威"的课，实际了解究竟什么样？早就听说赵俪生先生名声很大，讲课讲得最好，学生最欢迎。而且听说，当年的江隆基校长，只要赵先生讲课，每堂必听。可是，我们怎么才能请赵先生讲课呢？"四人帮"刚刚粉碎，很多问题还没有解决，落实政策还没有开始，对一些被打倒的所谓"反动学术权威"还没有个明确说法。我们到系上申请过多次，可系上一直没有明确答复。一次，见到周芹香老师（后来是兰大副校长）问此事，她才告诉我们："系上出面请，赵先生未必答应，过去几年，系上一些老师批斗过他，有些过节。最好的办法是你们自己去。你们是学生，你们请他，他不好不答应。"这才让我们恍然大悟。

记得第一次拜访赵先生是1977年12月26日，一个星期五的下午。当时先生有顾虑，怕重蹈覆辙。因为"文革"中他在农场劳动，有同学找他谈学习，结果被说成是"改造与反改造"的斗争，挨了不少批。这次会不会有类似的结果？还心有余悸。

又过了半年时间，全国形势发展了。"两个凡是"受到批评，一些冤假错案平反昭雪，一批老干部复出，右派开始平反。1978年5月5日上午，我们两个作为班上的班长和学习委员，再次叩响了赵先生的家门。还是那栋坐北朝南的旧平房，里外两间套在一起，里间书房，外间靠墙一张双人床，再往外是一张方桌，方桌旁边两把木椅。高先生开门后，我们见到赵先生。细高的个子，轮廓清晰的脸，白衬衣已显得很旧，下身是一条当时常见的那种深红色的罗纹线裤，未穿外套，正躺在床上看书。见我们进来，先生懒散地从床上下来招呼我们坐下。小外孙正爬在桌上画画，先前画好的一张已挂在旁边的墙上，手里的一张正画了一半，是那种十分稚嫩的童画。我们两个说明来意，表达了同学们对先生的仰慕之情，希望他能给我们开课以满足班上70多位同学的心愿。此次，情况不同了，先生似有思想准备。听完我们的陈述，问了问班上的情况，答应了。最后问："究竟想听什么？"因为没有思想准备，一时答不上来。后来先生郑重告诉我们："一个是农民战争史，一个是土地制度史，再就是史学方法论，愿意听什么？回去商量商量给我一个回话。"我们兴奋得无法形容，道过谢，站起身来告辞，先生前送两步，习惯性地一鞠躬把我们送了出来。

一个礼拜以后，5月12日，又是一个周五的下午，我们俩再去先生家，商量确定课程的内容和时间安排。最后商定，请先生讲中国土地制度史，每周一、周六上午第三、四节课，讲16个学时，四周讲完。这就是上面所说的1978年5月15日请先生给我们讲课的情形。我当时的日记有简单记录：

5月15日，星期一。晴。

上午，听了赵先生"文革"以来的第一次讲课，《中国土地制度史概要》。课讲的非常好，对问题的研究很深，但对我们这些基础差的人来说还是很吃力的。

当时，除了系上给我们正常安排课程外，学生是可以直接请老师上课的。

尤其是那些"文革"中被打入"冷宫"不让上讲台的老师，更是敏锐地意识到"四人帮"的倒台意味着一个新时代的到来。他们再次登上讲台，只是个时间问题。所以愿意给同学们上课，而且分文不取，没有时下这种上课就要拿钱的概念。外语课就是个典型的例子，那是萧质夫老师为我们单开的。萧老师在外文资料室管资料，听说同学们请他开课，十分高兴。多少年来憋足的劲一下子有了施展的地方，渴望着通过课程的教授，给我们打下良好的英语基础。当时，百废待兴，拨乱反正，一些计划外加课，只要同学们安排好时间和教室，老师一请便到，甚至不用经过系上，教材就用英国出版的《Essencial》，没有想到，萧老师给我们开的英语课竟使我受益终身。萧老师是赵先生的崇拜者，也是赵先生家的常客。后来他退了休，再后来他得了半身不遂，再后来他就离开了这个世界。每想及此，令人酸鼻。

赵先生给我们开课，原定一个月时间。但中间有耽误，一是他去省上参加史学座谈会，一是给研究生入学考试阅卷。直到7月3日才结束。"文革"后，第一批招收研究生，各方面都比较重视，先生也十分兴奋。记得他在一次课堂上讲评研究生考卷，对秦晖大加褒扬。我的日记是这样记的：

5月29日，星期一。阴雨。

下了整整一天雨。

上午是赵先生的课，将他看研究生试卷的情况讲给大家，有笑话更有感人之处。广西南宁到云南边境插队的24岁知识青年，左眼失明，右眼是青光眼，仅0.6的视力，白天参加劳动，午休和晚间看书，抓紧一切时间学习思考，他的考卷和学术论文是这次参加考试得分最高的，是第一名。赵先生讲，他的身体不好，但是他是一个有志向的人，他的品德也是高尚的。

还有两则日记，记了当时的听课情况：

7月1日，星期六，晴。

今天赵先生的课讲得好极了！讲得那样透彻，那样深入浅出，将中国土地制度史这样枯燥的课讲得如此生动有趣，太好了！

7月3日，星期一，阴转晴。

赵先生的课今天结束，可我觉得还没有听够，尤其遗憾的是没有时间把他要求看的参考书读完，也就未能把他所讲的课真正消化掉。

先生的课如醇酒，如美宴，既充满智慧，又是一种艺术。同学们如沐春风，如浴甘霖。九十分钟的课瞬间而过。好像时间故意加快了脚步，总不让人听个够。一门"中国土地制度史概要"，所谓农村公社、土地国有、水利工程、专制主义、地租和国税的合一等等这些概念和理论，闻所未闻，十分新鲜。他讲到农村公社是原始社会的次生形态。从公有制到私有制，是一个缓慢而长期的过程，是一个不断从浅化到逐步深化，再由逐步深化到纯粹的过程。在这个过程中，要不断遇到古老共同体的阻挠和中央集权的干预。亚细亚生产方式的五大特征，在中国来看农村公社是骨干性特征。从《夏小正》，从《孟子》，从《周礼》都可证明，上古的井田制不是乌托邦，是原始社会的次生形态，其中充满了公有和私有的二重性。至于水利工程，从大禹治水到井田上的沟洫川浍，主要解决的是排水问题，而不像中亚和次大陆那样解决灌溉问题。至于专制主义和土地国有，那是秦汉以后才典型化的，早先井田制上的那种公田实际上属于贵族所有。有意思的是，这两个特征明显之时，农村公社这一骨干性特征却已消解。至于地租和国税合一，先秦时期基本如此，但也在逐步分离。此外，沿着历史的顺序，他还给我们讲到两汉的土地国有、豪强地主和小农经济、曹魏屯田和西晋占田、北魏拓跋氏均田、唐代的两税法和租庸调、北宋王安石变法、明代一条鞭等等，所有这些都让我们耳目一新。很多名词概念，一些艰深的理论一时没有理解清楚。可先生近两个月的"中国土地制度史概要"，却给我们留下了永生不可磨灭的记忆。先生也感念于此，后来多次提到："'文革'后第一次讲课，是你们请我出台的。"甚至多次忆及并描述过当时对我们的印象。

先生终身服膺马克思，将马克思主义视作灵魂。听过他的课、看过他的文章或者与他接触交谈过，你就会感到：他，才是真正的马克思主义者。他对马恩人格的敬仰，对马恩著作的钻研，对马恩思想的领会，对马恩理论的佩服，都超过了一般的文化人。可有意思的是，历史总是给人以无情的嘲弄，像先生这样一位始终信奉马克思主义的人，却被长期打成右派，而不得不生活在"五类分子"的行列里。也许后人会觉得可笑，可是历史本身就是如此可笑。在先生的学术实践中，他既反对教条主义，又不把马克思主义庸俗化。亚细亚生产方式的研究就是典型的例子。

先生的课形象生动，兴味无穷。同样的话，由他说出来，味道就不一样。如同先生的文章，同样的道理，由他讲出来，就有着不同于常人的韵味。这些都是先生特有的气质性格所使然，别人无法学，也学不来。先生的性格像水晶般澄澈透明，喜怒哀乐一看便知。他既擅长抽象思维，尤擅长形象思维。只要一提起他所经历的某人和某事，他都会淋漓尽致，形象生动地讲述给你。除了个别曾经深深伤害过他的人以外，其中对大多数人的臧否褒贬，并不心存恶意，只是作为一个他所观察到的客观历史加以叙述而已。可能事后，连他自己也不记得了。即令如此，也得罪了不少人，不见容于世。他不阿权贵，不落世俗，总是沉浸在一种高雅清淡和单纯明净的境界之中。偶尔听到一些人口出微言，认为他远离尘世，不谙世事。可我们总认为，假如这个世界上到处都是不偏不倚、圆滑世故的谦谦君子，到处都是工于机巧而善于周旋的人，那该是多么让人悲哀啊！

先生的书法刚劲、雄健而极富个性。每次讲课，他俊美、潇洒的板书，都给人以极美的享受。一次，先生在课堂上告诉大家，要想当好一名教师，至少得具备三个条件：一手好字、一口官话、一表人才。当然，先生自己是不乏这些条件的。我们1981年结婚时，先生赠亲书易安居士《如梦令》条幅。闲暇之余，时常挂起来玩赏。一次，一位国内颇负盛名的北京书法篆刻家，到家作客时见到先生的书法，竟赞赏不已，推崇备至，更让我们珍爱有加。

每次到先生府上，只要有新作，他都要送给我们。而且正正规规题上字，写上让我们伉俪"雅教"、"教正"之类的话，再钤上他的大印。而今我们所收藏的《寄陇居论文集》《中国土地制度史》《顾炎武和王山史》《篱槿堂自叙》《赵俪生自传》《赵俪生史学论著自选集》《赵俪生全集》等，都有先生的题签。其中有两次，最让人难忘。一次是《篱槿堂自叙》，当时，上海古籍出版社刚刚寄来几本样书，当我们去拜访先生时，他手头只剩一本了。就是仅剩的这一本，他还题字送给了我们。时间是1999年11月11日。而这本书的出版时间则是1999年10月。可见，我们是该书最早的读者之一。一次是《赵俪生全集》，那是2003年8月16日，当时先生已是86岁高龄。当我们落座寒暄之后，先生吃力地站起身来，走进里屋，翻腾一阵挑出一套精装本，照例放在书桌上，题上字，盖上印，慢慢地走出里屋送在我们手上。看着这位步履蹒跚的老人一个一个迟缓的动作，我们哽咽而说不出话来。而今，这一本本先生亲笔题赠的大作整齐地摆放在书架上，物是人非，不胜怅然。

先生不嗜烟酒，却好茶，品茶水平不是一般。一次我们俩去看先生，带了四包茶叶，每包二两装。茶叶是陇南一位同学送的，不知道好喝不好喝。因为我们喝茶不讲究，有颜色有味道能提神就行，有时候甚至还喝砖茶（张从河西带来的习惯）。说不上哪里的茶好哪里的茶不好，更不知道甘肃陇南居然还有好茶。此事过后早已遗忘，过了一段时间，突然有电话打到省委党校，又有电话从省委党校打到社科院，说兰州大学赵俪生先生要找郝树声，"有事"。因为党校和社科院原在一个院子，后来又一墙之隔。当时的电话只在单位的主要部门才有，不像现在这样普及。所以，一件小事惊动了不少人。后来才知道，带去的茶叶喝完了，因为极为好喝，先生想再买一点，便打发刚从美国夏威夷回国探亲的四女儿赵结四处奔跑，走了很多家茶店，竟找不到买这种茶叶的地方，所以先生才打电话来问及此事。20世纪80年代末到90年代初的赵先生，声誉正隆，众人仰望。有人知道我们同赵先生关系特殊，竟然也刮目相看。没想到，一个电话还让我们沾了不少光。从此后，我们才知道，陇南的龙井赛西湖，甘肃也有上等的好茶。我们再去看先生，最好的礼物就是弄点陇南的茶带上。到后来，商品经济发展了，陇南的茶铺子遍及兰州，先生想喝陇南茶已不成问题。

赵先生在1987年四五月间去美国交流访学，在美国的活动不是很顺利。4月9日，曾通过哈佛教授Frye，同杨联陞先生通过一个电话，双方都不愉快。4月11日，受Frye邀请，到其家里作客。因其接待礼节问题，也给先生带来些许不快。这些，我们是在他的《篱槿堂自叙》出版后才看到的，早先不知道。可事有凑巧，就在赵先生当年出访结束回国不久，Frye就作为交换学者来中国访问。其间6月30日至7月7日来甘肃，正是我们接待的。Frye（中国名字叫理查德·费耐生），瑞典裔哈佛教授，伊朗学专家。他来中国访问，由中国社会科学院出面接待。而来甘肃，则由甘肃社科院受中国社科院委托对口接待，费用由中国社会科学院承担。而甘肃社科院又把这个任务交给了我们，由我们全程陪同。6月30日，Frye到兰州，同行者还有其夫人Nabby，伊朗人，身体微胖。他们来甘肃，一是提出要去拉卜楞寺，一是要去敦煌。在兰州主要是拜访一些名流和熟人。其中就提出要见赵先生。当时我们再三联系，家里人说赵先生去了青岛，不在兰州，不能赴Frye之约。由赵绲和赵红代表赵先生来见Frye。赵绲是先生的长子，赵红是学外语的，可以同Frye直接对话。这样，就在友谊宾馆进行了礼节性的拜访座谈，还送了礼品。后来看到赵先生的访美日记，我们才知道早在 Frye 来访之前，赵先生就在美国已经同 Frye 有过交往。但至今也没有搞清楚，究竟是先生确实去了青岛，还是故意回避不见。

我们陪 Frye 夫妇 7 月 2 日去拉卜楞寺，当天在夏河住一夜，次日回兰州。其中有一个小插曲，车子经过临夏一个村庄，前面一辆卡车撞了村里的手扶拖拉机，情况并不严重，但机主把拖拉机横在路上，不让别的车通过。一辆接着一辆，被堵的车排成了长龙，谁也说服不了他。我们的车挤在中间，前进不了，也后退不了。时间一小时一小时地过去，车越堵越多，问题却无望解决。我们急得火烧火燎，生怕怠慢了外宾，造成不良影响。只好扔下车子，带着 Frye 和 Nabby 徒步前行，一阵翻山越岭之后，拦了一辆过路的东风大卡车，才把外宾放进驾驶室直送友谊宾馆。路上出了事，心里很不安。可 Frye 和 Nabby 告诉我们：他们在伊朗考察时，这种情况是司空见惯的，不必在意。后来去敦煌，当时只有小飞机，震耳欲聋的马达声简直难以忍受。二位在敦煌，参观得很仔细很兴奋。7 月 7 日深夜，送他们到柳园站坐火车去了乌鲁木齐。那天晚上，给人印象最深的，是戈壁的月色。皎洁的月光映照着千里走廊，深蓝色的天幕下，绿洲和远山显现出清晰的轮廓。四周一片静谧，只有我们的车子飞驰在平坦的柏油马路上。虽然是 7 月的天气，但戈壁的晚风早已驱走了白天的炎热，送来的是惬意和凉爽。那是一首诗，又是一幅画，永远定格在脑海里。不知同车的 Frye 和 Nabby 是否与我们有过同样感受。有意思的是，为了写这篇文章，我们翻箱倒柜，居然找到了当年接待 Frye 先生的账单。8 天时间里，花去接待费 3277.29 元。这个数字，当时可是一笔巨款。由于赵先生去美国，基本上不顺利，留下的都是不愉快。所以 Frye 来甘访学一事，始终未曾在先生面前提起过。后来《篱槿堂自叙》刊出了先生的访美日记。其中所记 1987 年 4 月 9 日与杨联陞先生的电话，引起了网上的讨论。是非曲直，纠缠不清。每每想见于此，就有一种遗憾，为什么先生在世时，没有问一问先生在美国以及 Frye 等人在当时的情况呢？直到逝世，先生或许还不知道我们同 Frye 和 Nabby 有过这样一段交往。

去先生府上，最喜欢听他讲上一代人的故事，最喜欢听他讲老一辈学者的趣闻逸事。那些如雷贯耳、遥不可及的大家们，听先生一讲，就变得血肉丰满而十分鲜活，距离一下子拉近了。直到晚年，先生也十分关注老一辈即他同龄人的情况。如张政烺先生，过去同赵先生交情甚笃，早年曾有笔墨相赠。其中张先生送给赵先生一副篆书对联，是张先生的代表作。赵先生时常展卷把玩，爱不释手。1999年夏日，中国社科院历史研究所谢桂华先生来甘肃考古所释读汉简，其间谈到，张政烺先生卧病多年，后辈学人想为他编一部纪念文集。能否把赵先生手里这副对联借出来收进文集里？他同赵先生素不相识，托别人又怕借不出来。后来请我们帮忙，得以如愿以偿。此后的一段时间里，我们几次去看先生，先生都念及张先生的纪念文集。看得出来，在他心目中，虽是纪念文集，似有评骘一生或盖棺论定的味道，他想知道张先生如何评价自己，如何看待别人或者别人如何评价张先生。所以他对此事显得格外关注。后来谢桂华先生专为赵先生寄来了张政烺先生的纪念文集。文集中全都是后辈学人的学术论文，并没有先生所期待的上述内容。当我们送上张政烺的纪念文集，先生大略翻过之后，脸上露出了一丝失望的表情。张先生身患重病，不能自理。编文集的时候，既不能对自己说些什么，也不能对别人说些什么了。也许，这就是赵先生为之而遗憾的原因！

三十年来，大多数时间是我们到府上拜访先生。但也有例外，先生轻松愉快时，偶有看望大家的时候。1989年4月下旬的一天，赵先生大概八个月没有出门，一直关在家里撰写《日知录》导读。书稿杀青交出版社，心情一片轻松。于是乎，他让人安排车子，带上高先生，约上刘满教授和王劲教授前往十里店一游。一是看看那里春日的景色，二是看看分配在社科院工作的我们二人和党校的杨国祥。4月的省委党校，姹紫嫣红，春光一片。漫步在校园的林荫道上，鸟语盈耳，花香扑鼻，让人心旷神怡。先生和师母同我们一路游赏，一路拍照，留下了不少珍贵照片。

每次见到高先生，总给人以慈母般的感觉。曾有一段时间，奔走于赵先生门下者络绎不绝。为了保障先生的工作和休息，很多拜访者往往被高先生挡驾。可我们每次去，高先生总是亲切地让我们坐下，略事寒暄后，再把赵先生请出来。有时候，她觉得赵先生不便打扰，就索性陪我们多聊一会。一次，我去借《甘肃史稿》，是"文革"前编的，其他地方找不到。而赵先生的这本书又被赵缊看过后不知放到了哪里，一时找不着。整整一个下午，高先生就陪我聊天，问长问短拉家常，还讲了她和赵先生过去的很多事。直到最后把书找着了，我带上书告辞为止。这次来十里店，我们先陪他们逛完了社科院，又逛了党校。高先生的手里一直拉着我们六岁的小儿子，一会儿头上摸摸，一会儿脸上揪揪，爱抚之情溢于言表。只要看过《我与俪生走过的路》，你就能触摸到高师母那种阅尽沧桑的坚韧和博大深沉的爱。

如今，两位老人已先后离我们而去。他们的逝世，使我们心中失去了一片明净亮丽的天空，让我们深感悲痛。再过20天，11月27日，就是赵先生逝世周年忌日。去年的11月1日，愁云惨淡，落叶含悲，我们上华林山同无数前来送行的人一起送走了赵先生，同时，也结束了我们心中的一个时代。告别仪式上，我们给先生送了挽联："一表人才，一口官话，一笔好字，一流文章，春风化雨喜看桃李天下；一身才华，一生勤奋，一腔热血，一世清高，遗世独立足可风范后人"。横批是"高山仰止"。这就是：我们心中的赵俪生。

（原载于《赵俪生先生纪念文集》，甘肃民族出版社，2009年8月）

刘光华教授与西北史地研究

　　刘光华（1935年），陕西汉中西乡县人。1953年7月，以18岁的青春年华由西乡师范学校附设高中部考入兰州大学历史系。四年的学业期满，于1957年毕业后留校任教，至今已60个春秋。他的个人履历十分简单，从上大学到留校，60多年来从未离开过兰州大学。其间虽于1958年下放酒泉边湾农场劳动锻炼一年，1959年兰州大学历史系又被合并到甘肃师范大学历史系，不到两年。但那只是时代变化留下的小插曲，他本人却从未离开过这块赖以耕耘的土地。说他履历简单，仅仅就其从学习到工作60多年中从未离开过兰州大学这一表面现象所作的概括，其实，他的人生道路同样经历了社会和时代的激荡，经历了一个个云卷云舒的风雨岁月。

　　"文革"后恢复职称评定，先生第一批被评为讲师，尔后是副教授、教授。多年来，先后担任过中国古代史教研室副主任、主任、历史系副主任等。退休前一直兼任兰州大学出版社副总编辑、总编辑。1990年获甘肃省园丁奖，1992年获国务院颁发的政府特殊津贴。担任过多届甘肃省历史学会副会长。1995年被聘为甘肃省文史馆馆员，1996年退休。从此不再担任繁重的教学工作。

　　先生从1957年到1996年的四十年里，教书育人，桃李满天下。退休后，他的科研工作并没有停止。相反却集中时间，集中精力，以高昂的热情全身心投入其中，取得了一系列重要成果。他的所有论文，一半是在退休后发表的；他的一些重要著作，如《西北通史》第一卷、《甘肃通史》八卷、《兰州市志·建置区划志》《甘肃建置志》等都是在退休后完成的。直到现在他仍以80多岁高龄，笔耕不辍，时有论文发表。学术生涯长达60年之久。

　　《陇上学人文存·刘光华卷》由于篇幅的限制，只选入先生的15篇论文，其他大部分重要论著无法入选。但我们的介绍不限于这15篇文章，而想对先生的所有成果做一个比较全面、简要的概述。

一、早期的科研实践

1957年，是先生教学科研生涯的开始。当年他发表了3篇论文，《两汉是封建社会》《对"西汉初期的土地问题"的两点意见》《试论西汉初的重农抑商政策》①。前两篇是参加古史分期问题和土地制度问题讨论的论文。当时，古史分期问题、土地制度问题、农民战争问题、资本主义萌芽问题和汉民族形成问题等"五朵金花"是史学研究的前沿课题，几乎所有著名历史学家都以高昂的热情和深厚的学养参与其中。刘光华先生作为一个史学新人能够"躬逢其盛"，参加讨论并发表意见，已是崭露头角。60年后的今天再读这些文章，仍然觉得教泽流布，受益深彻。比如《对"西汉初期的土地问题"的两点意见》，针对有观点认为土地问题是研究三千年中国古代社会的钥匙，秦末农民起义就是由于土地问题所致。先生则认为，秦末农民战争的原因主要是因为秦王朝严酷的政治压迫、经济剥削和老百姓无法承担的繁重徭役。当时"赭衣塞路，囹圄成市"，"田租口赋盐铁之利20倍于古"，再加上征匈奴、修长城、平百越、戍边塞、运粮饷、建宫殿、修陵墓等，常使数百万人挣扎在兵役徭役的苦难之中，这才是秦末农民起义的直接原因。尤为重要的是，他提出"具体问题应根据具体情况来作具体分析，不能以马列主义的一般公式教条式地套在任何一个历史事件上。"这些观点，到今天仍然是不刊之论。另外两篇也是同样，深厚的史学功底和理论秉持，是我们今天的本科毕业生难以望其项背的。诚然，1978年以后，阶级斗争是历史发展的动力以及"五种社会形态"的理论受到质疑，"五朵金花"的问题已不再像当年那样重要。但是作为一个22岁刚刚大学毕业的史学青年，敢于挑战权威，且达到了如此高度，不能不让后辈晚学多所仰慕。尤其重要的是，这三篇文章是先生60年史学耕耘的起点，有其特殊的纪念意义。

---

① 所引论著，因文后附有"刘光华先生论著目录"，故不再注明出处。

二、对西北屯田的研究

1957年之后到1977年的20年，是一个断档。断档的原因众所周知。1957年反右，1958年全民大炼钢铁，1959年到1961年三年自然灾害，接连不断的政治运动和知识分子的思想改造，紧接着就是十年"文革"。这不仅是他个人的命运，也是全国知识分子的共同遭遇，是时代之不幸。真正拿起笔来，重操旧业，已是1978年以后的事了。

纵观先生的教学科研，主要的领域集中在先秦秦汉和西北史地这一时空范围。在专题研究方面，对西北屯田的研究用力最勤。

西北地区是丝绸之路的通道，是国家安全和边防的战略重地。从两汉开始，历朝历代都把西北屯田作为一项长期战略。对西北屯田的研究，不仅具有重要的学术价值，而且还有重要的现实意义。先生从20世纪80年代开始，在参加赵俪生先生主持的"古代西北屯田开发史"的同时，集中对两汉时期的西北屯田进行了深入研究，取得了一系列重要成果。先后发表了《论"徙民实边"不是屯田》《关于汉代屯田的几个问题》《西汉屯田的亩产和经济作用》《西汉边郡屯田的管理系统及其有关问题》《历史上的河陇屯田》等系列文章，并出版了《汉代西北屯田研究》一书。

《论"徙民实边"不是屯田》主要针对学术界把秦汉时期的"徙民实边"笼统地包括在西北边疆的"屯田"之中，忽略了边疆屯田与郡县编民的农耕在本质上的区别。先生认为，屯田的特点，一是专门的农官管理系统；二是屯田士卒的军事编制；三是对屯田戍卒生活实行的供给制。而实边的移民则采取的是郡县乡里的管理制度。他们不仅要承担国家的租赋，还要同内地编民一样服兵役。所不同的是，边地的移民平时从事农耕生产，战时还有保卫边疆，参与打仗的任务。解决了这个问题，对我们全面认识汉代的西北社会，了解其军事的和行政的不同管理系统，认识汉代的社会结构和不同特点具有重要意义。

《关于汉代屯田的几个问题》主要论述了三个方面，一是关于如何理解文献中记载的"将屯"。有学者认为"将屯"就是"将兵屯田"，由此引发了对屯田的诸多不同认识。而先生认为"屯"是驻扎的意思，"将屯"就是带兵驻防的意思，与屯田无关。二是"边郡置农都尉"的问题。先生认为，"边郡置农都尉"管理屯田，是一般常态下的体制。而且边郡所置农都尉的数量，也绝不仅仅是《汉书》中明确记载的两个。但也不可一概而论，当年的赵充国湟中屯田和冯奉世陇西屯田，就是军事将领为解决粮食补给而直接管理的形态。三是两汉屯田的不同特点。先生认为，西汉和东汉都曾实行过屯田，但两者是有区别的。西汉的屯田主要在边疆，而东汉的屯田则发展到了内地。边疆的屯田主要解决戍边将士的粮食问题，对巩固国家的边防具有重要作用。而内地的屯田虽也是为了解决粮食问题，但由于历史背景的不同，内地的屯田则主要支持了统治者对内镇压和割据军阀的势力膨胀。

《西汉屯田的亩产和经济作用》一文根据汉简的记载，计算出当时河西屯田的亩产大概在0.7石左右。而每个屯田戍卒每年屯种34亩土地，则年收获量在24石左右。这样一个收获量，可以基本解决屯田戍卒一年的粮食自给，但不能解决其他的日常费用。尽管如此，对解决屯田戍卒的粮食供应，减轻国家的经济负担和长途转输都具有重要作用。这一观点的揭示，解决了以往在屯田研究中的瓶颈问题。它不仅使长期对屯田研究停留在一般意义上的定性研究推进到精确的定量研究，而且还对历史上的边疆屯田进行全面评估，阐述其社会效益和经济效益，描述边疆地区的军民生活，认知当时农业生产力的发展水平，具有关键作用。《西汉边郡屯田的管理系统及其有关问题》梳理了以往研究中对此问题的九种不同看法，提出了自己的意见。先生认为，边郡的屯田管理体系和西域不同。边郡主要是中央大司农领导下的农都尉。而农都尉之下又逐级设有农令、部农长、农亭长等。西域的屯田则是在西域都护领导下由都尉或校尉等军事将领负责实施，同边郡的体制不一样。

《历史上的河陇屯田》叙述了历代尤其是汉、唐、明各代在河陇地区屯田的不同特点，从宏观上对历朝历代的边疆屯田进行了整体评估。先生指出，屯田是历代王朝所采取的边疆政策之一。曹操评价西汉屯田说，汉武帝"以屯田定西域，此先世之良式也"。屯田的作用绝不限于军事上的寓兵于农，加强和巩固边防，而且对边疆的开发，促进畜牧经济向农耕经济的转型，推广中原先进的农耕技术，兵农结合、以农养兵，缓和长途传输给国家和内地农民带来的负担，保障中西经济文化交流的丝绸之路得以畅通都具有重要的作用。今天的新疆生产建设兵团，或许就取法于历史上西北屯田的范式。

上述系列成果，汇集在《汉代西北屯田研究》一书中。当然，书中的内容更加系统更加丰富。时间上虽然仍然集中在两汉时期，但在空间上除河西、西域和河湟屯田外，还包括朔方屯田、陇西屯田和东汉的汉阳屯田。是两汉西北屯田的全面系统的研究阐述，是这方面研究的力作。

先生对西北屯田的研究，具有很多独创性和开拓性，在近几十年来的西北史研究、边疆史地研究以及丝绸之路研究中占有重要地位。其论文和著作受到学术界广泛关注和高度评价。特别是《汉代西北屯田研究》，被认为是"对两汉在西北屯田进行了比较全面的论述，对两汉的边疆问题和对策，对两汉屯田的特点和作用等问题都提出了自己的看法，是目前研究两汉屯田比较完备的一部著作"。[①]

三、关于西域和丝绸之路的研究

对西域史地和丝绸之路的研究，历来是西北史研究的重点，先生也十分关注这一领域。《张骞与西汉中期的"断匈奴右臂"战略》一文，主要不是研究张骞"凿空"的具体过程，而是研究张骞在两度出使西域后，针对汉朝、匈奴和西域三者的整体态势，为汉武帝制定的"断匈奴右臂"的长远战略在汉武帝及其以后的实施和影响。汉武帝及其以后的昭、宣之世，经过开发河西、争夺车师、攻打楼兰、结盟乌孙等一系列战略措施，打通了横贯欧亚的交通道路，对世界历史的发展影响深远。早在400年前的1620年，英国哲学家弗兰西斯·培根在他的《新工具》一书中就指出：印刷、火药和磁石（指南针），"这三种发明已经在世界范围内把事物的全部面貌和情况都改变了：第一种是在学术方面，第二种是在战事方面，第三种是在航行方面；并由此又引起难以数计的变化来；竟至任何帝国、任何教派、任何星辰对人类事务的力量和影响

①李祖德：《秦汉土地制度探讨》，《中国历史学年鉴（1988 年）》，人民出版社 1988 年版；周天游、孙福喜：《20 世纪的中国秦汉史研究》，《历史研究》2003 年第 2 期；吕一燃、李国强：《近十年中国边疆史地研究》，见《中国历史学年鉴（1991 年）》，三联书店，1991 年版；李清凌：《1980 年以来西北开发史研究》，《中国边疆史地研究》2004 年第 3 期；杨振红、徐歆毅：《改革开放以来的秦汉史研究》，《文史哲》2010 年第 1 期；田澍、何玉红：《西北边疆史地研究的回顾与反思》，《中国边疆史地研究》2011 年第 1 期；黄今言：《近三十年的秦汉史研究》，《秦汉研究》第七辑，陕西人民出版社 2013 年版。

都仿佛无过于这些机械性的发现了。"①而这些改变人类面貌的创造发明，是通过张骞提出的"断匈奴右臂"的战略从而保证了中西交通道路的畅通才得以传播的。文章注重宏观考察，注重历史人物的重要活动对后世的长远影响。认为张骞在汉朝战胜匈奴斗争中的功绩是永垂不朽的。

《段会宗在西域活动的年代背景及其评价》一文，主要考证了段会宗在西域的活动年代及其影响。段会宗是西汉末年汉与西域关系史上的重要人物，他对西域的贡献可与郑吉、常惠等人相比肩。他曾两任西域都护，四次出使乌孙，最后死在任上，在西域各族人民中享有崇高威望。但对段会宗的任职时间、出使年代、具体活动、历史影响等诸多方面还有许多不清楚的地方，此文回答了这些问题。

《东汉窦氏家族与丝绸之路》也是研究丝绸之路人物的。东汉的窦氏家族，从窦融开始就一直处于十分显赫的地位。到明帝初年，窦氏一家"一公，两侯，三公主，四二千石，相与并时"。由于特殊的历史背景和社会地位，窦氏一家不管是早先割据河西还是后来受命朝廷，都对丝绸之路的畅通做出过贡献。窦融占据河西时，其地是内地与西域的联络据点。窦氏建议莎车王"贤父子兄弟相约事汉，款诚又至，宜加号位以镇安之"，是控制西域的重要举措。到了明帝时期，窦融之侄窦固于永平十六年至十七年（73—74年）两度出击匈奴，击败占据哈密和巴里坤的匈奴呼衍王，再置西域都护和戊己校尉，使东汉前期中断了60年的西域交通得以畅通。永元年间（89—105年），窦融之曾孙窦宪权倾一时，曾在永元元年到三年（89—91年）三次出击匈奴，大破北单于，勒石燕然山；重新攻占伊吾卢（今哈密）；大战金微山（阿尔泰山），使北单于远遁。由此朝廷复置西域都护，以班超为都护，居龟兹它乾城（今新疆新和县境）。徐干为长史，屯驻疏勒。使二次中断了的西域交通得以恢复。东汉窦氏家族在公元后的一个世纪里显赫一时，权倾朝野，最后却走上覆灭的道路；但另一方面它在特定历史条件下的重要活动，却也影响了历史的发展。文章对后一方面给以充分肯定，是具体问题具体对待的实践和体现。

《横贯西北的汉代中西交通》一文主要对汉代丝绸之路的行进路线、与汉

---

①培根：《新工具》，商务印书馆"汉译世界学术名著丛书"，1984年10月，第103页。

王朝有关系的西域国家、活跃在丝绸之路上的贸易商团以及通过丝绸之路贸易交流的各种货物，进行了详细叙述。历史已经遥远，人们如何认识当时的丝绸之路？历史学家根据历史材料的记载描绘出当时的情景，为人们提供真实的历史知识。此文的功用即在于此。

《也谈汉代的乌孙——〈关于汉代乌孙的几个问题〉商榷》，对乌孙西迁前的活动居地、汉与乌孙的关系、乌孙的社会性质等诸多问题提出了自己的看法，是一篇讨论性的文章。

四、对河西史地的研究

两汉时期的河西历史十分重要。汉武帝开拓河西，"设四郡，据两关"，架起了中西交通的桥梁，创造了丝绸之路的繁荣，影响了中国历史的走向，影响了人类历史的发展。因而对河西史地的研究，也是先生关注的重要领域。

《敦煌上古历史的几个问题》《敦煌建郡于汉武帝后元元年辩》两文是对敦煌历史的专门研究。前者对"敦煌"所谓"敦，大也；煌，盛也"的浅俗之见进行了驳正，指出"敦煌"一名的由来早于敦煌建郡的时间，当源自当时土著部落名称的汉译；《尚书》中"窜三苗于三危"的三危不在敦煌；《左传》中的瓜州也不是敦煌。这些见解清理了文献中长期以来对敦煌历史的误记和误读以及学术界对此问题的传统看法，对正确认知敦煌的早期历史具有重要价值。而后者则是对敦煌建郡年代的考证。由于《汉书》对河西四郡建郡年代的歧记，河西四郡的设置时间成为史学界长期争论的问题。先生的论文广征博引、详密考证，把敦煌建郡的时间定格在汉武帝后元元年（前88年），得到了学术界的基本认同。

《论东汉敦煌在中原与西域关系中之重要地位》一文，也是一篇讨论敦煌的文章。其实早在西汉时期，敦煌就不仅是一个过往通道，不仅是一个军事战略基地。而且在行政上对西域的管理也有重要作用，比如对伊循屯田的管理，对车师屯田的管理，敦煌太守就可以直接发送公文到上述两地。但是到东汉情况就不同了，西域"三绝三通"，朝廷对西域的管控能力远不及前。正因为如此，敦煌的作用就更显得重要。文中通过对中郎将、河西副校尉、西域副校尉等管理西域的官职设在敦煌的情况，论证了敦煌在东汉时期的特殊地位。

《西汉西北边塞》一文，对汉塞的修筑时间、基本走向和分布地区，汉塞防御体系及驻军系统，相关的烽火制度、天田制度、考课制度等进行了论述，是今人探究汉代西北边塞体系的基本依据。《汉武帝对河西的开发及其意义》，认为河西的开发，为经营西域提供了重要的人力和物力保障。同时迫使匈奴西迁，对欧洲的历史发生了影响。

《建郡后的汉代河西》是一篇通论两汉河西的治理及兴衰的文章。汉武帝时期，设立河西四郡，与同时对辽东和朝鲜半岛的经营相呼应，形成了对匈奴的反包围，具有重要的战略意义；两汉之际，窦融在河西采取的政治、经济、军事措施，保证了河西的繁荣稳定。但是到了东汉后期，河西却走上了衰落。从宏观层次上，对两汉时期的河西进行了长时段的叙述，给人以河西历史发展的整体脉络。

《东汉对关陇地区的统一》也是一篇涉及河西窦融的文章。新莽及东汉初年，天下纷扰，豪杰并起，大小地方势力如雨后春笋般各自为政。河西有窦融、天水有隗嚣、三水有卢芳、陇南巴蜀有公孙述。文中对上述混乱局势的叙述层次井然，脉络有致，在错综复杂的背景中，把全国统一的主线凸显了出来。尤其突出了隗嚣的毁灭和窦融的贡献，突出了地方历史的走向对全国局势的影响，阐明了关陇地区的动向对东汉初年全国统一的影响。可谓事件史研究的典范之作。

五、对汉代骊靬和罗马战俘问题的研究

对汉代骊靬城和罗马战俘问题的研究，是先生最先并长期关注的课题。1989年9月29日《参考消息》报道，根据法新社悉尼9月28日电，一位澳大利亚教师认为，久已消失的罗马军团，结果被发现在中国戈壁滩的边缘。同年12月15日《人民日报》又做了类似的报道，说中澳苏三国史学家在今甘肃永昌发现了西汉安置罗马战俘的骊靬城。1993年7月22日，《新华每日电讯》又做了同样内容的报道，从此之后各大媒体和地方当局大肆炒作，一时间成为中外关系史上的重大历史事件。针对这一问题，先生以一个历史学家的敏锐和

卓识，率先发表了不同意见，先后发表了《西汉骊靬城与罗马战俘无关》《骊靬·大秦·洛阳》《西汉骊靬县与犁靬国无关》《骊靬是西汉安置罗马战俘城商榷》《关于西汉郅支城之战》等系列论文。运用中外历史记载，从不同的侧面，深入反复地论证了骊靬一名和大秦罗马在西汉和东汉不同历史时期的不对应；汉代骊靬县的得名源自于早先游牧此地的匈奴部落名称，而且骊靬县的设置既早于公元前36年的陈汤伐郅支，也早于公元前53年安息波斯和罗马的卡莱尔战役；汉代骊靬县为安置罗马战俘一说，最早出自英国史学家德效骞的附会并已受到学术界的质疑，并不是什么新说。总之，汉代的骊靬因罗马战俘而起是一个伪命题，不能成立。经过历史学界的不断跟进，尤其是汉简材料对骊靬的确切记载，更加证实了先生的判断和结论是不移之论。这一问题的研究回答，不仅廓清了中外历史的千年谜案，而且也体现了先生不从俗、不跟风的人格品质，以一个历史学家的使命、责任和担当，抵制了时下一些地方无中生有编史造史之恶习。

六、对先秦秦汉时期西北民族的研究

西北地区，从远古起就是一个多人种多族群共同聚居的地方，千百年来他们繁衍生息，共同为中华文明的形成和发展做出了贡献。先生的研究也涉及这一领域。其中《先秦时期甘肃的民族》，对秦统一前先后活动于甘肃的十多个民族（其实就是族群和部落）逐一进行了梳理和考证。他们是黄帝部落、周先人、犬戎、嬴秦、翟戎、氐人、乌氏、月氏、大夏、羌人、义渠、戎人等，是深入认识甘肃早期历史的系统知识。秦统一前甘肃究竟有哪些部落和族群？邈远无稽，一片混沌。有的是神话，有的是传说，有的是蛛丝马迹的线索，有的只是一鳞半爪的记载。想要提供一个完整的知识系统，实在是件困难的事。文中钩沉索隐、披沙拣金，把早期分布在甘肃的十多个种群和部落逐一做了清晰的交代，对研究古代的甘肃具有填补空白的价值。

《关于西汉水上游寺洼文化的族属问题》，对寺洼文化的族属进行了探索。认为其族属应该是长期活动于西汉水流域的白马氐人。这一看法的提出，把人们对寺洼文化的认识大大推进了一步，对整体认识甘肃远古文化的分布和族属有重要价值。

《西汉前期西北民族研究》主要研究的是河西、河湟和西域在秦汉之际的民族情况。文章认为，西汉前期即汉武帝出击匈奴以前，长城以南的农耕地区是汉朝的郡县区，长城以北则是匈奴控制区，其中包括河西地区的月氏和乌孙、河湟地区的羌人以及西域三十六国。在这种情况下，汉朝与匈奴和亲的同时，采取徙民实边、入粟塞下、建立牧马苑豢养马匹等一系列经济和边防措施，是一种积极的防御政策。

七、对先周文化和早期秦人的研究

甘肃是先周文化和早期秦人的发源地，对这些问题的关注，对甘肃的地方历史和早期的周秦历史都有重要意义。《有关先秦时期陇东历史的几个问题》指出，对陇东地区先秦时期的农业状况应该给予客观真实的评估，不应过于拔高和夸大。一是因为周先民迁来陇东后周围都是游牧部落的畜牧经济，周人不可能不受周围环境的影响而进行单一的农耕，至多只能是半农半牧；二是因为4000年前的西北地区出现过一个冰期时代，气温普遍下降了3℃到4℃，迫使当时的农耕生产转变为以畜牧业为主的游牧经济。那种把周先民的农业技术和分布范围过分夸大的观点，还需要史料和考古材料的进一步证实。这样的研究充分体现了先生在历史研究中一贯坚持的实事求是的精神。

《嬴秦族及其西迁》是关于秦人早期史的论文。文章认为，秦人的族源属于东夷族，最早活动在河南范县一带（李学勤先生认为秦人最早在山东的活动范围在曲阜一带）。商末周初，其中的一部分西迁陇山以西的西犬丘和秦邑，逐步发展直到秦襄公立国。文中肯定了秦人东来说，也对秦人在甘肃东部的活动范围作了初步探索。礼县秦公大墓的发掘、甘谷毛家坪秦文化遗址的发掘以及清华简的记载，都证实了先生的上述看法。

《秦襄公述论》也是秦人早期史或者说是秦开国史的研究。秦襄公平戎救周，挽救了周王室。平王东迁，开始了历史上的春秋时代。秦襄公被封为诸侯，标志着秦国的建立。近些年来，随着礼县秦公大墓的发掘，对秦人早期历史的研究又成为热门课。但先生此文发表于20世纪80年代初期，文中对秦人从大业开始的早期史、秦襄公平戎救周、护送周平王东迁、襄公对周围戎族的斗争等都有全面论述，对研究和了解秦人早期在西部的活动，具有重要价值。

八、参与地方史志的研究、编写和指导工作

从20世纪80年代中期开始，全国进入了编修地方史志的热潮。一部部省志、市志、县志相继出版问世。至今已进入第三轮修志。从开始到现在的30多年里，先生参加的各类志书的评议、评审和相关会议已无可计数。他跑遍了全省各地，发表了无数的指导意见，为新时期的地方志编纂贡献了自己的学识和才华。不仅如此，他还亲自承担完成了《兰州市志·建置区划志》《甘肃建置志》等大型专志。历史上的建置沿革不断变化，史书的记载或者残缺不全或者混乱歧异，文献的记载与今日的遗迹和现状又多不相符。一大堆的难题需要面对，一个个学术问题需要解决。所以两部建置志的完成，实在是费时费力的心血之作。在全省修志中，由历史学家亲自主编主笔完成的志书，并不多见。所以先生对地方志的编修可谓无私奉献，独此一家。

先生对地方史一些重要的学术问题都有自己的研究心得，有些已经整理成文发表。比如《关于兰州历史上的几个问题》指出，从大地湾一期文化到仰韶文化、齐家文化，都属于农耕文化。但是到了青铜时代，卡约文化、辛店文化和寺洼文化，又进入了畜牧为主的时代。兰州地区的情况也是这样。这不是历史的倒退，是当时自然地理和气候环境所致。要特别引起编史修志的同志们注意。另外，还就兰州地区的几个历史地名问题，作了具体探讨。如战国秦时期的兰州地区不属于陇西郡的辖地，因为秦昭王修长城西起临洮，兰州不在长城之内；秦始皇所建榆中县，只有六七年时间。秦末战乱，匈奴又攻占了原地，直到元朔二年（前127年），兰州的建制才逐步恢复起来，所以，一般说西汉初年兰州地区的行政隶属关系沿袭了秦代制度，这是靠不住的；汉代的媪围在今天的景泰而不在皋兰。《汉晋金城郡允街县方位考》认为《水经注》河水条对允街县位置的叙述有误差，而谭其骧主编《中国历史地图集》第二册将汉代允街县的位置标注在庄浪河（乌亭逆水）的下游也是误标。文中根据三国及十六国时期的建置沿革实际的地貌空间推定，汉晋时期的允街县位置当在

湟水下游，与允吾县隔河相望。再如《〈水经注〉与礼县历史》，对《水经注》中涉及的十多个北魏以前的历史地名进行了考证。总之，这方面的研究，对地方志的编纂和提高其学术价值，都具有实际的指导意义。

九、参与《西北通史》的编写和主编《甘肃通史》

《西北通史》是谷苞先生主编的五卷本大型巨著，是西北地区有史以来第一部通史性著作。刘光华先生除了协助组织以及总理编辑出版事务外，亲自承担完成其中的第一卷先秦两汉部分。为了说明全书的整体价值，我们先从《西北通史》讲起。首先从地理上看，西北地区自古以来不仅是丝绸之路的通道，连接欧亚的桥梁，它还是多民族杂居地区最长的陆路边疆。西北的安危治乱，直接关系到国家的兴衰存亡，因此，历朝历代都十分重视对西北的经营管理。所有这些，都需要历史文化的认知和朝野各界的共识。从学术源头上看，西北史地之学，不自今日始。早在晚清近代之时，面对着强邻环绕和边疆危机，一些有识之士如洪亮吉、徐松、祁韵士、张穆等人就开始关注西北，留下了大量西北史地方面的历史著述。抗战时期，西北史地之学再度兴起，也是经世致用之所需。自古以来辽阔的九州大地，山川地理的不同和民情风俗的差异，形成了各个地区的不同功能。东北有东北的情况，西南有西南的特殊，而西北则有西北的重要。20世纪末，东北已有三部通史，分别是金毓黻在中华人民共和国成立前编写的《东北通史》，薛虹、李树田在1991年出版的《中国东北通史》和李治亭主编的《东北通史》；西南则有方铁主编的《西南通史》。从当时国家发展的整体战略看，1999年中央正式提出了西部大开发的战略决策，西北地区在面积上占了多一半的地块。在这种情况下，编写一部以整个西北地区为叙述对象的《西北通史》，就成了时代的需要、社会各界的期盼和学界义不容辞的责任。

谷苞先生是学界耆宿。早年毕业于清华大学，长期担任学术机关的领导，并在边疆地区从事民族学社会学的田野调查和学术研究。由他牵头并担任《西北通史》的主编，德高望重，实至名归。分卷主编，各司其职，分别在谷苞先生的指导下，完成各卷的任务，也是一种最佳的合作形式。

刘光华先生承担的《西北通史》第一卷先秦两汉部分，上起蓝田猿人，下迄东汉末年，时跨数十万年。地域空间包括今陕、甘、宁、青、新及蒙西部，地形复杂，民族众多，社会的发展不同步，头绪纷繁。书中的有关章节纵然也有其他学人参与完成，但总体水平应该体现的是先生几十年研究西北史地所达到的高度。除了上面在专题研究中介绍的学术成果是先生完成此书的坚实基础外，还有一项特别重要的著述就是1988年出版的《中国古代西北历史资料辑录（一）》，上下两册。按年编排了从远古传说到东汉末年的所有有关西北的历史资料。同样可视为《西北通史》第一卷的早期工作。此书虽然是一部资料性辑录，但其所需学术功力，并不亚于一部专门性著作。其中的剪裁排比，每一项资料的年代确定，纷乱资料的整理归类，歧异错讹的考订研究，决不亚于当年司马光编撰《资治通鉴》的过程。正是由于其中的难度很大，当初约定分段承担的其他部分，都没有了下文。此书的整理出版，不仅为先生后来承担完成《西北通史》第一卷奠定了坚实的资料基础，还方便了同人，惠及后学。

还有一个不为人知的情况，就是谷苞先生当时已年届90，很多编务、协调和通稿、修改的工作，都由刘先生协助完成。该书出版的第二年即2006年，刘先生又参与筹办了"谷苞先生90华诞学术研讨会"，并主编出版了《谷苞先生90华诞纪念文集》。总之，刘光华先生对《西北通史》的贡献，绝不仅仅是完成了第一卷的编写，他对总编谷苞先生的尊敬、爱戴，工作上的主动配合和无私奉献，是人所不知的。

完成了西北通史的编写任务后，先生又主编了八卷本的《甘肃通史》。前七卷出版于2009年，第八卷出版于2013年。全书400多万字。从远古到现当代，截至1984年。甘肃过去有多部《通志》，差可算得上通史性的著作有慕寿祺的《甘宁青史略》，还有此前出版的《甘肃古代史》和《甘肃近代史》。但是贯通古今又各分断代，内容翔实且观点新颖的通史性著作，《甘肃通史》是第一部。先生作为主编，从人员的组织到各卷任务的划分，从大纲细目的制定到具体章节的编写，从编写原则的确定到最后的通稿修改，都付出了艰辛的劳动。《甘肃通史》的出版，被誉为甘肃省文化建设的一座丰碑，得到了省委省政府的高度赞誉，得到了社会各界尤其是学术界的充分肯定。我们以为，作为一个终身研究西北史地和甘肃地方史的历史学家，按照自己的学术观点和知识体系编写一部大型的《甘肃通史》，应该是先生多年的心愿和理想，是其学术造诣的总体呈现。从学术界来讲，先生的出任《甘肃通史》主编，实际反映的是他在陇右史坛的崇高地位。

十、结语

总体上看，先生的研究成果比起当前一些以数量取胜的新锐学者，不能算多。但是，40多篇论文，10多部著作，也不能算少。况且先生的论文，篇篇有卓见甚至都解决一个重大问题。比如他对西北屯田的研究、对骊靬与罗马战俘的研究，对河西和敦煌的研究，对西域和丝绸之路的研究、对秦人早期历史的研究，都有很多真知灼见，是史学研究领域可以传承的一笔可贵财富。

先生治史从教60年，始终紧盯在先秦秦汉和西北史地的时空范围，心无旁骛，咬定青山不放松。先生是新中国培养的马克思主义史学家。但是在具体实践中，从来都是具体问题具体分析，不讲宏大理论，不讲空话和大道理。他是那种把马克思主义活的灵魂渗透到对历史问题的具体分析中而不露痕迹的人。先生的研究，重材料，重史实，重考据，追求历史的客观真实。同当下一些后现代主义的史学观点完全不同，是传统史学方法的典型代表。先生的研究选题，既重政治活动、重要人物和重大事件，也关注经济生活和各民族的历史，但较少日常生活和意识形态方面的选题。先生的研究，还有一个重要的特点，就是十分重视实地考察和考古出土材料的利用。他对一些历史地名的确定，就是历史文献和实地考察的结果。他对周秦文化和寺洼文化的研究，就是对考古材料的充分运用。他对西北屯田和河西史地的研究，则是对历史文献、出土汉简、实地考察和考古材料等多重证据综合运用的结果。先生做学问一如其做人，不急不火，从容淡定。其文风朴实无华，从无虚饰浮夸。既不追求时髦也不抱残守缺。是那种认准自己的方向，勤奋耕耘，从容不迫，稳步前行，只管走自己的路的人。淡泊名利，自然天成，成为甘肃史学界的一面旗帜，垂范后学。

（原载于《陇上学人文存·刘光华卷》，甘肃人民出版社，2016年12月）

居延考察日记

2006年7月27日，星期四，晴，兰州

自从20世纪30年代居延汉简发现后，去额济纳实地考察，已是研究简牍学和秦汉史学者的一种强烈愿望。大漠戈壁，交通不便，使很多人想去居延的想法几乎成了一种奢望。这些年，随着社会的进步和交通条件的改善，去一趟居延已不算困难。张德芳策划了很长时间，想组织大家去额济纳考察，想与更多的学界朋友分享实地考察可能给大家带来的灵感和启发。

准备工作一切就绪。今天在兰州集中，明天出发。

上午，我在家里看材料，关于居延的，做一些准备。张德芳去机场接人。英国伦敦大学的汪涛从云南来，胡平生先生从新疆来，其他几位从北京来。人不多，十几位，安排住宿在宁卧庄。他们是：

邢义田　台湾中研院史语所研究员

汪涛　英国伦敦大学亚非学院教授

乔凌　旅英学者

胡平生　中国文物研究所研究员

王子今　中国人民大学国学院教授

刘华祝　北京大学教授

宋超　《历史研究》杂志社编审

孙家洲　中国人民大学国学院常务副院长、教授

沈卫荣　中国人民大学国学院教授

杨振红　中国社会科学院历史研究所研究员、简帛研究中心副主任

下午，外地学者去考古所座谈并看阅汉简。

晚上，欢迎酒会，在宁卧庄北楼敦煌厅。参加人员除今天刚到的外地学者外，主办单位的领导和工作人员有：苏国庆副厅长兼文物局长、杨惠福所长、王辉副所长、边强书记、张俊民、杨眉、孙占宇和我。去武威出差的廖北远副局长酒宴结束时匆匆赶来，他与王子今是西北大学同学，特地赶来见面并为之送行。还有办公室主任史尔青和几位司机总共20多人。

张德芳主持酒会，向大家一一介绍了各位学者。大多考察队员虽多年研治秦汉史及出土简牍，但未曾到过居延。此次首途，异常兴奋。

苏国庆副厅长、杨惠福所长、边强书记在酒会上讲话致辞，对前来参加考察的各位学者表示欢迎。胡平生先生也发表了热情洋溢的讲话。气氛热烈，融洽愉快。

宴会结束，夜色朦胧。宁卧庄院内大树参天，花香氤氲，微风拂面，凉爽宜人。兰州乃名副其实的避暑胜地，冬天不冷，夏天不热，令外地学者盛赞不已。

7月28日，星期五，晴

从兰州到嘉峪关，途中参观武威文庙、西夏博物馆、雷台汉墓。

今天的行程是从兰州到嘉峪关，中间要在武威停留，看武威博物馆并在那里吃中饭。

晨7点30分到宁卧庄，张俊明、孙占宇、杨眉已到北楼大厅。随后，全体考察队成员乘车到农民巷一家牛肉面馆吃早餐。牛肉面是兰州的特色名吃，在兰州，不论是官方接待还是学者往来都会有这样一个安排。8点30分考察车队从兰州出发。16个人分乘四辆越野车：张德芳、胡平生、杨振红、乔凌坐庞树森的车，孙家洲、沈卫荣和儿子（七八岁，很淘气，很可爱）、张俊民坐卢国华的车，邢义田、汪涛、孙占宇、杨眉坐炳灵寺文保所司机王亨达的车，王子今、宋超、刘华祝和我坐考古所新聘司机马力悦的车。

车队过雁滩大桥，经中川机场上连霍高速，一路向河西。

从兰州到武威270千米。飞速的车子奔驰在夏末秋初的季节里，丰收的田野，葱茏的树木，远处的祁连，近处的农庄……都给人留下欣快的记忆。学者们在一起，古往今来，风趣幽默，在一片欢笑声中很快到了武威。

武威是丝绸之路上的重镇，自汉武帝开拓四郡以来，历朝历代都在这里留下了丰富的遗存，凡治中国史者，都对其有着记忆深处的解读，倍感亲切。

武威博物馆设在文庙里，是一处明代的古老建筑。一进大院，迎面而来的就是张挂在大殿前廊的名人匾额，足有数十块之多，大多是明清及民国以来一些名流时贤的题作。记载了文庙的历史，也记载了时人对这块文化圣地的称扬。此外，博物馆给人印象最深的是大量的碑刻和地方文物。博物馆门前，另有西夏博物馆，近几年新建的。馆中的镇馆之宝是著名的西夏碑。它是现存唯一的、保存最为完整、西夏文与汉文对照文字最多的一座石碑，其学术价值堪与大英博物馆所藏埃及罗塞塔碑相媲美。看完博物馆，再到雷台汉墓，中国旅游标志铜奔马的出土地。古城武威，文物荟萃，蜚声海内外，《仪礼简》《王杖十简》《王杖诏书册》和《武威医简》就出自此地。

参观结束，在农家乐吃过中午饭。1点30分离开武威，一路经永昌、山丹、高台、张掖、酒泉，7点到达嘉峪关，全天行程近800千米。住嘉峪关宾馆。

晚饭后，王子今为首的一帮好酒者继续喝酒，我和胡先生、乔凌一起出来观览嘉峪关市的夜景。嘉峪关市以嘉峪关命名，以20世纪酒泉钢铁公司的建设为契机，已经发展成了一座新兴的戈壁城市。文化广场上，三三两两的市民正在户外活动；人群集中处，放映露天电影《地道战》，还是黑白拷贝，过去的老片子。熟悉的情景，让人想起过去在工厂工作时就是这样看电影，很觉温馨。同行者中有人提议去看看夜间的嘉峪关关城。开车过去，只见巍峨的城楼隐没在夜色中，四周一片沉寂。只好略作停留即返回宾馆。

今日行途中，听华祝兄讲，67岁的北大副校长何芳川，因白血病不治于7月18日辞世，甚为震惊！其父何兹全先生是史学界前辈，白发人送黑发人，其悲何堪！想2001年6月，以政治局委员兼社科院院长的李铁映同志邀集20多位全国的历史学名家，在敦煌召开"21世纪历史学科重大前沿问题研讨会"，我因东道单位得以叨陪末座。当时的何先生还是较年轻者之一。他性格开朗，风趣幽默。记得一次茶饮间，他模仿毛主席在开国大典上宣布"中华人民共和国成立了"，其浏阳口音和因当时录音设备差而产生音质失真的颤音惟妙惟肖，令在场所有人捧腹大笑。他身体健康，充满活力，当时与会，负有照顾北大史学前辈田余庆先生之责，以晚辈身份扶持左右。会议结束后，我还几次联系，因学科建设事请他帮过忙。而今，天地两隔，不胜唏嘘。

7月29日，星期六，晴

从嘉峪关到额济纳旗，参观嘉峪关城楼，路过金塔县考察肩水金关遗址、地湾遗址和大湾遗址，经东风航天城到达来呼布镇。

今天的行程是从嘉峪关到额济纳旗所在地达来呼布镇。全程近380千米。其间要看嘉峪关城楼，参观大湾、地湾、肩水金关，还要穿过东风航天城。

早晨7点起床，7点半吃早餐。中午在野外就餐，要带上一些黄瓜、西红柿、鸡蛋、咸菜、大饼之类以作午餐。昨天未能做好准备，临时派人上街去买，花了一个多小时。

嘉峪关是举世闻名的万里长城西端险要关隘，也是明长城保存最完整的一座关城。关城建于明洪武五年（1372年），至今已有600余年，总占地约3.35万平方米。嘉峪关城雄踞祁连山与黑山之间，地势险要，扼守咽喉，被誉为"天下第一雄关"。

考察队中的邢义田先生第一次来嘉峪关，他一边拍照，一边对城楼的建筑规模、设计水准以及保护现状赞叹不已。记得2004年6月，汪涛在伦敦举办"英国国家图书馆所藏斯坦因发现未刊简牍学术研讨会"，邢先生因故未能成行，但他提交的论文就是研究这批简牍中几枚明代巡逻士卒的"亦集乃"腰牌以及其时在额济纳一带活动的元蒙势力。如今实地考察，定对明代嘉峪关与额济纳之间的关系有更深切的认识。

看过嘉峪关城楼和下面的长城博物馆，沈卫荣和小家伙告别大家回兰州。他因一个月后要与史金波先生在居延召集一个"居延生态史"的学术研讨会，所以此次的河西之行就此结束。考察队由原来的16人减少到14人。

9点多，车队朝酒泉、金塔方向东北行。今天的金塔县隶属酒泉市，面积约2万平方千米，海拔在1100—1400米，有人口14万多。但在两汉，金塔和额济纳是连成一片的。今天的黑河，源出祁连山后东北经张掖再西北流经临泽、高台，在金塔境内会北大河而流入额济纳，最后汇入居延海，全长800多千米。下游今称额济纳河。古代，此河称弱水，会羌谷水、呼蚕水而进入流沙。《禹贡》中有"导弱水，至于合黎，余波入于流沙"的记载。汉武帝开拓河西后，分段建筑边塞。从令居到酒泉、从酒泉到敦煌、再从敦煌到罗布泊，这是东西防线。还有一条就是沿额济纳河从张掖修到居延，全长500多千米，是从张掖伸向东北的防线。《史记》《汉书》中所谓"使强弩都尉路博德筑居延泽上"，说的就是此事，时在太初三年（前102年）。

中午，在县城吃中饭，文化局长招待。饭后继续前进，东北经鼎新镇、双城镇，下午3点，看金关、地湾和大湾遗址。

金关的全称叫肩水金关，汉简中如此记载，是汉代的名称。地理位置是东经99°55'45.60"，北纬40°35'19.20"（西北角），地处额济纳河东岸不远处。在汉代，这里是河西走廊出入居延地区的必经之地，和玉门关和阳关的功能相仿，凡是南来北往的行人、车辆都要在此经过出入关检查。1930年，中瑞西北科学考察团的贝格曼在此挖出汉简850多枚。1971—1973年，甘肃的文博部门又在这里发掘汉简11000多枚，同甲渠候官遗址两地是出土汉简最多的地方。现在的肩水金关遗址已成名副其实的废墟。远远看去，只是一个不大的土包。只有到了跟前，才可看出其旧时规制，关城关门和东西一段城墙隐约可辨。甘肃省人民政府在旁边立了省级文物保护单位的石碑，但"甘肃省"三字被人凿掉，据说是由于边界纠纷所致。甘肃的金塔县和内蒙古的额济纳旗都分别认为，该地盘以及地上地下的文物应归自己管辖，所以甘肃方面立了石碑，对方就有意把它凿掉。看过后令人啼笑皆非。

从金关遗址徒步往南490多米，就是地湾。贝格曼标号A33，是当时肩水候官的驻地。根据汉简的记载，当年的肩水都尉下辖三个候官，肩水候官是其一。其他两个是广地和橐他。每个候官分管一段候官塞，负责本辖区的军事防御及日常候望。他们的秩级比六百石。按当时大县县令秩千石，小县县长秩六百石，而这些比六百石的候官即相当于今天的"县团级"副职。此处障城犹在，风吹雨打千百年仍然卓然屹立，是戈壁荒漠中一处主要景观。走近察看，障城下面早已倒塌的坞院，当年戍卒们住过的土房，尚可依稀辨认。20世纪30年代，贝格曼在这里发掘汉简2000多枚。1986年，甘肃文博部门再次发掘，掘得汉简700多枚。现在来到遗址面前，每个人弯着腰四处搜寻，期待还能有什么奇迹让自己经历一番。

看完地湾遗址，向西南9千米车程，就是大湾遗址。此处西距额济纳河

200米，东距干涸的古河道2.4千米。地理坐标东经99°50'56"，北纬40°31'59"。1914年斯坦因曾到过此地，编号T48d。1930年，贝格曼在此近30个地点挖出汉简1500余枚，纪年简集中在汉昭帝始元元年（前86年）至平帝元始二年（2年）。此城南北350米，东西250米，规模宏廓，结构严谨，是当年肩水都尉的衙门。后世曾扩建利用，延续了很长时间。今天虽断墙残壁，但8米高的城墙仍然十分壮观。站在城头极目远眺，蜿蜒的额济纳河把完整的戈壁切开两块，额河两岸一座座烽隧遥遥相望，日夜坚守，似乎在等待历史学家们前来为它们评功摆好，诠释自己曾经的价值。

下午5点多，继续赶路。中间要穿过东风航天城，属于军事管制区。来自台湾中研院的邢义田先生和来自伦敦大学的汪涛先生，按规定不能通过，只好兵分两路。邢、汪二位原路退回金塔，等第二天再绕道赴额济纳。其余人员穿过管制区继续前进。

进入航天城，进出都要检查，身份证收起来一个一个登记，仅此一项就耽误很长时间。出了航天城，时已7点多。落日余晖下，车子颠簸在空旷无人的戈壁上。

旗文管所策仁扣所长接到电话，早在6点多就为我们安排了晚饭在那里等候。可道路多年失修，车速只能放慢。等我们到了达来呼布镇，已经夜幕深沉，繁星满天。

在"居延餐厅"，文化局李局长和策仁扣所长为大家接风，还有后来接任所长的那仁巴图。羊肉美酒驱走了考察队一天的疲劳，宾主如久别的朋友，离不开的话题是居延的汉简和千年古迹。

晚上住额济纳天龙宾馆。

7月30日，星期日，晴

全天在额济纳旗，考察A1殄北候官遗址、塔王府、东居延海、策克口岸。

早餐后8点，考察队的第一站是达来呼布镇北面30千米处的殄北候官遗址。

我坐在策所长和那仁巴图的向导车上，一则使马师傅车上减少一人，可以松动宽敞些；二则因策所长、巴图和司机那森，三位都是额旗人，他们熟知当地历史地理、民俗掌故，可以更多地知道当地的情况。额济纳旗位于内蒙古自治区最西端，北与蒙古国交界，有国境线514千米。全旗11.46万平方千米的国土面积，大多是沙漠戈壁，冲积平原约占20%。

黑河水进入额旗后分流为19条支流，南8条，北11条。因南有8条支流，故有八道桥。车队从达来呼布镇出发过二道桥、三道桥、四道桥、五道桥，过五道桥后拐下柏油路进入农区，这里过去曾是知青农场，被称为一连、二连、三连、四连、五连、六连、七连、八连。区内见到种植的居延蜜瓜、棉花，还有大片野生的苦豆、麻黄、苁蓉等当地的特产，由于水源关系、过度的放牧与农耕，更有大片死去的沙蒿、红柳、胡杨，原来仅胡杨林就有45万亩，现在也在逐步缩小。为了保护生态环境，目前已经禁牧，并且做了移民安排，全旗的牧民可依年龄拿到相应的养老保险。

在车上，我们的话题较多。额旗根据本地历史文化资源丰厚、自然地理景观独特和生态环境脆弱的现状，提出了旅游富旗的发展战略。与之相关的是在文化方面，他们正在准备将整个古代居延地区申报世界遗产，同时做好大遗址的保护，并建立简牍博物馆。在经济发展方面，农业耕作和过度放牧对土地沙化的影响太大，只能是退耕还林、退牧还草，恢复生态环境。此外，黑河水的用水主要由黑河流域管理局负责。上游用水过多，就影响下游的生态。多年来额旗与张掖之间一直有用水之争。近年来我曾随甘肃省的调研组去过张掖，作为河西最大的绿洲正是由于有黑河水的滋养才有"金张掖"之称。由于对黑河用水的限制，影响了当地的生产发展和生态环境，干部群众也有意见。可是目睹下游额旗大片枯死红柳、胡杨和沙化的土地，真是感到双方应该共同协商，在积极倡导并实践节水理念的基础上，合理用水，恢复和保护生态，发展经济。

谈到金塔境内的文物遗址保护碑的破坏，他们也都表示这样的做法不好。事实上，额旗与甘肃酒泉地区的文物工作者都保持着正常的往来关系。由于内蒙古土地辽阔，位于最西端的额旗居民日常生活用品、水果蔬菜等多方面的供给，大多取之于近邻甘肃的河西走廊，以至于其物价都与之息息相关。在民间，两地的居民都保持着友好往来。就策所长等人而言，并没有强烈的民族情绪，本来曾在近30年的时间里就隶属甘肃，现在隶属内蒙古也还是在中国，没有什么太大的区别。

殄北塞是汉代居延地区军事防御体系中最北部的一道屏障，位于弱水河（即黑河）尾闾的苏泊淖尔（又称索果淖尔）之南、古居延泽之西、居延塞东北、弱水河下游两条支流纳林河和穆林河之间的戈壁上。准确的地理位置是东经101°14'04"，北纬42°09'07"。1930年贝格曼在A1障城发现汉简50枚。《居延汉简甲乙编》附录的"额济纳河流域城障烽隧述要"推定此障为殄北候官治所，其根据一是此地所出简牍有"（殄）北候簿"和"居延殄北塞"；二是障南15千米原瓦因托尼所出简牍多属殄北候官，而此障较之瓦因托尼更适合做候官治所；三是候名"殄北"，与此障地望相当。

这里，起伏连绵的沙丘像小山一样，因地处河流下游，生态植被尚好，一个个沙丘之间有红柳、胡杨及其他沙生植物分布其间。原来的遗址已被高大的沙丘所掩埋，只有登上沙丘顶端，才能看出其略为裸露的城墙。考察人员上上下下寻找自己的关注点，想象当年边防将士在这里的驻守情况。大家惊喜地发现，沙丘南面一堆形状各异的石头，每个个体如羊头般大小。汉简中有"羊头石五百"的记载，是当年布放在城上的防守武器，敌人在登城时，可用羊头石击打。遗址旁边有保护单位的石碑，每个人都在此留下了自己的身影。

考察结束，返回住地。路过参观了土尔扈特第12代王爷的王府。旗文管所在此办公。300年前，游牧在伏尔加河流域的土尔扈特部因不满沙俄的压迫，毅然率部东归。康熙四十三年（1704年），清政府封阿拉布珠尔为固山贝子，赐牧党色尔腾。雍正九年（1731年）获准内徙，定牧于额济纳河流域。乾隆十八年（1753年）设置"额济纳旧土尔扈特特别旗"，授札萨克印，直属理藩院。1930年贝格曼在此发掘时，曾与王府保持良好的关系。

午饭后要等另一路赶来的邢义田、汪涛二先生。直到下午3点，他们才赶到。听说受了不少颠簸之苦。他们所走的路线，多年道路失修，近些年运煤车辆超重，路基大都压垮。再加上遇到少见的大雨，路上积水不知深浅，几乎出了危险。

下午要去的地方是东居延海和策克口岸。

居延海也是一个古老的所在。《禹贡》所谓"导弱水，至于合黎，余波入于流沙"的流沙，就指居延海。"流沙"指的不是"沙"而是"水"。居延海是典型的游移湖，最早的居延泽和今天的居延海，已经不是一个概念。最早的居延泽是今天的天鹅湖，位置在东经101°34'42"，北纬42°00'28"。汉魏时期叫"居延泽"，唐以后才称"居延海"。郦道元的《水经注》、李泰的《括地志》都有记载。元蒙时分为亦集乃、哈班哈巴儿、塔剌失三海子，清以后分为现在的东、西居延海。东居延海蒙语叫索果淖尔，西居延海蒙语称嘎顺淖尔，两湖相距30千米。嘎顺淖尔水质苦涩，不便利用。而索果淖尔则水质较好，养殖灌溉均可。据有关材料的记载，1958年测得西居延海面积267平方千米，水深2米，蓄水量5.34亿立方米。东居延海面积35平方千米，水深2米，蓄水量0.7亿立方米。20世纪80年代水量锐减，到90年代几尽干涸。后来引起朱镕基总理的重视，对黑河流域的用水进行了重新分配。不管上游情况如何，都要保证对额济纳旗的供水，到现在为止东居延海已有36平方千米的水域。我们到达时，最醒目的标志就是树立在湖边的10个红色大字，"小小居延海，连着中南海"。水色碧蓝，有轻雾缭绕。远处对岸的朦胧里，有三五骆驼饮水的剪影。水鸟翻飞，燕子从水面掠过。岸边的芦苇一片葱茏，清新的气息扑面而来。千年风采，今日得睹其容颜，大家的思绪穿梭在历史的走廊里，搜索着居延泽古往今来的变迁。

居延海北面不远处，有一处高地，高地上有石块砌成的敖包，叫宝日敖包。敖包周围栽了木杆，拉了铁丝，铁丝上挂满了各色彩旗在随风飘扬，老远即可望见。看过居延海后，随那仁巴图祭敖包。每人捡一块石头放在敖包上，然后从左向右转三圈。蒙古同胞的习俗，大概是祈求神灵的保佑。

看完了居延海，驱车北行，赴策克口岸。口岸距额旗驻地77千米，与蒙古国南戈壁省西伯库伦口岸相对应，对外辐射蒙古国南戈壁、巴音洪格尔、戈壁阿勒泰、前杭盖、后杭盖五个畜产品、矿产品富集的省区，是蒙和陕、甘、宁、青五省区通往蒙古的共用口岸，也是内蒙古第三大口岸。记得曾去河西地区几家大型国企考察了解到，为使本地区的资源利用可持续发展，尽可能利用国外资源，购买国外的煤、铁矿石等，就是用专用铁路从这个口岸进出货物的。车队向口岸行进时，我注意到沿公路走向有一条铁路，双轨之间的距离要比普通的民用铁路窄一些。

口岸的建筑十分雄伟，很远处即能看到展翅雄鹰的建筑设计。等我们车队赶到时，已是下班时间。那仁巴图电话联系后得以放行。出了国门几十米就是两国的界碑，界碑前后数米处，大概是一段缓冲地。大家心生好奇，四处张望。

围拢在界碑前，集体合照完了又是单照，都把自己的身影留在了国境线上。

界碑前极目北望，除了不远处一片低矮的建筑外，四野戈壁，空旷无垠。大漠孤烟直，长河落日圆，真乃此时此景也。

照完了相，再入国门。有人风趣地说："真是不枉此行，顺便出趟国，领略了国外风情。"

回返的路上可谓风云变幻。先是晚霞余晖洒落在胡杨林上，车子穿行其间有一种画中游的审美观感。其后不久，一片黄色天幕从西北天际蔓延而来，霎时间黄风四起，飞沙走石，车队只能停在路上，等待风势过去。风过之后，一阵大雨，又是戈壁难见的甘霖。车队在雨中返回，到了驻地，已经9点多。

吃过晚饭，11点多。

7月31日，星期一，晴

全天在额济纳旗，考察K789大同城、K799黑城、绿城及附近墓葬、P9卅井候官、K822大方城、A24小方城等古代遗址。

今天是考察内容最丰富的一天，在外奔波近20个小时。

8点从天龙宾馆出发，先南行14千米过漫水桥（当地又称鄂可河）到东岸，再由东南进入文管所保护区。周围用铁丝网围起，一辆报废的旧车厢是景区的办公室。一位看管景区的小伙子跳下车厢为我们开门，让车队开入保护区。

驱车东行，车窗的北面是怪树林，即大片死去的胡杨树，东倒西歪、神态各异，看上去犹似童话般的世界。据说，胡杨是树木中起源最早的类群，被称为植物的"活化石"，一棵胡杨的主根，可以穿越地层一百多米，"生而千年不死，死而千年不倒，倒而千年不朽"。看到这些千年的枯木，可以想象当年的繁茂。

从车窗的南面，可以远望到贝格曼标号的F84，即红城遗址。考察队再往东南行，先到大同城，遗址碑文：北周宇文邕建城，历经唐宋元。贝格曼标此城为K789，在红城与黑城之间，地理坐标是东经101°06'15"，北纬41°47'29"（障城中心）。东南距黑城4千米。城址南北长164米，东西宽210米，夯土版筑。但是我们看到的大同城遗址，西北部已是一个敞开的缺口，北墙和西墙的北部已被河水冲没并变成了河床。东西两面的瓮城，清晰可辨。正中有一障城，长宽各75米左右。1972年甘肃省文博部门调查时认为："根据城障的建筑结构和夯层中内涵遗物判断，外城的建筑时代可能与黑城相当，障可能建于汉代。"（《汉简研究文集》第80页）

看完大同城，时已9点半。驱车东南4千米，即到了著名的黑城遗址。

黑城遗址，贝格曼标号K799。西北距达来呼布镇约25千米。西北角佛塔的坐标是东经101°08'27"，北纬41°45'58"。此城规模宏大，布局严整。此城南墙长431米，北墙长439米，东西墙各长371米，不是严格意义上的正方形，周长1612米。千百年风蚀，四周城墙仍有10多米高。此地可能自汉代已有建筑，但大规模建城当在9世纪的西夏，是西夏十二军司黑山威福军司驻地。元时设亦集乃总管府并将此城扩建。现在城内建筑如网格般清晰可辨。东西两面有城门并有瓮城。东面的城门偏北，西面的城门偏南。西北角城墙有覆钵式佛塔，13米高。城外西南角有穆斯林拱北一处。此城废弃于明初，至今已700多年。据说马可·波罗东游时，曾到过此地。20世纪初，外人柯兹洛夫、斯坦因、华尔纳等都先于贝格曼来黑城挖宝，运走了大量黑城文书。现在的黑城仍然壮观迷人，充满着神秘。大家在城里面搜寻，在城墙上瞭望，如影随形的是一种无法触摸也难以形容的辽阔和深邃。

离开黑城，再去绿城，东南行20千米。这里一些重要地名多以颜色命名，有黑城、有红城、有绿城，还有白城（温都格）。大概在青色的戈壁上，只有绚丽的颜色才给人以鲜明的记忆。

绿城是一座混合型遗址，从汉晋到西夏各朝代的遗址遗物都有大量发现。城址是椭圆形的，据他们介绍，有12万平方米。除有西夏的建筑、庙址和土塔外，还有汉晋墓葬和各时期居住、屯田遗址。地面上还可捡到夹砂粗红陶和红底黑彩的彩陶片。周围地势平旷，有干河床绕城而过，远处大片土地曾在过去的年代里都是农耕的适宜之地。

在绿城北面3千米处，策所长带我们参观了一座被盗后又发掘的墓葬。洞口朝天，有台阶进入地下。进到墓室，我感觉从墓穴的形制来看，类似嘉峪关魏晋时期的券顶。两进的墓室，被盗后再正式发掘，仅有几只陶罐。

看完绿城，时近中午。策仁扣所长率车队开到戈壁深处一户人家。在夏日伏天的高温下走了几十千米，除了戈壁、沙丘、烽隧、城址，还有河道的芦苇、蒿草和远处影影绰绰的胡杨，就是没有看到一户人家。现在到了戈壁人家，低矮的土房如同戈壁的沙包一样朴实，院子里除了一口大锅一样的电视天线外，居然还扎了一顶帐篷。院外是木棒立柱后用铁丝围起来的围栏。有圈骆驼的围栏，也有圈羊的围栏。围栏的大门是敞开的。骆驼们在围栏里卧的卧，站的站，悠闲自在。外面有一口人工自动汲水的水井。大家下车后有的进屋子，有的进帐篷，有的跑到围栏里摸摸骆驼照照相，有的在水井边抽水给小羊喝，都有一种异样的喜悦。

住户是策所长的亲戚，也是这一带的义务文保员，名字叫卫东。

中饭是我们自备的，有馒头、鸡蛋、香肠、榨菜、西红柿、黄瓜、西瓜等等。品种虽然简单，但戈壁上大口吃西瓜的那种感觉，别处是无法体验的。吃完中饭，余下的东西集中起来留给了主人。大家余兴未尽，还要在周围走走看看。

离开卫东家，车队朝东南方向的卅井塞开去。卅井塞，也就是在居延泽南端的博罗松治，贝格曼标号p9。博罗松治蒙语"赭色的烽火台"，或名"保尔全吉"，蒙语"有颜色的土堆"，是居延地区最东端的一处候官驻地，位于博罗松治（保兰全吉）草原中部约30米高的土台地上，最高处坐标是东经101°22'26"，北纬41°32'39"。从博罗松治向西南到A22瓦因托尼，有60千米的防线，30多个烽台，是汉代卅井塞，即卅井候官的管辖范围。原来的地表要比现在的地面高得多，由于长期的风蚀，周围地表陆续下降，显得卅井塞候官驻地犹如坐落在一个小山包上，格外高大。1930年4月17日，贝格曼发现的第一枚汉简就是在这里出土的。后来继续发掘，得汉简350多枚。纪年简介于西汉昭帝至东汉光武帝建武初年（前72—27年）一百年左右。出土的封检，都属于"卅井官""卅井候官"。我们到达博罗松治，正是伏天的午后，42℃以上的气温，烤得人无处躲避。

看完博罗松治，车队往西南走，下午5点多，到大方城。直线距离有75千米。此地贝格曼标号K822，坐标东经100°34'02"，北纬41°14'55"。时代较晚，在宋、元时期。

大方城南走20多千米，下午6点半，到达小方城（贝氏标A24），此地南距肩水金关遗址70千米。斯坦因来过此地，断为广地候官治所。其辖地北起A22布肯托尼，南至A27查科尔贴。障城在离河边不远的一处较低的圆丘上，坐标是东经100° 23'30"，北纬41° 06'07"。障城16米见方，门在南墙。小方城边，有一家叫满达的蒙古住户。周边种有棉花、玉米等农作物。农田之外的大量滩地和沙漠，长满了红柳和各种野草。红柳上紫红色的小花挂满枝头，远看起来一簇一簇的红柳戴着紫红色的伞盖点缀在夕阳照射下的蒿草之中，美极了。

考察结束，天色已晚，要返回达来呼布镇，还有120千米的路程，其中两辆车已经没油了。正在焦急之中，满达告诉我们，他家有油，可解燃眉之急。于是，车开到达满地头上的红柳丛中，主人为我们装满了油箱。

戈壁的日落较晚，8点半以后才慢慢进入地平线。从早到晚看了很多遗址，虽然疲倦，但收获很大。回返的路上，每个人都沉浸在收获的喜悦中。10点钟回到住地，吃完饭已经12点。

本来在饭店定好的晚饭，临时改在了街边的小店外面。张德芳的目的是让大家一边欣赏边塞的夜景，一边品尝额旗的地方风味。酒是随车带着的，好酒的同志们可以开怀畅饮，一抒情怀。居延的七夕之夜，繁星满天，银河灿烂。织女星和牛郎星隔河相望，格外明亮。地面上，白天的炎热已完全消退，微风习习，令人爽快。

2006年8月1日，星期二，晴

全天在额济纳旗，考察K688雅布赖城、K710居延城、K749温都格、五个塔、F84红城、A8破城子以及T16烽隧等遗址。

今天考察雅布赖城、居延城、白城、红城和甲渠候官遗址。8点早饭，9点出发。

在去雅布赖城的途中，参观了一座经过维修的西夏塔，塔上有盗洞。

由于原定的路线被水漫过，听文管所司机那森的意见，绕道而行。11点20分到雅布赖城，即贝格曼标号K688。雅布赖，蒙语意思是一种类似雅丹地貌的地方，在达来呼布镇以东16千米的戈壁上（直线距离是12千米）。陈梦家先生认为，这就是汉代的遮虏障。南墙坐标是东经101°11'48"，北纬41°54'31"。据1972年甘肃省文物部门调查时丈量的资料，此城南北130米，东西127米。我们所能看到的情况是城里城外都被流沙淤积，城墙大部也被流沙掩埋。《汉书·地理志》师古注曰"阙駰云武帝使伏波将军路博德筑遮虏障于居延城"，当指此地。屈指算来，从公元前102年到现在，此城已有2100多年的历史。现在的雅布赖城，几道断墙残壁外，都是长满红柳的沙包。人们穿行在红柳沙包之间的沟壑中，有一种遮天蔽日的感觉。

看完雅布赖城，东南行10千米，12点多到被指为居延都尉府的K710。该城的地理坐标是东经101°17'00"，北纬41°52'40"（西北角）。城下有"居延都尉府遗址"的保护标志，亦属全国重点文物保护单位。城的规模东墙长129米，西墙长121米，南墙长124米，北墙长119米，周长在750米左右。城内地面被风力剥蚀，比原地面低了将近半米。零散的房屋基础裸露在外面，残砖、陶片和石磨盘散布其间。考察队人员分散在城里，观察、拍照、测方位，有的埋头寻找，期望有新的发现和意外收获。华祝先生竟然找到了三枚玛瑙珠，两枚是黄色，一枚是蓝色，三枚均在中间有孔，显然是当时人们的饰物，他顺手送给我一枚黑石头，有一面很平滑，可以刻章。就在要上车的时候，我在脚边发现一枚骨刻（或者是象牙）的核形六棱珠，中心打洞可以穿线，汉代的饰物。贝格曼认为此城是汉代居延。但甘肃文物部门于1972年调查时认为："这次调查中看到的K710城，仅仅是一个孤城，它的周围数十里的范围内不见任何防御和通讯传递设施，与它所管辖的殄北塞、甲渠塞、卅井塞都相距甚远，一个统帅指挥这一地区军事行动的首脑机关，而远离它的下层机构而独立存在，这在当时交通工具极端落后的情况下，而又处在北部边塞要地，不合乎军事设施这一要求。"（《汉简研究文集》第83页）那么这里究竟是不是居延城，即居延都尉府的驻地？还需要进一步研究。

看完K710，汽车又从东往西行，约10千米车程，于下午2点钟绕回雅布赖城南部的白城。此城蒙语叫温都格城，意即像鸡蛋一样的沙包。贝格曼标号K749南距黑城10千米。该城只有东北两面城墙，分别是47米和39米长，有56米之高。地面有灰色绳纹陶片。

汽车西南行，最后的目的地是A8甲渠候官遗址。从温都格到甲渠候官20千米路程，中间有五个塔和红城子两处遗址。

五个塔是西夏建筑。西夏时倡导佛教，建塔之风盛行。据说每座塔底有一洞穴，穴内放满10厘米高的小泥佛"擦擦"。"擦擦"以黄泥用"擦擦范"压制而成，玲珑逼真。打碎"擦擦"，里面有一张用西夏文写的小纸条。教徒死后，生者把死者的骨灰掺进黄泥中，制成"擦擦"置于佛塔中，以求转世和因果报应，纸条上写着死者的姓名。走近观察，这几座塔都是土坯修砌，没有见到"擦擦"。一塔与二塔、三塔、四塔排成一条直线。还有一座并列的双塔，其中一座已坍塌。最南一塔的坐标是东经101°06'38″，北纬41°49'52″。

离开五个塔西南行，下午3点左右到红城遗址，昨天路过，只是远望一眼。今天才在考察的线上。贝格曼标号F84其实是一个很小的障城，22米×22米。但城墙尚有7米多高，有拔地而起、独处塞上的感觉。城障因靠近路边，用铁丝围起来。城前原来的标志碑已打碎，又重新立了一通。建城用土坯垒砌明显，用所带尺子量了土坯的尺寸：18厘米×38厘米×14厘米，每三层土坯加一层芦苇。

下午3点半，车队再次回到怪树林景区大门旁边的报废车厢旁边。大家避在车厢后面的阴凉处吃午饭。饭是随车备好的，还和昨天一样的品种。就着西瓜吃馒头，胜过城市的大餐，格外香甜。

4点20分，到今天考察的最后一站，甲渠候官遗址。这里贝格曼标号A8，当地人称"破城子"。此地离红城子7千米，北距达来呼布镇24千米。贝格曼在1930年至1931年调查时，在坞东与东南约15—20米处试掘第一、第二两个地点，在坞内试掘第三、第四两个地点，出土器物1230件，有木、竹、铁、陶、铜、角、葫芦、料器和织物、五铢钱，还发现一支较完整的竹管毛笔（长17.6厘米，直径0.6厘米）。出土汉简5221枚和两件帛书，年代为汉武帝末至东汉光武帝初。根据汉简记载，此遗址为甲渠候官治所。1974年甘肃居延考古队在此进行发掘，出土汉简8000多枚，遗物881件。报告称："根据遗址和出土简牍综合分析，甲渠候官的遗址创建，至迟不晚于武帝末年。昭、宣时期，屯戍活动兴盛，曾大量建筑障塞，可能在此时奠定了现存的规模。""连续的屯戍活动至东汉建武八年（32年）后半年停止。此后仅有零星的活动，特别是在东汉章、和帝时期。"我不曾涉及于此，不知是不是确论。

现在的A8遗址已经过多次发掘。在北面远看只是一个土包，但土包南侧是一个剖面，每间房屋的半壁土墙还裸露在外面。坞院的正方形基址清晰可辨，院内的基本布局也看得出来。这里是大宗居延汉简的出土地，30000多枚居延汉简中，有14000多枚出土于此，所以大家对这里尤为感兴趣。每间房屋、每道墙基甚至每个细节似乎都透露着丰富的内容，足以让人凝神思考。

返回时南绕6千米，依次看了T14、T15、T16烽隧。1999年和2002年，内蒙古考古所曾先后三次发掘了T7、T9、T14、T16、T17、T18、T116等多个地点，出土汉简500多枚。从甲渠候官遗址到南边的T16烽隧有6千米路程，中间有T14和T15，平均每个烽隧间隔2千米。经过清理后的T16烽隧，生动地显现出当时值守戍卒的工作、生活状况。烽隧北进口有一个小仓室，用于储备粮物，右转向西两间房并列，一为卧室，一为办公间，环墙有火墙及烟熏的痕迹。在办公间有炉灶，在卧室开有烟囱。站在烽隧上可以看见南侧两条隆起的天田遗迹，宽度有9米。

回到宾馆，下午6点多。晚上，旗文化局长设宴欢送大家。席间他介绍了旗内的全面情况，考察团成员也发表了感言，都是关于感谢和收获的话。那仁巴图给大家献上了深沉悠扬的蒙古族歌曲，令人陶醉。

酒席尾声，我提前离开去广场上看看。明天要告别，想最后再看看达来呼布镇的市容街貌。广场上的人，有的在跳健身舞，有的在看露天电影，神态祥和，悠闲自在。到奇石一条街的店里看奇石，贵的30多万元一件，说是1.8亿年的树化石。便宜的也有几百元的沙漠玫瑰，大多是从蒙古国进来的。孙占宇和王亨达来找我，回天龙宾馆。又和子今、汪涛等人到附近的古玩店看了那里的古物。汪涛买了一串元代以前的饰珠，很漂亮，还买了一枚残破的铁印，上面有"山石日月"的字样，共付1500元人民币。一枚银制的押胜钱有文字，子今感兴趣，摹了下来。

12点回宾馆休息。明天要离开额旗，去银川。

2006年8月2日，星期三，晴

从额济纳到银川，行程750多千米。

返回的路线，没有选择再走酒泉回兰州，而是直接去银川。一是避免邢先生和汪涛绕过东风基地的那种麻烦，二是还希望在行进途中和驻足银川时会有新的观览。

7点30分早饭，8点钟离开宾馆。策仁扣所长来送行，与大家一一握别。在额旗3天的考察中，他对文物专业的热爱以及为人的热情诚笃，给我们留下了深刻印象。

车队迎着朝阳，在312省道上一路东行。车行45千米后，路上有去天鹅湖的标志，大概在312省道以南5千米左右的地方。上面说过，现在的天鹅湖才是最早的居延泽。由于河水改道，居延泽游移后潴积为现在的东西居延海，即苏泊淖尔和嘎顺淖尔。古老的居延泽只剩下一小块水面，后人改称天鹅湖。

穿过达来呼布镇的绿洲，随即进入了广阔无垠的戈壁。柏油路一马平川像一条黑线伸向远方，既少车辆，更无行人，只有我们的几辆车飞驰在天地之间。远处的小山时隐时现，戈壁的不同地貌交替从车窗掠过。

戈壁南边是巴丹吉林沙漠和腾格里沙漠，前者东西绵延270多千米，从酒泉东北部一直延伸到张掖、金昌的北部。后者从民勤、阿拉善右旗到宁夏。我曾有机会去民勤和古浪考察生态变化。给我的印象是生态恶化和荒漠化现象不自今日始。有些地方的明长城和汉长城南北相距数千米甚至十多千米，这不完全是汉明两朝防御体系的变化，也是沙线南移的结果。沙进人退，明代的边墙只好沿着沙线南移。所以，此处的长城功能不仅是一道军事防线，同时也是一道生态防线。现在，巴丹吉林沙漠和腾格里沙漠眼看就要握手，石羊河和黑河下游的生态保护面临着严峻的考验。

车子穿过荒漠戈壁和低山残丘，四个多小时，行进370多千米来到阿拉善左旗的乌力吉镇。小镇处在一个丁字路口，东西仍是S312，岔出一条S218。路旁是低矮的建筑和稀疏的住户。有加油站，有饭馆。中饭很简单，找到一家比较干净的小餐馆，每人一碗刀削面，速战速决。

12点40分从乌力吉镇出发，拐上S218省道。此路一直延伸到贺兰山南嘴的头关，一出山口即进入宁夏境内。3个多小时后，汽车路过阿左旗。经环城公路西面出城，临近出城时再做短暂休息。大家下车舒舒筋骨，吃点西瓜，继续前进。从阿左旗到银川，还有110千米。

贺兰山是天然屏障，是大自然的造化，山前山后把游牧民和农耕民分成两个不同的世界。只要站在贺兰山口一望，宁夏盆地那诱人的景色，顿时让人心旷神怡。历史上多少游牧部落曾经铁骑千里，呼啸而来，在这里饮马黄河，一洗征尘。党项祖先李继迁就是看准了这块风水宝地建立了西夏王国。我们行程数千里，始终也未走出他当年的势力范围。

太阳西落时，绕过贺兰山进入银川，远处最引人注目的就是气势宏伟的西夏王陵。车队先到西部开发区，宁夏考古所所长罗丰来接。虽是宁夏考古界一方诸侯，又是大家的朋友。接到张德芳电话，知道王子今一行及邢义田、汪涛等人来银川，很是高兴。晚上偕考古所书记和副所长一干人马盛宴款待。觥筹交错，畅叙感怀，面赤耳热，其乐融融。

2006年8月3日，星期四，晴

在银川，参观考古所、区博物馆、西夏王陵博物馆及贺兰山岩画，考察结束回兰州。

晨7点30分宾馆自助早餐。8点多，罗丰所长带领大家参观考古所和自治区的博物馆。考古所和博物馆同在承天寺塔下一个院里办公。先到考古所会议室看他们近年来出版的著作。有自己需要的，把书目记下来，罗丰所长慷慨奉送并分别寄给大家。

到自治区博物馆参观，主要是"宁夏最新考古发掘展"。我一边参观一边匆匆记下了主要内容：半截子山汉墓及出土器物；九龙山墓群发掘，含有汉、隋、唐、明、清等不同朝代的文化内涵；石河堡新石器遗址、发掘物；固原南原汗、北朝、隋唐墓发掘；红古城遗址发掘；开城元代至明初的遗址发掘；北苑社区古墓群发掘，其内涵包括汉至元、明时期的标物与石碑。内容丰富，只可惜时间太少，不能尽意。

要去看贺兰山岩画，我坐的车子钥匙掉进车厢里，耽误一会儿功夫。我只好一个人坐卢师傅的车直接去西夏王陵博物馆。事先打了招呼，马馆长十分热情，亲自陪同介绍。博物馆1997年修建，1998年开展，有九间展厅。第二厅是西夏疆域的沙盘，二十万分之一的比例，60平方米。西夏王朝历时约200年，其疆域曾包括现在陕北、内蒙古西部、宁夏、甘肃大部、青海省东部和新疆东部，三分天下有其一。

西夏王陵是全国文保单位，位于银川西郊的贺兰山东麓，距市区35千米。陵区面积53平方千米，有九座王陵布列和250多座王公贵戚陪葬墓，规模与河南巩县宋陵和北京十三陵相当。陵区有九陵：太祖继迁裕陵，太宗德明嘉陵，景宗元昊泰陵，毅宗谅祚安陵，惠宗秉常献陵，崇宗乾顺显陵，仁宗仁孝寿陵，桓宗纯祐庄陵，襄宗安全康陵。其中仅七号墓为五代仁宗仁孝寿陵，其余陵主都不明确。有说葬制同宋陵左昭右穆排列，还有待证明。

西夏是11世纪初以党项族为主建立的王朝。源自6—7世纪从青藏高原迁到陕北、陇东的羌族的一支。到唐朝末年，首领拓跋思恭协助唐王朝镇压黄巢起义有功，接受唐僖宗赐姓李，封夏国公，据银、夏、绥、宥、静五州之地，未称国而王其土。北宋时，雄踞西北，到1038年李元昊称帝即位时，已经是"东尽黄河，西界玉门，南接萧关，北控大漠，地方万余里"。内地83万平方千米，先后与宋、辽、金鼎足而立。190年后即1227年，被蒙古灭亡。

中午1点钟，罗丰安排我们到贺兰山石岭口一家石头山庄（农家乐清真餐厅）吃午饭。饭菜真是久违了的农家口味，新鲜可口，淡香味久。真得感谢罗丰的周到细致。

饭后参观贺兰山岩画。这里的岩画过去只是耳闻，今天得以亲见。岩画雕刻在大小不等的石头上，形象各异，线条古拙。有的七人联臂舞蹈，有的巫师在求神，还有太阳神人面像、蛙形人面像（据说距今已有5000年至7000年）。我不懂岩画，只是借助这些岩画把思绪伸向遥远的年代。岩画的作者们以游牧为主，羊群是生活资料的主要来源；他们充满了对天地自然的崇拜，和天地山川等大自然融为一体；他们信仰诚笃，由巫师引导他们向神灵对话；他们能歌善舞，充满了对生活的热爱；他们热爱集体，人际关系简单，部落内充满了信赖和互助；他们向往艺术，愿意表达，想把自己的生活记录留之久远……

沿着岩画的走廊，在充足的阳光照射下清纯的山泉淙淙而来。王子今干脆甩掉拖鞋，把双脚浸在泉水里，领略着山泉带来的凉快。

下午，全程考察即将结束，北京来的同志要赶飞机。看完贺兰山岩画，直接驱车至河东机场，时已3点45分。送胡平生、王子今、孙家洲、宋超、刘华祝、杨振红、乔凌等七人到达机场后，告别罗丰、邢义田、汪涛三位（邢、汪二位还要在宁夏活动），于下午5点左右空车回兰州。

6点，在中宁加油，进县城吃饭。饭后沿银兰高速飞车南还，晚11点到家。

（原载于《居延敦煌汉简出土遗址实地考察论文集》张德芳，孙家洲主编，上海古籍出版社，2012年12月）

辑四

建言献策

从历史角度看甘肃在西北开发中的特殊地位

甘肃地区东西横跨1000多千米，它不仅幅员辽阔，资源丰富，有着巨大的开发潜力，而且省内省外错居着十多个少数民族，对甘肃的开发有着辐射、带动、影响、促进少数民族地区经济发展的作用。从军事战略眼光看，甘肃还有拱卫关中、翼护宁青、襟带新疆的作用。因而在西北开发中与其他四省相比，甘肃的开发尤显重要。

开发西北不自今日始，汉、唐、清末和民国都曾掀起过开发西北的高潮，虽然由于历史条件的不同，无论是封建社会的汉唐盛世还是半封建、半殖民地的清王朝和国民党统治时期，就其国际国内环境和中央、地方政府的开发宗旨、开发战略、开发措施都不能和今天的开发相提并论，但他们都毕竟对西北地区的经济发展带来过不同程度的推动，而且留下了不少可资借鉴的东西。通过认真研究，我们可以正确定位甘肃开发在整个西北开发中所占的位置。

一、开发甘肃的政治意义

从历史上看，对甘肃的开发，其意义远不在经济发展的本身，更重要的还在政治方面。首先，它是中央王朝对西部地区进行有效统治的物质基础。其次，它又是维护祖国大一统局面的必要条件。最后，它还是带动宁夏青海新疆等地的中心环节。

在中国几千年的漫长历史时期，秦王朝第一个统一了全国，但是西不过临洮，黄河以西尚不在版图之中。只有到汉武帝时，才把河西纳入统治范围，在河西地区陆续设置郡县乡里，派官移民，使今天的甘肃全境以及青海、宁夏的若干地区纳入有效的行政管理。而且邮亭列布，驿置相望，使中央政令在西北地区得以畅通。

研究表明，汉王朝之所以能够在西北地区实行有效统治，重要原因就在于它重视了对甘肃地区（当时称凉州刺史部）尤其是河西地区的经济开发。孳养畜牧，垦辟土地，兴修水利，整治道路，首先使其经济发展到一定程度，然后才在此基础上，设置郡县，增派官吏。元狩四年（前119年），汉朝在对匈奴的战争取得决定性胜利之后，"渡河自朔方（今河套地区）以西至令居（今永登），往往通渠，置田官吏卒五六万人稍蚕食，地接匈奴以北。"[1]这是最早汉朝在今永登一带兴修水利、派驻田官吏卒从事生产的记载。元鼎中（前116年至前111年），"初置张掖、酒泉郡，而上郡、朔方、西河、河西开田官，斥塞卒六十万人戍田之"[2]，这是把田官系统推进到河西的记载。有人估计，此次塞卒60万，派往河西的人数至少有20万。到太初三年（前102年），"武帝益发戍田卒十八万酒泉、张掖北，置居延、休屠以卫酒泉"[3]。不到20年间，三次大规模向河西派出戍田卒40多万，可以看出西汉王朝对河西的开发力度和决心。

西汉王朝开发西北的措施首先是军事屯垦，解决粮食。当时的河西五郡（包括金城郡）、安定（今宁夏平凉一带）、北地（今庆阳一带）都有大小不等的屯田区。河西大多数县一级行政单位，都是在屯田区的基础上设置的。屯田开发在前，设置县乡在后，几乎是一条规律。先由戍卒进行军事屯垦，把荒地垦为熟田，然后陆续设县移民，把行政系统推及于此。因此，甘肃的开发，最早为中央王朝对西北地区的行政管理奠定了基础。

另外，对甘肃地区的经济开发，在维护祖国大一统局面方面的重要作用，历史上也有很多典型的事例。新疆地区远在西汉时期就归入我国版图，成为我国不可分割的部分。而新疆的归属祖国，其先决条件就在于对甘肃的开发和巩固。由于西汉王朝十分重视对甘肃的开发，使黄河以西由早先单纯的畜牧经济过渡到农牧并举的阶段，形成了一片片绿洲农垦地带，进而与西域地区最早的屯田区连接起来，为西汉王朝进军新疆，驱逐匈奴，设置都护府对36国（后来分为50余国）进行管理提供了有力的物质、交通和军事保障。"欲斥西域，必固河陇"是不言自明的道理。西汉宣帝时能够正式设置西域都护府作为中央王朝对西域的最高行政管理机关，这与当时甘肃的经济发展到"人民炽盛，牛马布野，数世无烽火之警"的状况有直接关系。唐朝前期，祖国西北疆域更加辽阔，河陇地区在当时维护大一统局面中的作用更加重要。"是时中国强盛，自安远门西尽唐境万二千里，闾阎相望，桑麻翳野，天下称富庶者无如陇右。"[4]唐朝在天山以北设北庭都护府，在天山以南设安西都护府，统治范围远达中亚地区。这种情况下，河陇地区的经济发展对于控驭上述地区的作用就显得十分重要。

再从历史行政管理体系看，甘肃地区对西北其他地区也具有特殊作用。西汉的凉州刺史部不仅统辖今天的甘肃全境，而且还统辖今天宁夏、青海的大部或一部。东汉时期，就连设在西域柳中（今吐鲁番地区）的西域长史，也要受敦煌太守的节制，而且很多对西域的管理行为也是通过敦煌太守实施的。唐朝的陇右节度使和河西节度使管理的范围，几乎包括今天的整个西北。即使到了清代，宁夏、青海西宁地区也都统属甘肃管理。甚至新疆在未建省前，有人也提出由甘肃代管的主张。这种特殊的管理体制不能不说明甘肃在西北各省的地位。

二、甘肃的发展对西北地区军事国防的重要性

甘肃由于特殊的地理位置，在历史时期大多处于边疆地带。凡是国家强盛时期，重视了对甘肃的经济发展，加大投入和开发力度，军事国防就有雄厚的经济依托，边疆就巩固；相反，国家衰弱时期，放松或忽视了对甘肃的支持，甘肃的经济就萎缩，西北边疆就动乱，周边的割据政权就侵扰。西汉前期，匈奴是西北劲敌，汉朝统治者只好卑辞厚礼，以子女玉帛讨好匈奴，但仍侵扰不已，边疆不得安宁。文景时期，采取发展西北经济的措施，徙民实边，入粟塞下，鼓励养马，经过70年的大力发展，才使汉武帝有了击退匈奴、拓土开疆的成就。汉武帝以后，西北防线由令居而西，经过河西走廊一直延伸到罗布泊。在漫长的边防线上，不仅修筑了类似秦始皇万里长城的汉塞，城障烽燧相属，形成牢固的防御设施，而且派驻大量军队，驻扎在西北边防。当时军队粮食供应就是头等重大的事。换句话说，没有农业的发展，没有足够的粮食，就意味着军队不能维持，边防无法巩固。如果从内地调动，路途遥远，交

通不便，"三十钟而致一石"，根本无此可能。唯一的办法就是政府投入大量牛具籽种，一方面让戍守军队屯田，另一方面发展郡县管辖下的农民的生产。汉王朝扎扎实实推行这些措施，收到良好效果。史书记载：当时的河西，"地广民稀，水草宜畜牧，故凉州之畜为天下饶。保边塞，二千石治之，咸以兵马为务；酒礼之会，上下通焉，吏民相亲。是以其俗风雨时节，谷籴常贱，少盗贼，有和气之应，贤于内郡"[5]，一派物阜民丰，政通人和的景象。相反，东汉的情况就不同于前朝。东汉初期，光武帝放弃了西域，后来虽然三绝三通，但经营西域的力度远不如西汉。致使对甘肃的开发和经营也一度松弛。东汉后期，羌人起事，边疆不能巩固，只好把凉州一些郡县内迁，人民流离失所。一度时期，还甚至有人提出放弃凉州的主张。只因一些有识之士的极力反对，才使放弃凉州的主张未能实行。

唐朝是我国封建社会的鼎盛时期。这种"鼎盛"的一个重要方面就反映在甘肃地区以雄厚的物质基础支持了大批的军队驻防，而军队的驻防又保卫了这种"鼎盛"。唐代前期，全国边军数有49万多人，驻扎在西北的就有25万之多，占全国总数的一半。当时的河西节度使统辖8军3守捉，有兵7.3万人；陇右节度使统辖10军3守捉，有兵7.5万人，总共驻扎在河陇地区的边军近15万，近乎全国边军的1/3。驻扎如此众多的军队，没有强有力的经济保障是不行的。唐政府除了十分重视州县的生产发展外，还十分重视军队的屯垦生产。当时天下屯田总共992屯，其中河西道154屯，陇右道172屯，河陇地区总共326屯。以每屯50顷计算，河陇两道屯田共16300顷。占全国屯田数目的32.8％。武后时期，娄师德曾两度以宰相身份先后兼领"陇右诸军大使，检校河西营田事"和"河、兰、鄯、廓等州检校营田大使"之职。以宰相之重，兼领河、陇地区的营田事务，可见唐政府对河陇屯垦的重视。当时全国屯收190万石，而关内、河西、陇右3道就达126万石。也就是说，西北屯田收入占全部屯田收入的66%。当时每年全国粮食收入是1980余万斛，而屯田收入每年是191万石。则屯田收入占全国正租收入的1/10；而西北屯田的收入又为全国正租收入的6%强。唐代诗人元稹有诗曰："吾闻昔日西凉州，人烟扑地桑柘稠"[6]。就是河陇经济发展的写照。正是由于经济上的繁荣，为军队的驻防提供了有力的保障，才有了唐代前期那些著名战将的军事胜利。他们才力挫吐蕃，守住了河湟地区。

相反，安史之乱后，唐朝国运衰微，甘肃经济的发展已不像前期那样受到重视，随着大批军队东调，吐蕃势力东侵，河陇地区落入吐蕃。将近100年里，由于放弃了河陇，唐政府不得不随时受到西北周边政权的侵袭，民无宁日，国无宁日。清260多年间，甘肃也是西北重要的军事基地。当年，清政府平定天山以北的准噶尔叛乱、平定天山以南的回部叛乱以及进兵西藏和平定青海的和硕特罗卜藏丹津叛乱，甘肃不仅派兵参战，也是重要的后方供给基地之一。这些叛乱大多与俄、英帝国主义勾结，平定叛乱，是维护祖国统一的需要。

一般说，甘肃地区由于特殊的军事地位，客观上决定了必须加大力度开发甘肃，才能适应军事国防的需要。如果经济不能相应发展，物质空虚，一旦边事一起，中央就只能竭内地之财富以救西北之阽危。近代左宗棠收复新疆，虽在甘肃采取了一系列财政措施，包括整顿田赋，改革盐务和茶务，举办厘金、捐输，整理币制等，但都不能解决西征经费的1/10。十几年中清政府要求东南各省每年须解往甘肃协饷820万两，此外，左氏还五次向洋人借款共1300万两，有人统计，左氏西征经费大约在一万万两以上，绝大部分是中央调拨的各省协饷。这说明，从军事上讲，如果甘肃经济不能发展，一旦边疆有急，中央的投入就可能是加倍的。

三、大力开发甘肃，具有维护民族团结的重要意义

历史上，不仅甘肃本土居住着大量汉族和少数民族，而且甘肃周邻地区也大多是少数民族的聚居区。秦汉时期，西北地区较为强大的民族有匈奴和羌人；魏晋南北朝时期有所谓"五胡乱华"的五胡，即匈奴、鲜卑、羌、氐、羯；隋唐时期有突厥、吐蕃、吐谷浑以及回纥；两宋时期有党项、吐蕃等；明清时期有蒙古各部。这些民族经过长期的发展，今天大多已成为中华民族大家庭的成员。但在历史上，他们与中央王朝的关系，在各个时期是各不相同的。他们时顺时反，时战时和，与中央王朝构成了复杂的民族关系。甘肃地处汉族和少数民族的错居带和接壤带，对中央王朝与周邻民族的关系好坏起着重要的作用。

首先，中央王朝强大之时，甘肃地区的经济社会也出现一定的繁荣，与

西北周边民族的关系也就和睦友好。通过经济文化的交流，还能影响、辐射、带动周边民族社会经济的发展，周边民族对中央王朝向心力和凝聚力就强。反之，则不能。

西汉时期，慑于汉王朝大规模出兵河西的声威，河西匈奴十数万人主动归降，汉政府在甘肃等地设属国都尉妥善安置，使归降匈奴成为汉王朝的臣民。唐朝前期，由于河陇地区的发展和巩固，加上唐王朝正确的民族政策，远嫁文成公主，与雄踞青藏高原的吐蕃结成甥舅之好，保持了相当一段的友好关系。清初康乾盛世之际，甘肃的经济也得到恢复和发展，不仅漠南喀尔喀蒙古归顺清朝，而且远在西北的厄鲁特蒙古也与清王朝保持了较长时期的贡使关系。汉族和少数民族关市贸易，互通有无，促进了各自的经济发展。

其次，历史还告诉我们，甘肃地区和周邻少数民族的经济一旦不能协调发展，甚至甘肃地区的经济萎缩，周邻地区的势力抬头，一些上层分子就尾大不掉，常有"凭陵中国之志[7]"。

东晋16国时期，东晋王朝偏安一隅，北方各族迅速崛起，甘肃就成了各独立政权的必争之地。当时河陇地区出现过五凉、西秦、仇池等七个割据政权，前赵、后赵、前秦、后秦也分别统治过河陇的全部或一部。淝水大战前，前凉张氏政权以黄河为界先后与北方的前赵、后赵、前秦形成对峙。淝水大战后，北方割据势力最多时达到九个。河陇地区山河破碎，人自争雄。最纷乱的年代曾被四凉和二秦六个政权同时分割（如400—403年）。后凉灭亡后，匈奴赫连氏的大夏兴起于鄂尔多斯，陇东成为其势力范围，河陇一带仍保持了六国并存的局面。从301年张轨出镇河西到439年北魏统一北方，二赵三秦四燕五凉和夏、魏等16国，除四燕未曾涉足河陇外，其他12个政权（西南成汉和武都仇池不与）均先后统治过河陇的全部和一部。这一时期是河陇地区最纷乱、民族关系最复杂的时期。12个政权中，唯前凉和西凉是汉人政权，其他都属少数民族政权。当时的五胡：匈奴、鲜卑、羯、氐、羌都曾在这块土地上角逐和展示过自己。

隋唐以后，虽然中国再度走向统一，但其后直到近世的1000多年里，甘肃地区在联结西北各民族的关系方面，这些规律性特色并没有消失。尤其是清代以来，天山以北准噶尔叛乱，天山以南回部的多次叛乱以及青海罗卜藏丹津的叛乱，大都与周边坐大而甘肃的衰弱有关系。

四、甘肃开发与中西交通的关系

在海上交通尚未畅达之前，甘肃是中西陆路交通的主要通道。历史上，不管是大一统时期，还是分裂割据时期，都很重视甘肃在中西交通中的地位。国家统一时，注重甘肃的发展，保障中西交通的畅通，就会给国家带来繁荣；国家分裂时，中西交通就以甘肃为起点，为割据政权带来利益。

西汉时，"使者相望于道，一岁中多至十余辈"[8]。除了官方使者外，商贸情况是"驰令走驿，不绝于时月；胡商贩客，日款于塞下"[9]，这是第一个大一统局面下丝绸之路的盛况。16国时期，控扼丝路贸易的主要是前凉、前秦、后凉和北凉。所不同的是，过去中原统一时，这里只是途经之地，作为地方郡县，更多的是负责提供来往商旅的粮草食宿。而其时，他们独霸一方，按照自己的意愿和好恶直接同各国使节打交道。前凉在高昌设立戊己校尉，在罗布泊西北的海头设立西域长史，既扼西域南、北、中三道之咽喉，又可控制各国动静。北凉、西凉时期，西域和外国商人多以敦煌、张掖、武威为贸易终点，在这里把带来的商品卖出，买进中原的商品带回西方。

隋唐是丝绸之路最辉煌，因而也是河陇地区最繁荣的时期。隋朝时河西地区仍为大部分中亚商人的终点贸易站，特别是张掖，西域客人与中原商人云集于此，交易十分活跃。隋炀帝特派吏部侍郎裴矩到张掖招徕胡商，总管贸易。唐朝时，大批胡商因丝绸贸易客居河西，相应地促进河西丝绸及瓷器、珍宝、药材的交易。胡商还对粮食、驼马等提出需求，一时之间，河西贸易十分活跃。凉、甘、肃、沙四州形成了当时的商贸中心。河陇 33 州，凉州最为大镇。突厥、回纥、大食、波斯等国商人，在此居住不少。玄奘西行此地说："凉州为河西都会，襟带西蕃、葱右诸国，商旅往来，无有停绝。"甘州，河西第二大城市。不仅大批胡商专程来张掖贸易，而且还有很多胡商定居此地。另外，张掖因优越的农业生产条件，还是河西最重要的粮食贸易中心。肃州，是出产美玉的地方，也是河西交通枢纽和商贸中心之一。

宋代以后，海上交通虽兴盛起来，但历史时期形成的这条陆路交通并没有中断，它在宋、元、明三朝仍然是联结中西各国的陆上纽带。北宋统一中原，河西地区被西夏割据，但是阿拉伯商人却分别于1017年、1019年和1023年途经西夏占据的河西到达开封。1074—1091年间，东罗马帝国曾三次派使者和商队通过西域和河陇到达北宋。此外，北宋还始终与西北各族人民保持着绢马和茶马贸易。北宋初年，熙州（临洮）、河州、安定（定西）、巩昌（陇西）、岷州、洮州、兰州等地设立榷场，"以通蕃汉贸易"。政府在陇西古渭寨设市易司，年收入以十万贯计。岁用茶万驮，易马万五千匹，绍圣中又增至二万匹。南宋时金人南侵，互市榷场南移到文州、阶州，茶马互市仍未间断。当时，拥有河、鄯、廓、洮、渭、岷、宕等州的唃厮罗政权，在长达百年的统治中也极力争夺丝路贸易的控制权，他们利用河西地区丝路被西夏控制，许多商人改道青海湖以北经柴达木的有利时机，大力发展贸易，使青唐城（今西宁）成为东西交通的枢纽。各族商人络绎于道，首尾相望，趋往青唐与中原商贾相贸易，增强了经济实力，唃厮罗得以富强。

元朝初年，蒙古势力西侵，西域、中亚乃至欧洲一些地区都在蒙古的势力范围之内。为了运兵打仗，传送军情，从中原到欧亚许多重要地区，驿站四通八达，使者商人往来不绝。到了明代，通过陆路交通与中国进行贸易的还有：意大利人、西班牙人、波斯人、土耳其人、中亚的撒马尔罕人、塔什干人。至于我国西域如哈密、吐鲁番、于阗、别失八里等地人更是络绎不绝。到明代中期，明朝政府规定，凡从陆路来中国经商的外国人，只允许少部分入京，而大部分则须留在甘州、肃州及凉州等地就地交易。这就使河西地区愈显重要。

总之，历代政权凡要对外开放，都不放弃陆路交通这一重要孔道。对陆路交通经营得好坏，在很大程度上反映了国家的强弱和盛衰。

通过上面对政治、军事、民族关系和对外开放几个方面的分析，可以看出，甘肃同陕西相比更具有边疆特色，西安作为11朝古都，在历史上的大多数时期都处于全国的中心，而甘肃则不然，大多时期处于边疆地带。直到今天，陕西和甘肃相比，这种历史遗留的特性并没有完全消除；同宁夏相比，甘肃则有幅员辽阔，资源丰富的优势。同青海相比，甘肃则有较好的自然条件和投资环境。同新疆相比，甘肃处在一个内地和边疆的缓冲带和过渡带，更具有内地的特色。从历史上看，甘肃的发展与新疆的稳定和祖国的统一也都有直接关系。

参考文献：

[1]《史记·匈奴列传》和《汉书·匈奴传》。

[2]《汉书·食货志》。

[3]《史记·大宛列传》和《汉书·李广利传》。

[4]《资治通鉴》。

[5]《汉书·地理志》。

[6]《元氏长庆集》卷24。

[7]《旧唐书·突厥传》。

[8]《汉书·西域传》。

[9]《后汉书·西域传》。

（原载于《开发研究》2000年第6期）

甘肃汉简在建设文化大省中的作用

　　甘肃是个穷省，西部欠发达地区。一个GDP远远落后于东部沿海地区的穷省，靠什么建成文化大省？靠优势，靠我们的独特优势。甘肃独特的历史文化资源优势，除了人文始祖伏羲的传说、大地湾文化、马家窑彩陶、秦汉明长城、丝绸之路、敦煌石窟建筑、佛教艺术和几千年来多民族杂居所呈现的色彩斑斓的民族文化外，还有丰厚的一笔就是近百年来出土的甘肃汉简。

　　甘肃是世界公认的汉简大省，出土的6万多枚汉简，占全国出土汉简总数的80%多。20世纪初的四大发现中，敦煌学、简牍学、甲骨学成为世界性显学，深刻影响了人类文化发展的走向。当安阳甲骨、敦煌遗书和西北汉简经过千百年的埋藏与世人见面后，全世界文化精英的目光投向了东方社会的古老文明上。三大新兴学科中，甘肃就占了敦煌学、简牍学两项，甘肃在文化上的独特地位引起了全世界的关注，海内外学人潜心研究，著书立说，"敦煌"、"汉简"这些高频词自然同甘肃连在了一起，成了人们耳熟能详的谈资和教科书里的知识以及记忆深处的符号。

　　20世纪30年代发现的居延汉简和70年代发现的居延新简，理所当然地也是甘肃汉简的一部分。因为历史上的居延地区属于张掖郡管辖，中华人民共和国成立以后又曾一度划归甘肃。特别是70年代出土的2万多枚居延新简又都收藏在甘肃，所以实际上一提到居延汉简，人们自然把它归属到河西走廊。当年的居延汉简是1927—1935年间中瑞西北科学考察团的最重要成果，而这次科学考察则是近代以来中华民族追求民主和科学的划时代事件。一个20多岁的外国人，名字叫贝格曼，整整在额济纳河流域的荒野戈壁上工作了一年时间，经受了常人难以忍受的严酷考验，最后把1万多枚汉简运至北京。抗战爆发后，很多志士仁人冒着生命危险，又把这批国家的文化瑰宝运到天津、运到中国香港、运到美国，避免了侵略者的炮火硝烟，直到1965年才安全运回中国台湾。其间，胡适、傅斯年对居延汉简的保护费尽了心血。整理研究也一样，前辈学者令人感佩。从王国维到劳干，正是由于他们的卓越工作，才使敦煌汉简和居延汉简彰显于世，才使得甘肃以出土汉简而闻名中外。

1949年以后，甘肃又有多次重大发现，比如武威汉简、居延新简、敦煌马圈湾汉简、悬泉汉简等，不仅使甘肃汉简的发现和研究持续了100多年的历史，而且其发现和出土的数量也跃升至6万多枚，成了甘肃名副其实的文化品牌和文化大省建设的独特资源，是一座取之不尽用之不竭的文化宝藏。

就其价值而言，用当今著名学者李学勤先生的话讲，怎么估价都不会过分。仅就学术研究的角度讲，它不仅涉及人文社会科学的各个领域，还涉及天文历法、医学、古代气候的变迁、农业生产、兵器制作等科学技术领域。看《甘肃简牍百年论著目录》，发表的学术成果已有2600多项，其中专著200多部。不仅国内各大学各研究机构人文学科都有研究简牍的学者，在港台地区，在日本、韩国、美国、英国、德国、法国、比利时、意大利等东西方发达国家都有研究甘肃汉简的学者，有的已有近百年历史。可以说，甘肃汉简的研究成果已成为中华文明的一部分而积淀在知识领域，进入民族文化的知识系统。

从艺术的角度讲，很多是汉代书法的精品。不仅是汉隶的典范之作，而且还有篆、隶、草、行、楷各体书法的出现和流变。日本民间一向把临摹汉简作为书法精进的必修阶段。日本的中学还把甘肃汉简收进了中学教科书。

从西部开发的角度讲，汉简记录了我国西部开发的早期历史。汉武帝开拓河西、挺进西域，是中华民族对西部建设的早期贡献，与我们今天的西部开发有着历史的传承关系，其开发理念和勇武精神多有借鉴启迪处。汉简中的具体记载给我们提供了生动的实例。

从民族团结和祖国统一的角度讲，更具有十分重要的政治意义。汉简中有匈奴、羌人、乌孙、月氏等古代民族的丰富记载，而上述民族与现代的有些民族有着文化和血缘上的源流关系。研究各民族对西部建设的贡献，有利于民族团结和国家的稳定。更重要的是，汉简中有西域30多个国家的材料，记载了他们来中原朝贡、通使、和亲、封拜、商贸、求学的具体材料。

从弘扬丝绸之路文化和发展中外关系的角度讲，6万多枚甘肃汉简几乎都直接或间接地与丝绸之路有关。它不仅直接记载了陕西、甘肃等丝路东段的情况，还记载了新疆地区丝路中段和帕米尔以西丝路西段沿途各国的情况，如此生动具体的记载在世界各国是独一无二的。

从弘扬历史文化的角度讲，汉简中记载的历史、人物、事件以及制度本身，都有古老而深厚的文化内涵。通过宣传展示，都是对干部、群众和大、中、小学生进行爱国主义教育、提高文化素质、增强进取精神、完善人格追求的最好教材。

从发展文化产业的角度讲，汉简的出土地点，汉简记载的每座烽隧、每个战场，以及涉及的风土世情，都可为开发省内的旅游事业提供丰厚的文化内涵。另外，可以从书法艺术、简牍知识的普及、简牍简册的复制等多个方面开发出文化产业项目。

事实上，甘肃汉简对建设文化大省的价值和意义远不止上述，还可从不同角度和不同层面列举出很多。总之一句话，建设文化大省，不能没有甘肃汉简的地位。

（原载于《甘肃日报》2011年8月22日第11版）

关于加快发展甘肃旅游产业的几点建议

　　甘肃旅游产业在近年来呈现出较好的发展态势：景区景点建设初显成效；基础配套设施建设稳步推进；宣传促销工作力度在不断加大；产业发展环境逐渐向好；行业管理水平和服务质量有所提高。但与周边省份相比，对经济社会发展的贡献较少，其入境旅游和国内旅游人数分别仅占全国总量的0.25％和1.48％；入境旅游人数和外汇收入仅占西部12省区总量的2.98％和1.75％，排名第10位。"旅游资源大省却是旅游经济小省"是不争的现实！制约旅游产业发展的主要问题：第一是思想认识还不完全到位；第二是基础设施建设相对滞后；第三是旅游资源开发和产品创新力度不够；第四是产业发展环境不够理想；第五是管理质量和服务水平有待提升。针对这些情况，谈几点体会：

一、树立高层次发展旅游产业的理念，坚定信心不动摇

　　旅游产业具有广泛的社会、经济、生态、文化关联性和综合效益。要像抓"工业强省"那样，抓"旅游富民"。千方百计将旅游业培育成甘肃的支柱产业。

二、科学编制规划，确立高远的发展目标

　　打造全国一流的旅游目的地，统筹策划出高品质的大项目、核心景区，带动全省旅游产业的大发展。应该在众多地方规划的基础上，尽快编制

"十二五"发展规划（总规划）和几个全国一流、世界知名核心景区的详规，促进和带动全省旅游产业的大发展。

三、重视历史文化资源的开发利用

甘肃是"中华民族重要的文化资源宝库"，历史悠久，文化类型多样，民俗特色浓郁，历史文化资源在甘肃旅游业发展中发挥着极其重要的作用：第一，历史文化是基础性的旅游资源。第二，提升旅游形象，凝聚旅游竞争力。第三，旅游品牌树立和精品旅游线路的打造。第四，提升旅游资源品位，丰富旅游内涵。第五，形成产业联动效应，扩大旅游对外宣传。第六，加强区域旅游合作，培育新型旅游市场。

（原载于《民主协商报》2010年6月18日）

切实保障群众基本文化权益

党的十七届六中全会提出，大力发展公益性文化事业，保障人民基本文化权益。作为一名基层社会科学工作者，从甘肃省情出发，我感到广大群众的基本文化权益保障水平会因此得到切实的提高。

近年来，甘肃省文化事业发展取得明显成效。通过与广东、浙江、山东、山西、四川、陕西、内蒙古、云南、青海九省区相关指标数据的比较分析可以说明。一是公共文化服务部分基础设施的人均拥有量高于平均水平。例如每万人拥有的公共图书馆在比较省区中占第3位，每万人拥有的博物馆占第4位，每万人拥有的群众艺术馆、文化馆、文化站占第3位，均高于平均水平。二是在文化产品方面，甘肃的期刊总印数与山东省相等，仅次于广东省，位居比较省份的第2位。三是在文化事业从业人员方面，在群众文化机构的从业人员，每万人口中的比重，占比较省份的第4位，仅次于青海、内蒙古和陕西。四是在文化事业经费的支出上，近几年也是呈逐步增长态势。这对于我们这样一个欠发达省份，很不容易。

在调查中发现，甘肃文化事业发展还存在以下问题。一是经费投入不足。二是基础设施还不能充分发挥作用。博物馆的建筑水平、内在质量也不能使各县区的珍贵文物得到充分展示。演艺场馆严重缺乏，尽管有些文艺精品编创，却没有好的演出场地表演，供观众鉴赏。特别在农村，广大农民的基本文化权益保障水平还比较低，基础设施不够健全，公共文化服务的内容不够丰富，少数偏远地区甚至还有"盲点"。还有部分农民牧民看电视、听广播的基本文化权益没有保障。三是公共文化产品不够丰富。如甘肃省全年制作广播节目时间，仅是广东省和浙江省的1/4不到。四是文化事业单位的运行机制不活。在表演场馆的从业人员，在每万人口中的比重也排在比较省份的第6位，但收入却排在第8位。

为此，在建设文化大省发展目标时，首先应该针对甘肃省情编制好文化事业发展规划。一是在基础设施建设方面，应该提升内在质量，让基层的博物馆把文物充分地展示出来，让民众能够去参观鉴赏，让群艺馆、文化馆都能充分地利用起来，开展群众文化活动，让广大老百姓能够充分参与；让广播电视村村通工程的全覆盖，提高农民看电视、听广播权益的保障水平。二是在文化产品方面要丰富起来。提高文化产品的制作能力。已有的文化惠民工程，如农家书屋的管理与服务，需要完善提高。比如在图书的配置上，除了需要直接服务于农业生产的技术指导书籍之外，还需要大量丰富人精神生活、陶冶人心灵的书籍。此外，还要多配置一些农民喜闻乐见的音像制品，满足他们的需要。三是加大文化事业经费的支出。经费是提高公民文化保障水平的重要保障。提高政府对文化事业经费的支出，加大其在财政经费总支出中的比重，更多地争取国家对中西地区支持的文化事业基金，通过加大对革命老区、民族地区、边疆地区、贫困地区文化服务网络建设支持和帮扶力度，使甘肃老百姓特别是广大农民的基本文化权益保障水平得到切实提高。

（原载于《甘肃日报》2011年11月21日）

盛会何以永久落户敦煌

　　丝绸之路（敦煌）国际文化博览会永久落户敦煌，是因为敦煌以及在这块土地上融合生长的历史文化，集中展示着"和平合作、开放包容、互学互鉴、互利共赢"的丝绸之路精神。

　　首先，敦煌特殊的历史文化地位是由其特殊的地理环境决定的。敦煌地处河西走廊最西端，南有巍峨祁连，北有浩瀚戈壁。东连关陇，西通新疆和中亚，南北与蒙藏地区相呼应，是中西交通的必经之路，是河西与西域的连接枢纽。辽阔的土地、充沛的水源以及适宜的气候，孕育了敦煌绿洲千百年来生生不息的人类活动。从千里河西走廊经过敦煌进入塔里木盆地，再西进中亚各国和伊朗高原，大致相似的自然气候、生态植被、农作物品种、饮食结构、畜牧种类、骑乘工具以及服饰用品，为千百年来生活在这片广袤土地上的各个人群提供了强大的认同感，为他们相互之间的经济文化交流、开放合作、取长补短、共同发展奠定了地域空间上的基础。而敦煌，是历代中原王朝陆路通向西域的门户，具有独一无二的地理优势。

　　其次，敦煌是历史上华戎交会的都会、民族融合的舞台。从先秦时期的西戎到两汉时期的月氏、乌孙、匈奴、羌人，再到南北朝时期的柔然，隋唐时期的突厥、回纥、吐蕃，宋元以后的党项、蒙古等都曾把敦煌作为自己经济文化、生存发展的战略要地。在这里创造了灿烂的文化，为中华文明的形成发展增添了重要篇章。有些古老的民族以敦煌为基地演出过威武雄壮的活剧。从敦煌西迁的大月氏在西亚建立贵霜帝国，在公元前后的数百年里为佛教的传播和丝绸之路的畅通作出过重要贡献；从敦煌西迁的乌孙，曾在天山以北的辽阔地区建立了强大的游牧政权，成为草原丝绸之路的重要通道。唐朝对中亚的经营，元蒙在西方的几大汗国，以及其时在丝绸之路上各民族的交往，都可在敦煌的历史遗留中找到记录。

再次，敦煌是世界古老文明相互交流的中心。印度文明、两河流域文明、希腊罗马文明、伊斯兰文明，都首先经过敦煌传播交流，尔后进入了中原。同样，中华文明通过敦煌，逐步走向西方。

最后，敦煌是丝绸之路上的明珠，是世界历史文化的宝藏。近现代以来，敦煌成为海内外人士关注的焦点，且经久不衰。敦煌汉塞烽燧出土的3万多枚汉代简牍，其中生动记载了2000多年前丝路上不同国家民族的往来；敦煌莫高窟735个洞窟从南北朝开始经历了1000多年的连续开凿，成为佛教传播的圣地；其中2400多身雕塑、4.5万平方米壁画，不仅反映了神圣的佛国世界，也反映了千百年来的世俗生活，更表达了人们对和平的祈愿；尤其是藏经洞的发现，5万多卷文书，除了大量佛教写经外，还有大量汉文经史子集保存。在语言文字方面，除了大量汉文、藏文写经外，还有诸如梵文、粟特文、佉卢文、婆罗米文、吐蕃文、西夏文、回纥文等几十种中亚、西亚、南亚的古老文字，彰显了中华民族开放包容的胸襟以及人类文明的互学互鉴。

（原载于《甘肃日报》2016年7月29日）

图书在版编目（ＣＩＰ）数据

耕于陇上 / 郝树声著. -- 北京：中国文史出版社,2017.12

（政协委员文库）

ISBN 978-7-5034-9936-4

Ⅰ.①耕… Ⅱ.①郝… Ⅲ.①社会科学 – 文集 Ⅳ.

①C53

中国版本图书馆CIP数据核字(2018)第006483号

责任编辑：卜伟欣

出版发行：中国文史出版社

网　　址：www.wenshipress.com

社　　址：北京市西城区太平桥大街23号邮编：100811

电　　话：010—66173572　66168268　66192736（发行部）

传　　真：010—66192703

印　　装：北京地大彩印有限公司

经　　销：全国新华书店

开　　本：710mm×1010mm　　1/16

印　　张：20

字　　数：326千字

版　　次：2018年8月北京第1版

印　　次：2018年8月北京第1次印刷

定　　价：56.00元